全国教育科学“十一五”规划教育部重点课题
“新课程改革中转变学生学习方式的研究”课题（DHA090190）研究成果

浙江省教育科学“十一五”规划重点课题
“中小学生语文课程学习指导研究”课题（SB5）研究成果

21世纪语文课程学习指导丛书

丛书主编：**王光龙**

XIEZUO FANGFA ZHIDAO LUN

写作方法指导论

颜　禾　著

语文出版社
·北京·

图书在版编目（CIP）数据

写作方法指导论 / 颜禾著. -- 北京 : 语文出版社, 2012.12

21世纪语文课程学习指导丛书 / 王光龙主编

ISBN 978-7-80241-411-2

Ⅰ. ①写… Ⅱ. ①颜… Ⅲ. ①汉语－写作－学习方法 Ⅳ. ①H15

中国版本图书馆CIP数据核字(2012)第286773号

责任编辑	光明明
封面设计	刘姗姗
出　　版	语文出版社
地　　址	北京市东城区朝阳门内南小街51号　100010
电子信箱	ywcbsywp@163.com
排　　版	语文出版社照排室
印刷装订	河北新华第一印刷有限责任公司
发　　行	语文出版社　新华书店经销
规　　格	787mm × 1092mm
开　　本	1/16
印　　张	15.25
字　　数	273千字
版　　次	2013年5月第1版
印　　次	2013年5月第1次印刷
印　　数	1-4,000
定　　价	30.00元

010-65253954（咨询） 010-65251033（购书） 010-65250075（印装质量）

“21 世纪语文课程学习指导丛书” 序

本世纪初，我国启动了新一轮的基础教育课程改革。这次基础教育课程改革是在世界各国加速教育改革的大背景下展开的。随着知识经济社会的到来，世界各国都把发展教育和培养新型人才作为推动经济和社会发展的重要支撑点。课程改革是教育改革的重要内容和载体，课程改革集中体现国家的教育理念和教育目标。当前各国基础课程改革的一个核心目标，就是大力培养受教育者的主体意识，关注学生的学习兴趣，尊重学生的自主选择，积极推进学生自主活动，为学生的终身学习和勇于创新奠定基础。

我国新一轮的基础教育课程改革，体现了当今世界教育的先进理念，确定了符合我国基础教育实际的课程改革目标。教育部制定的《基础教育课程改革纲要（试行）》中指出，要“改变课程过于注重知识传授的影响，强调形成积极主动的学习态度，使获得基础知识和基本技能的过程成为学会学习和形成正确价值观的过程”，要“改变课程实施过于强调接受学习、死记硬背、机械训练的现状，倡导学生主动参与、乐于探究、勤于动手，培养学生搜集和处理信息的能力、获取新知识的能力、分析和解决问题的能力以及交流与合作的能力”。培养学生的实践能力、探究能力和合作能力，使学生主动学习和学会学习，是这次课程改革的主要目标之一。

语文课程设置的目的在于全面培养和提高学生的语文素养。语文素养是学生学好其他课程的基础，也是学生全面发展和终身发展的基础。语文课程学习是母语学习。母语学习，不仅要使学生学会正确理解和运用祖国的语言文字，熟练掌握听说读写技能，具有适应实际需要的语文能力，而且要让学生认识中华民族文化的丰厚博大，吸收中华民族的文化智慧，认同中华民族的文化价值，成为热爱祖国和热爱中华民族的人，进而成为尊重多样文化和吸取人类优秀文化的人。语文课程的多重功能和奠基作用，决定了它在基础教育阶段的重要地位。

语文课程改革以来，人们的语文课程理念逐步得到更新，关注和研究学生的语文课程学习成为新的聚焦点。站在语文课程改革第一线的中小学语文教师，正在努力探索语文课程学习指导的方式和方法。但由于各种条件的局限，不少语文教师缺乏全面、系统的语文课程学习理论基础，对学生语文课程学习的指导往往事倍功半，收效不大。这已经成为当前继续推进语文课程改革的一个瓶颈难题。正是在这样的背景下，杭州师范大学学习科学研究所王光龙教授带领他的学术团队开展了浙江省教育科学“十一五”规划重点课题“中小学生语文课程学习指导”的研究，并在课题研究成果的基础上，由他策划和主编了这套“21 世纪语文课程学习指导丛书”。

与已经出版的语文学习研究类书籍相比，我以为这套丛书在整体开发设计和分册内容呈现上，具有以下四个方面的特点：

一、探索构建了语文课程学习指导理论体系的基本框架

中华民族的语文学习史几乎与中华民族的发展史同样悠久。在数千年的封建社会里，语文学习没有学科和课程的概念。语文学科和语文课程是近代教育发展的产物。从 1904 年清政府“癸卯学制”颁布、语文学科独立设科算起，我国语文课程的设置也有 100 多年了。由于学习科学与教育科学发展的不同步，对语文学习理论的研究明显落后于对语文教学理论的研究。就语文课程来说，人们往往习惯于从课程、教材、教学和教师角度进行研究，而从学生学习角度进行研究并形成系统理论成果的不多。跨入新世纪之后，我国启动了新一轮基础教育课程改革，这为语文课程学习理论的全面、系统研究提供了历史契机。语文课程学习问题的系统理论研究，既是一个新的研究领域，也是一项系统工程，需要从构建基本理论体系框架着眼，合理规划专题，进行全面、系统而深入的研究。

按照系统论的观点，语文课程学习理论体系也是一个大系统。这套“21 世纪语文课程学习指导丛书”，将语文课程学习指导理论系统划分为若干个子系统，一个子系统为一个研究专题，一个专题的研究成果分编为一个独立分册。本丛书包括《语文课程学习论》《识字写字学习论》《阅读学习论》《文学作品学习论》《阅读方法指导论》《写作学习论》《写作方法指导论》《口语交际学习论》《语文综合性学习论》《语文学习心理论》《语文学习指导论》《语文学习评价论》等十多个分册。这些研究成果，既包括了语文课程学习内容的基本理论，也包括了语文课程学习指导的基本理论。依据这一开放的理论体系，除上述研究专题外，语文学习的方式、模式、方法、习惯、素质、管理等，也都有专题研究的价值。本丛书设计比较合理，体系比较科学，内容比较全面，初步构建了我国当代语文课程学习理论体系的基本框架。它的问世，对探索和构建我国当代语文课程学习理论体系具有现实意义。

二、展示了当代语文学习研究的新成果

两千多年前，我国就有研究学习和教学的典籍——《礼记·学记》问世。“以学为本，因学论教”，“学先于教，教辅以学”，是我国古代重要的“学本论”思想。但以人类学习现象及其规律为研究对象并具有现代学科意义的学习科学，直到20世纪80年代中期才在我国诞生。学习科学的诞生和发展，为语文学习研究提供了深厚的科学理论基础，有力地推动了我国当代语文学习理论的发展。据不完全统计，近20年来，国内出版的语文学习理论著作就有十多部，我国当代语文学习理论研究呈现出繁荣局面。

这套“21世纪语文课程学习指导丛书”，吸收、借鉴和运用当代语文学习理论研究的最新成果，对语文课程学习的各个方面进行了深入的研究。例如《识字写字学习论》分册，既继承了我国古代识字写字学习的优良传统和成熟经验，又吸收了当代识字写字学习理论研究的最新成果，对识字写字学习的地位、价值和特点、历史发展、目标和内容、理念和原则、过程和方式方法、心理调控、指导和评价等，进行了全方位的系统研究。这是目前识字写字研究领域一本比较全面、系统的理论著作。它对于继承和发展我国的识字写字学习理论具有重要意义，对于指导中小学生的识字写字学习具有较高的实践价值。

本丛书的作者大都来自高等师范院校，具有教授、副教授职称，半数以上担任硕士研究生导师。他们同为全国语文学习科学专业委员会的会员，在语文学习研究领域都有独到的学术建树和理论成果，有的已经出版了多部理论著作。由这批高校教师组成的研究团队，具有扎实的理论基础和较强的科研能力，对语文学习理论研究的前沿信息和最新成果，能够及时把握、吸收和消化，并合理运用到本课题的专题研究中。因而，本丛书在一定程度上集中展示了当代语文学习研究的新成果。

三、为语文教师的专业发展提供了研修教材

语文课程是母语教育课程，语文教师的专业发展对于提高我国母语教育的质量具有十分重要的作用。在推行语文课程改革中，语文教师的专业发展，一方面需要依托各级教育行政部门组织的教师培训活动，从整体上推进语文教师的专业发展；另一方面，语文教师需要有计划地研读语文课程改革的理论著作，拓宽专业理论基础，吸收最新研究成果。这套“21 世纪语文课程学习指导丛书”是以语文教师为主要对象而编写的系列理论著作，因而作为语文教师专业研修的教材是比较适宜的。

首先，这套丛书力图在落实语文课程目标中为语文教师的专业发展提供丰富的学习内容。例如，《义务教育语文课程标准（2011 年版）》课程目标的第 3 条目标是：“培育热爱祖国语言文字的情感，增强学习语文的自信心，养成良好的语文学习习惯，初步掌握学习语文的基本方法”。《普通高中语文课程标准（实验）》在“积累·整合”目标中规定：“了解学习方法的多样性，掌握学习语文的基本方法，能根据需要，采用适当的方法解决阅读、交流中的问题。”两个课标对掌握和运用基本的语文学习方法提出了具体要求。本丛书的《阅读方法指导论》对朗读、默读、精读、略读、速读等五种基本阅读学习方法，《写作方法指导论》对命题作文、模仿作文、话题作文、条件作文和自由作文等基本作文学习方法，从理论认识到实践操作作了具体论述。语文教师系统学习这两本书，对于如何落实“掌握学习方法”这个课程目标，提高对语文学习方法的理性认识和指导能力，促进自己的专业发展，具有切实的指导价值。

其次，这套丛书力图从语文课程理论与实践的结合上为语文教师的专业发展提供新的研究成果。例如，《普通高中语文课程标准（实验）》在课程目标中要求：“学习鉴赏中外文学作品，具有积极的鉴赏态度，注重审美体验，陶冶性情，涵养心灵。能感受形象，品味语言，领悟作品的丰富内涵，体会其艺术表现力，有自己的情感体验和思考。努力探索作品中蕴涵的民族心理和时代精神，了解人类丰富的社会生活和情感世界”。目前高中语文教科书中 60% 以上的课文为文学作品。如何落实课程目标的规定要求，指导学生学好文学作品，是语文教师需要从理论到实践解决的重要问题。作为专题研究成果之一的《文学作品学习论》分册，对文学作品学习的基本认识、历史发展、理论基础、基本内容、心理机制、学习方法、分类学习、课外学习和学习评价等问题，作了全面、系统的论述。研读这本著

作，能够使语文教师既获得文学作品学习的理论知识，又获得指导文学作品学习的基本方法，在理论指导实践和实践发展理论中推动自己的专业发展。

四、为语文课程学习的指导提供了系列用书

本丛书是一套以语文课程学习与指导为指归的理论丛书，突出学习指导是它的本质特点和基本要求。中小学生是语文课程学习的主体，但中小学生的语文课程学习离不开语文教师的指导。一个研究内容范围较大的课题，凡语文课程学习的主要内容和学生学习语文课程的基本问题，都作为独立的研究专题进行研究，并将研究成果编成系列理论著作，从而为语文教师的语文课程学习指导提供了特定的系列指导用书。例如作为专题研究成果之一的《语文学习指导论》分册，吸收了近年来语文课程学习指导的相关研究成果，对语文课程学习指导的意义、内容和门径，语文课程学习目标、过程、规律的指导，识字写字学习、阅读学习、写作学习、口语交际学习、综合性学习的指导等问题，都设立专章予以论述。在论述中，既有系统的理论探讨，又有具体的操作指导；既有历史经验的解说，又有现实方法的描述。语文教师学习研读这本著作，掌握它的理论要点和实践要领，就可能对学生的语文课程学习进行科学、有效的指导。

对学生的课程学习进行科学、有效的指导，是教师的基本职责，也是衡量教师教学素质的重要指标之一。这套丛书对于帮助语文教师系统掌握语文课程学习指导的基本理论，灵活掌握语文课程学习指导的有效方法，成为语文课程学习指导实践的行家里手，成为受学生欢迎的语文教师，具有实际价值和意义。

目前，我国新一轮的基础教育课程改革正在逐步推向深入，课程改革成功的关键是实施课程的广大教师。更新教师的课程理念，培养教师的教学素质，加快教师的专业发展，成为摆在我们面前的重要课题。这套语文课程学习理论丛书从指导学生的语文课程学习入手，为语文课程的研究、开发和实施开辟了一条新路。我愿意向广大语文教师和语文教育工作者推荐这套新丛书，希望它能够成为大家喜欢阅读和感到有用的案头必备书。

是为序。

田慧生
2010 年仲夏于中央教育科学研究所

（作者为中央教育科学研究所副所长、研究员、博士生导师，全国教育科学规划教育理论学科组成员，北京大学、西南大学兼职教授。）

“21 世纪语文课程学习指导丛书” 前言

学习，作为人类联系客观世界和主观世界的重要活动，从孔子“学而时习之，不亦说乎”那个时代起，就成为人们研究的一个母题。但由于学科分化过程中的诸多原因，一直以来学习只是作为心理学、教育学领域研究的一个方面，没能形成一个独立的学科。20 世纪中期，国际社会提出了“教会学习”“学会学习”的口号，联合国教科文组织（UNESCO）《学会生存：教育世界的今天和明天》《教育：财富蕴藏其中》等报告又提出了“终身学习”“学会学习”“学习化社会”等理念，学习得到前所未有的重视，对学习问题的研究也日渐增多。随着知识经济时代、信息化社会的到来，人们开始从不同的学科视角对人的学习进行深入研究。20 世纪 80 年代，随着我国人才学的创立和发展，人在成才过程中的学习问题成为人们研究的热点。一批有识之士把“学习”从其他学科中独立出来，进行全方位、系统、综合的研究，并在构建学科理论体系上做出了切实的努力，学习作为一门新兴的独立学科——学习科学，终于在中国大地上应运而生了。它的诞生，为语文学习问题研究提供了强大的理论支持，也为广大教师的语文学习指导提供了丰厚的实践指南。

对于语文学习问题的研究，自 1904 年语文独立设科以来间有专论发表，如天民的《自习主义读法预习法》（1917）、杨贤江的《初中学生学习国文的旨趣》（1923）、萧楚女的《中学国文修学指导》（1923）、陈东原的《国文学习法》（1923）、陶行知的《读书与用书》（1934）、叶苍岑的《对中学新生谈国文学习》（1942）、叶圣陶的《略谈学习国文》（1942）、叶圣陶的《中学国文学习法》（1948）、宋云彬的《语文学习三阶段》（1950）、周祖谟的《怎样自学语文》

（1954）、冰心的《漫谈语文的教与学》（1959）、叶圣陶的《认真学习语文》（1962）、张志公的《从儿童学字的角度看书写工具》（1962）、苏步青的《略谈学好语文》（1979）、魏书生的《培养学生的自学能力》（1981）、张隆华和周庆元的《阅读是学习之母——阅读心理测试小结》（1981）、顾黄初的《"多读多写"辨析》（1982）、韩雪屏的《有效地进行精读训练》（1986）、陈日亮的《得法养习历练通文》（1996）、许建中的《语文学习基本规律探讨》（2002）、王光龙的《语文学习方法的理论探讨》（2003）、朱绍禹的《以问题为纽带的阅读学习新理念》（2004）、王光龙的《语文学习素质及其培养》（2005）、曾祥芹的《阅读的主体间对话和陌生感体验》（2006）、王光龙的《语文学习方式的选择和运用》（2008）等。这些专论虽然是对语文学习具体问题的零散的研究，但反映了人们长期以来对语文学习问题的持续关注，展示了对语文学习问题研究的思想认识成果。

新时期以来，对语文学习问题的研究更加深入，出版了10多部语文学习研究论著，如曾祥芹和韩雪屏的《阅读学原理》（1989）、佟士凡的《语文学习论》（1993）、王光龙的《语文学习方法学》（1993）、董国华的《初中语文学习方法指导》（1995）、林化君、陈黎明和张幼冬的《追问与发现——语文学习心理论》（1998）、曾祥芹的《阅读学新论》（1998）、毓明笠的《中学语文学习心理与学习方法研究》（1999）、王光龙的《语文学习方法的理论与实践》（2002）、王光龙的《语文学习概论》（2003）、许建中等的《语文高效学习艺术》（2005）、陈玉秋的《中学生作文学习与人的发展》（2005）、乔桂英的《阅读学习方法指导学》（2007）等。这批论著的内容涉及语文的阅读学习、作文学习、学习方法、学习艺术、学习心理、学习素质等方面，使我国语文学习研究的内容得到进一步深化和拓展。这一时期，在部分高校教材如《语文学科教育学》《语文教学论》《语文课程与教学论》的内容框架中，语文学习也列为独立的一章了。而将一般的语文学习研究与当前的语文课程学习研究联系起来，从语文课程学习指导角度来研究中小学生的语文学习问题，则是21世纪基础教育语文课程改革中提出的新课题。

21世纪之初在全国范围推行的基础教育语文课程改革，为语文学习研究提供了新的契机和动力。新的课程标准突出了学生的学习主体地位。如《义务教育语文课程标准（2011年版）》在课程理念中指出："学生是学习的主体。语文课程必须根据学生身心发展和语文学习的特点，爱护学生的好奇心、求知欲，鼓励自主阅读、自由表达，充分激发他们的问题意识和进取精神，关注个体差异和不同的学习需求，积极倡导自主、合作、探究的学习方式。教学内容的确定，教学方法的选择，评价方式的设计，都应有助于这种学习方式的形成。”在教学建议中指出：“学生是语文学习的主体，教师是学习活动的组织者和引导者。语文教学应在师生平等对话的过程中进行。语文教学应激发学生的学习兴趣，培养学生自主学习的意识和习惯，引导学生掌握语文学习的方法，为学生创设有利于自主、合作、探究学习的环境。应尊重学生的个体差异，鼓励学生选择适合自己的学习方式。”

新的课程标准对学生的语文学习提出了明确具体的学习目标。如《义务教育语文课程标准（2011 年版）》在课程目标中指出：“培育热爱祖国语言文字的情感，增强学习语文的自信心，养成良好的语文学习习惯，初步掌握学习语文的基本方法。”“能主动进行探究性学习，激发想象力和创造潜能，在实践中学习和运用语文。”《普通高中语文课程标准（实验）》在课程目标“积累·整合”中规定：“能围绕所选择的目标加强语文积累，在积累的过程中，注重梳理。根据自己的特点，扬长补短，逐步形成富有个性的语文学习方式。了解学习方法的多样性，掌握学习语文的基本方法，能根据需要，采用适当的方法解决阅读、交流中的问题。通过对语文知识、能力、学习方法和情感、态度、价值观等方面要素的融汇整合，切实提高语文素养。”

如何落实语文课程的理念和目标，承担和加强对中小学生语文课程学习的指导，是广大语文教师教学实践中面临的新问题，也是语文教育理论工作者需要研究的新课题。依据语文课程改革的需要，全面开展语文课程学习指导的研究，是新世纪基础教育课程改革赋予我们的重要历史责任。

依据系统论的原理，语文课程学习指导的内容也是一个大系统。这个大系统应该由两个子系统构成，一个是语文课程学习内容系统，一个是语文学习心理、行为系统。语文课程学习内容系统包括：一、义务教育阶段语文课程学习内容——识字写字、阅读、写作、口语交际、综合性学习；二、普通高中阶段语文课程学习内容——必修课程内容（阅读与鉴赏、表达交流）、选修课程内容（诗歌与散文、小说与戏剧、新闻与传记、语言文字应用、文化论著选读）。语文学习心理、行为内容系统，包括语文学习心理、语文学习方法、语文学习习惯、语文学习方式、语文学习模式、语文学习管理、语文学习素质等。语文课程指导内容系统图示如下：

- 语文课程学习指导系统
  - 语文课程学习内容
    - 义务教育语文课程学习内容
      - 识字与写字
      - 阅读
      - 写作
      - 口语交际
      - 综合性学习
    - 普通高中语文课程学习内容
      - 必修
        - 阅读与鉴赏
        - 表达与交流
      - 选修
        - 诗歌与散文
        - 小说与戏剧
        - 新闻与传记
        - 语言文字应用
        - 文化论著选读
  - 语文学习心理行为
    - 语文学习心理
    - 语文学习方法
    - 语文学习习惯
    - 语文学习方式
    - 语文学习模式
    - 语文学习管理
    - 语文学习素质

全面开展对语文课程学习指导的研究，不仅要清楚指导的内容结构系统，而且要综合和融汇指导的内容，从有利于学生学习和教师指导出发设计出一个指导的框架体系。综合和融汇的主要对象是语文课程学习内容这一子系统。义务教育阶段和高中阶段的语文课程学习内容，虽然有其分明的阶段性和不同的学习目标，但高中语文课程学习的内容是在义务教育阶段基础上的延伸、拓展和深入，呈螺旋上升、综合发展形态。如，高中阶段必修课程内容的“阅读与鉴赏”能力的培养、“表达与交流”能力的培养，都是在义务教育阶段听说读写基本能力基础上向更高层次的发展性培养。高中选修课程内容的“诗歌与散文”“小说与戏剧”“新闻与传记”“语言文字应用”“文化论著选读”等五个系列，也都是在义务教育阶段的阅读、理解、审美、探究和语言运用等能力基础上分文体、分专题的综合语文能力的提高性培养。因而，两个阶段课程学习内容的指导，有必要融汇于一体，以义务教育阶段的语文课程学习内容为框架，延伸到高中阶段的语文课程学习内容。至于语文学习心理和行为指导的内容，我们看到，两个阶段的指导内容呈纵向推进、全面发展形态。虽然义务教育阶段和高中阶段的学生心理行为存在年龄上的差别，但高中生的语文学习心理和行为是在义务教育阶段基础上的进一步发展，表现在学习心理上是由义务教育阶段的他觉、接受、自觉到高中阶段的更为自觉、成熟和稳定，表现在学习行为上则是由义务教育阶段的练习、熟习和习惯到高中阶段的更为自主、有效和灵活。

依据上述对语文课程学习指导内容系统的认识，我们将语文课程学习指导的内容设计为识字写字学习指导、阅读学习指导、文学作品学习指导、写作学习指导、口语交际学习指导、综合性学习指导、语文学习评价指导等若干个模块。将语文学习心理行为指导内容设计为语文学习心理指导、语文学习方法指导、语文学习习惯指导、语文学习方式指导、语文学习模式指导、语文学习管理指导和语文学习素质培养等若干个模块。两个系列的每个模块都可以成为一个独立专题进行研究。每个模块依据需要还可以分为更小层级的模块。如语文学习方法模块，就可以分为识字写字学习方法、阅读学习方法、写作学习方法、口语交际学习方法四个更小的模块，进行更为具体的研究。

从培养学生学会学习和终身学习的角度看，语文学习心理行为系统内容的指导则更为重要。按照心理学对知识的一般分类，学科知识内容属于陈述性知识。陈述性知识也叫描述性知识或记忆性知识，它主要用来回答事物是什么、为什么或怎么样的问题，具有静态的性质。学习心理行为内容则属于程序性知识。程序性知识也叫操作性知识或步骤性知识，其实质是一套对外办事的操作步骤和过程，也包括对内调控的策略知识，主要用来解决做什么和怎样做的问题，具有动态的性质。对于语文学科来讲，陈述性知识的学习指导是基础的、必要的。掌握语文学科基础的陈述性知识，有助于全面提高人的语文素养与文化修养。通过陈述性知识的学习能将部分知识转化为语文心智技能，形成适应工作和生活需要的语言理解与表达能力。而语文学习心理和行为，则是在学习语文学科的陈述性知识的过程中，掌握语文学习方法，养成语文学习习惯，形成有个性的语文学习方式，养成语文学习的基本能力，从而具备现代社会公民的基本学习素质，成为学习化社会中学会学习的人。这理应成为语文课程学习指导的首要目标。这一认识符合教育部《基础教育课程改革纲要（试行）》中规定的课程改革的第一条具体目标：“改变课程过于注重知识传授的倾向，强调形成积极主动的学习态度，使获得基础知识与基本技能的过程同时成为学会学习和形成正确价值观的过程。”

全套丛书分为十多个分册，虽然每个分册都列为一个独立专题进行研究，但课题组对每个专题的研究和分册的撰写，都在以下四个方面提出了共同的要求，做出了切实的努力：

一、全面落实语文课程的理念和目标

今天的语文课程学习是在21世纪之初启动的我国第八次基础教育课程改革背景下的语文课程学习，《义务教育语文课程标准（2011年版）》和《普通高中语文课程标准（实验）》两个文件是学生语文课程学习和教师指导语文课程学习的基本纲领和具体标准。全面落实语文课程的理念和目标是本丛书编写的基本任务和理想追求。语文课程的理念和目标是语文新课程学习指导的指针和内容。在每一专题的研究和分册内容的编写中，都安排独立的章节阐述“学习理念”和“学习目标”。例如在《识字写字学习论》《阅读学习论》《写作学习论》《口语交际学习论》等分册中都有两个章节分别论述“学习的理念”和“学习的目标”等内容。通过对学习理念、学习目标的专门论述，通过在各章节中渗透学习理念和学习目标，保障语文课程理念和目标的具体落实。对于读者来说，这不仅可以加深对课程理念、目标的理解，提高自己对课程理念和课程目标的认识，而且还可以从实践操作层面落实课程理念和目标。

二、追求专题理论的系统性和先进性

语文课程学习指导每个专题的研究都努力追求建构一个独立的理论系统。理论的系统性体现在每个分册的章节排列顺序及其内在联系上。在每个理论系统中，既有我国古代传统学习理论的深厚基础，又有现代先进学习理论的借鉴运用。如《文学作品学习论》分册的理论体系由十一章构成：文学作品学习概述、中学文学作品学习的变革与发展、文学作品学习的理论基础、文学作品学习的基本内容、文学作品学习的心理机制（上、下）、文学作品学习方法（上、下）、不同体裁文学作品学习、文学作品学习评价、文学作品的课外学习。这样一个理论体系，虽然还不能说已经十分全面和完善，但它毕竟创建了一个比较合理的理论系统，为后人的继续研究提供了初步理论框架和基本内容设置，给读者提供了一门系统的理论知识和一个开放的理论视野。各专题理论的先进性体现在综合运用当代课程论、教学论、学习论、心理学、语言学、文学等学科新的研究成果，形成专题的理论系统。各专题理论的系统性和先进性使它能够在语文课程改革的实践中有效指导中小学生的语文课程学习。

三、注重学习指导的实用性和操作性

语文课程是一门实践性很强的课程，语文学习是一种语言心智技能学习，因此，语文课程学习指导追求理论的实用性和实践的操作性。本丛书虽然各册论述的内容不同，但在阐述其专题学习理论时，都十分重视理论的实用性和指导的操作性。如《阅读方法指导论》分册，先设第一、二、三章对阅读学习方法的地位、内容、目标和历史发展等进行全面论述；中间在第四章“朗读的方法”、第五章“默读的方法”、第六章“精读的方法”、第七章“略读的方法”、第八章“速读的方法”里都设指导与运用一节，专门论述阅读方法的实践指导和操作运用问题；第九章“阅读学习方法的指导”，对阅读学习方法指导的意义、原则、模式和方法做了系统论述；最后第十章论述“阅读学习方法的检测和评价”。这样一个内容框架安排，充分体现了阅读学习方法指导理论的实用性和实践指导的可操作性。语文教师能够从中既获得系统的学习指导理论，又可以掌握阅读学习方法指导的具体操作要领，从而提高阅读学习方法指导的科学性和有效性。

四、提供语文教师专业培训的实用教材

教育部《关于大力加强中小学教师培训工作的意见》中明确指出：“教育大计，教师为本。有好的教师，才有好的教育。教师培训是加强教师队伍建设的重要环节，是推进素质教育，促进教育公平，提高教育质量的重要保证。”加强语文教师培训，也是深入推进当前语文课程改革的重要举措和保障。教师培训的模式、方式虽然多种多样，但都需要设计合理和方便使用的培训教材。本丛书以两个语文课程标准为依据，以新的语文课程理念为指导，着眼于学生学会学习和教师有效学习指导，分专题对语文课程学习内容及其指导进行了全面的论述，使语文课程学习理论与学习指导得到有机结合，努力满足中小学教师对语文课程学习指导实践的需要，成为语文教师专业培训的实用教材。同时，本丛书还可以作为语文教师在职专业进修的自修教材。

经过编委会同人数年的艰苦创作，丛书即将出版。站在学生学习的立场，从指导学生的课程学习着眼，编写一套语文课程学习指导丛书，的确是一种前人没有过的创举。在丛书出版之际，我要真诚感谢编委会全体同人的工作和友情。为了推动新一轮的语文课程改革，为了促进中小学生的语文课程学习，为了创建我国的语文学习科学大厦，大家认真写作，锲而不舍，相互勉励，友好合作，以共同事业为纽带结成了一个有实力、讲智慧、重情义的学术团队。靠着这样一支学术团队，完成了这套三百万字的中型学术丛书！

丛书学术顾问朱绍禹先生生前十分关心和支持本丛书的编写工作。他曾多次解答作者的咨询，并对几位作者的部分书稿亲笔批示修改意见。那时朱先生因腰部受损已经不能长时间伏案工作了，有时他就垫块软垫跪伏在地板上写批阅意见。当我知道这一情况后，心底十分感动以至震撼！每当丛书编写和出版遇到困难时，脑际就会浮现出朱先生跪伏写批语的情景，这激励我决心克服一切困难完成丛书的编写工作，以告慰朱先生的在天之灵。丛书学术顾问陶本一先生在住院期间仍询问丛书的进展情况，他的关心和激励是我坚持奋进的莫大动力。对两位先生的关心、指导和鼓励，我们表示深深的谢意！

中央教育科学研究所副所长田慧生教授在百忙中为丛书赐序，对丛书编写的现实意义做了充分肯定，对丛书的内容特点做了高度概括，对丛书的使用价值做了积极评价。杭州师范大学前校长、浙江省重点学科“课程与教学论”负责人林正范教授和人文学院的领导对丛书的编写一直给予关心和支持。语文出版社王旭明社长对丛书选题给予了肯定，对出版给予了支持；各位责任编辑先生为丛书出版付出了辛劳。在此一并表示我们由衷的谢意！

王光龙

2011 年立冬时节于杭州三塘

目　　录

导论　写作学习方法研究概述

写作学习方法论是语文学习学的一个领域，它的研究对于提高写作素养，培养写作能力，起着重要作用，其内容涉及写作学习方法的理论和实践方面。同时，对不同形式作文的写法进行探讨，加强写法的学习、指导和评价，将使写法的学习与掌握更为科学、更加有效。

第一节　写作学习方法研究的意义

人类认识世界和改造世界，都有一个方法问题。“方法”一词，在中国的语言文字中有多种表示法，如方、术、道、法、策、计、辙、谋略、办法、路子、招等，可见我国从古至今都非常重视对方法的研究。在希腊文中，“方法”一词有“沿着”“顺着”的意思，它字面上的含义就是“（正确）行动的途径”。很明显，在古希腊人心目中，“方法”就是要给人们指出前进的道路。古人的这个初衷至今仍保留在我们对“方法”一词的理解中。

对“方法”一词可以这样定义：“方法是表示研究或认识的途径、理论或学说。”即“从实践上或理论上把握现实的，为解决具体问题而采用的手段或操作的总和”。人类活动的各个领域都有一种方法论，所谓“行行有门道”。①

① 张华荣主编：《科学思维方法论基础》，海风出版社2001年版，第3页。

一、方法的功能

从根本上说，方法的作用就是人的作用。人无不通过方法起作用，而方法只有在人的运用中才能发挥作用。方法把人和世界联系起来，使世界对人的作用内化，人对世界的作用外化。因此，方法是人的智慧与力量的表现。

具体说，方法具有认识功能，即使世界对人的作用内化；也具有实践功能，即使人对世界的作用外化。方法是理论和实际相联系的重要环节，它在理论与实际之间起着桥梁和通道的作用。从实际提升到理论需要方法，将理论运用于实际也需要方法。当理论和实际发生冲突时，并不一定是由于理论不科学或事实不确凿，往往是因为还没有找到适当的方法。与此相反，有时因为完成了方法上的重大突破，可能把过去肯定的理论和认定的确凿事实推翻，引出新的理论成果，或揭示更深层次的确凿事实。因此，方法在处理理论和实际的关系时，不是消极地促成还原式的结合，而是积极地造成新质态的契合。

方法还能够把潜在的可能性转化为现实性。可能性是客观事物内部孕育着的一种运动发展的趋势，它作为一种潜在因素存在于现存事物之中。现实性是客观事物所固有的必然性的实际表现，即实际存在的事物。任何事物的发展，往往存在着多种可能性，但只有一种可能性能够转化为现实。在可控过程中，由可能性向现实性转化，方法起着关键性作用。人类创造的一切，无不通过一定的方法，使可能性转化为现实性。

方法也具有社会功能，它遍及社会生活的一切领域，其主要表现在于：方法创造了价值、财富和文明。社会的进步，总是和创造价值、财富和文明的方法的进步相联系。在社会文明的全部过程中，方法进步的作用是显而易见的，谁也无法把它从人类的伟大业绩中排除出去，因而必须科学地估计方法的作用，过低或过高地估计方法的作用，都是片面的、不正确的。

二、研究和掌握学习方法的作用

学习方法是完成学习任务的重要手段。方法是为目的、任务服务的。当一件事情的方针、目的确定之后，能否达到预定的结果，方法便成了重要的因素。正如过河必须架桥或乘船，不解决方法问题，过河就只是瞎说一顿。教育家蒋南翔先生，曾有过一个生动的比喻。他说，一个猎人到森林里去打猎，要准备猎枪和干粮。如果一个学生在学校里，只知道积蓄知识，而不懂得与此同时还应掌握获得知识的方法，那么，他毕业后走上工作岗位就像猎人走进森林，只带干粮没带猎枪一样。没有猎枪，干粮带得再多，也会很快地消耗殆尽。如果有一支猎枪，并能运用自如，那么还愁没有吃的吗？这个比喻生动地说明了掌握学习方法是何等重要。只有运用正确的学习方法，才能保证学习的成功。所以，研究学习方法绝不是一件小事情。

学习方法是为提高学习质量服务的。影响学生学习成绩的因素有多种，诸如学生的健康状况、学习动机、学习方法、学习基础，教师的教育水平，家长的教育水平，学习的环境条件，社会和集体的影响等等，这些因素中学习方法是最重要的因素之一。如果学生采用科学的学习方法，就可以少走弯路，节省时间和劳动，取得最佳学习效果。

掌握学习方法在中小学阶段尤为重要。中小学阶段是一个人学习成长道路上的重要时期。中小学学生掌握了科学的学习方法，能使自己的学习效率大大提高，有助于打好基础，发展智力，更快成才。常有这样的现象：一些在小学或初中学习成绩较好的学生，进入初中或高中之后，学习成绩下降了。其中一个重要原因，就是没有改进学习方法，自学能力差，学习效率低，影响学习潜力的开掘和智力的发展。

掌握学习方法，学会学习，是实施素质教育的迫切需要。在学校教育中，组织学生学习是一项基本任务。教和学是相互依存的，“学”的规律是“教”的规律的基础，“学法”是“教法”的依据。教师不仅要研究教学过程和教学方法，还应该研究学生学习过程和学习方法；不仅要帮助学生“学会”，而且要指导他们“会学”。古人云：“授之以鱼，只供一饭之需；授之以渔，则终身受用无穷。”教导学生学会学习，正是“授之以渔”，是使学生学会求知、健体、修养、合作、审美、劳动、创造、生存与发展的根本措施。教育家叶圣陶明确指出：“教”都是为了达到用不着“教”。就是说，学生入了门了，上了路了，他们能在繁复的事物间自己探索，独立实践，解决问题了，用不着“教”了。陶行知先生也认为，先生的责任不在教，而在教学，教学生学。“教的法子要根据学的法子”，教的快慢、多少要根据学生的能力和兴趣，这样学生就会“乐学”而“自动”“自得”。英国著名的生物学家达尔文说，最有价值的知识是关于方法的知识。美国教育家杜威认为，学生如果不能筹划他自己解决问题的方法（自然不是与教师、同学隔绝，而是和他们合作进行），自己寻找出路，他就学不到什么。美国另一位教育家布鲁姆则指出，教师只有在学生掌握了正确的学习方法，有了自学能力时，才算完成任务。古今中外有识之士都十分重视教学生学会学习。事实证明，培养学生学会学习，不仅能调动学生学习的主动性、自觉性、独立性和创造性，充分发挥主体作用，增进学习效率，而且能培养学生的自立精神和责任心，促进学生成才。

从实际情况看，目前有相当多的学生，因为没有掌握科学的学习方法，没有形成良好的学习习惯，因而学习效率很低，有的甚至丧失学习兴趣，由“不会学”而致“不爱学”“不愿学”。因此，学生能否掌握科学的学习方法，从而提高学习效率，是他能否由“厌学”变成“爱学”的关键所在。教育改革家魏书生把德国著名作家莱辛的一段话抄给学生：“如果上帝一手拿着真理，一手拿着寻找真理的能力，任凭选择一个的话，我宁要寻找真理的能力，而不要真理。”他让学生讨论这段话的道理何在，激发学生获得自学能力的愿望。

现代科学技术迅猛发展，新知识、新信息呈几何级增加，科学技术知识的更新周期日益缩短，这决定了新世纪需要的是能不断掌握新技术的学习型、创造型人才。信息社会对人才的要求，不同于以往的社会。如果说在工业社会初期，在学校学到的书本知识可以应付一生职业的需要，那么在今天，面对瞬息万变的世界，学生在学校学习的书本知识，到毕业的时候，不少可能已变得陈旧，学校已不可能教给人们一生所需要的知识。每个人进入社会后，都要接受继续教育和终身教育，都必须不断补充、更新知识和技能，才能胜任工作岗位和社会角色的需要，学习将成为一个人的终身需要和过程。因此，最好的方法就是在学校里不满足于学习知识，而是学会学习，学会获取知识的方法。教育不仅要教给学生知识，而且要培养学生的能力。培养能力是素质教育的核心内容。而教会学生学会学习，掌握学习方法，则是实施素质教育的突破口，也是实施素质教育的迫切需要。

三、写作学习方法研究的意义

写作学习方法就是要解决“怎样学写作”的问题，它是学生要掌握的诸多学习方法中的一个方面，对它的学习与研究不仅有利于提高学生的写作素养，也有利于提高学生的素质。具体而言，写作学习方法研究的意义包括理论方面和实践方面。写作学习方法研究的理论意义在于：可以将零散的写作学习方法系统化；将传统的写作学习方法现代化；将经验性的写作学习方法科学化；将外来的写作学习方法民族化。我国的写作学习历史悠久，人们在长期的写作实践过程中积累了丰富的写作学习方法。这些写作学习方法散见于历代学者的著述中，至今仍像是散落在各处的珍珠。散落的珍珠，即使每一颗都是美丽的，也不会发出成串的光辉。零散的写作学习方法，不便于人们系统地掌握和运用，也就不能够发挥出整体效用。写作学习方法研究的理论意义的一个重要方面，就是要将零散的写作学习方法系统化，就是要运用学习科学、学习方法学、语文学习学的基本理论对经验性的写作学习方法进行分析，提升它的科学性，促进它的科学化。

写作学习方法研究的实践意义在于它能够增强写作学习方法意识、掌握科学的写作学习方法、提高写作学习效率、养成自能写作的习惯等。

增强写作学习方法意识。构成学习活动过程的基本要素包括学习主体、学习目标、学习内容、学习方法等。其中学习方法是学习主体沟通已知和未知的桥梁和纽带，是不可缺少的关键因素。学习者对于学习方法作用的认识构成了学习者的学习方法意识。在中小学写作学习中，部分教师只着眼于作文命题，而忽视写作学习方法指导，导致了学生的学习方法意识淡薄。通过对写作学习方法在写作学习过程中的地位、作用、价值以及与其他学习过程要素的关系的研究，可以提高写作者对学习方法的认识，增强写作者的学习方法意识。

掌握科学的写作学习方法。学习方法有科学与不科学之分。科学的学习方法是学习客观规律的反映，具有科学性、普遍性、必然性和时效性，而不科学的学习方法则表现出主观性、局限性、或然性和低效性。通过对写作学习方法的科学研究，使写作学习者在理论上认识并在实践中运用科学的写作学习方法。

提高写作学习效率。在写作学习过程中，写作学习方法科学则事半而功倍；学习方法不科学则事倍而功半。不少人只知道从数量的增加上学习写作，不知道学习方法不科学，导致学习效率不高，效果不好。因而，指导广大中小学生运用科学的写作学习方法，提高写作学习效率，是中小学写作学习改革的重要内容。提倡和指导中小学生运用科学的学习方法，是减轻中小学生学习负担的重要途径。

养成自能写作的习惯。自学习惯是在一定的学习环境中经过长期培养而形成的。在写作学习中需要培养各种良好习惯，其中比较重要的是自能写作的习惯。这种习惯一旦养成，就会具有自发的学习写作的心理倾向，并具有稳定的学习行为。从终身学习的理念出发，写作习惯的养成对人的终身学习和全面发展至关重要。写作行为是写作习惯的主体内容。写作学习方法又是构成自能写作的重要内容。写作学习方法的研究，包括了写作学习方法与自能写作习惯的关系等，对自能写作习惯的养成具有一定的作用。

第二节　写作学习方法研究的内容

写作学习方法研究的内容，可以分为写作学习方法基本理论研究和写作学习方法实践指导研究两大方面。

一、写作学习方法基本理论研究的内容

写作学习方法基本理论的研究，就是要通过对写作学习方法的全面研究，建立写作学习方法的基本理论体系。写作学习方法基本理论的构成包括：写作学习方法的概念、特征和理论基础；写作学习方法的意义、类型和系统；写作学习方法的历史发展；写作学习的基本方法；培养写作能力的基本方法；写作学习方法的指导；写作学习方法的评价。此外，还有写作学习方法的选择和运用、写作学习方法的继承和借鉴、写作学习方法的改造和创新、写作学习方法的未来发展等。

（一）写作学习方法的概念、特征和理论基础。通过对写作学习方法的外延和内涵的分析研究，明确写作学习方法的科学概念。通过对写作学习方法特有本质属性的分析概括，能够准确把握写作学习方法的基本特征。每一个概念或学科的形成，都要吸收一些相关学科的理论成果。通过对写作学习方法相关学科的了解，对写作学习方法的理论基础有明确的认识。

（二）写作学习方法的意义、类型和系统。写作学习方法是我们研究的一个对象。通过对写作学习方法意义的分析研究，从理论上明确认识写作学习方法的地位、作用和价值。写作学习方法丰富而多样。通过对写作学习方法类型的划分，对写作学习方法的不同类型及其特点可以有准确的把握；通过对写作学习方法进行系统的划分，可以明确写作学习方法大系统的各个子系统。

（三）写作学习方法的历史发展。写作学习方法作为写作学习活动的构成要素，与写作学习有着同样长久的历史。通过对写作学习方法历史发展的研究，了解写作学习方法的源流变化及其变化的规律特点，在继承写作学习方法传统的同时创造出新的写作学习方法。

（四）培养写作能力的基本方法。写作能力包括观察能力、积累能力、思维能力、表达能力和修改能力等方面。每一种写作能力的培养方法都各有路径。通

过对它们的科学研究，从理性上认识它们，在实践中去运用它们。

（五）写作学习方法的指导与评价。写作学习方法的指导与评价有一定的要求，按照这些要求，采用适当的方式进行指导和评价，可以促进学生对写作学习方法的掌握，又能得到方法运用的反馈，促进学生运用方法提高写作素养。

二、写作学习方法实践指导的内容

写作学习方法实践指导的内容，主要是对不同形式作文和作文过程的实践指导。要了解这些作文方式常见命题的特点和类型，如何进行审题、立意、选材、布局，如何观察、思考、想象、联想等；如何对记叙、说明、议论等不同文体进行学法指导；如何对不同形式的作文进行有针对性的指导，如对模仿作文、命题作文、话题作文、条件作文和自由作文的写法的具体指导；如何运用方法，对写作学习实践进行有效指导，等等。

写作学习方法的实践指导还包括对方法选择和运用的指导。要依据写作学习目的、写作学习内容、个人特点和环境条件来选择方法，同时，在运用中要注意以下几方面。

（一）掌握写作学习方法知识。掌握写作学习方法的系统知识，并将它科学地运用到写作实践中，就能取得理想的写作效果。虽然某种学习方法不同的人都在使用，但其运用的效果并不相同，原因就在于有些人没有真正掌握该学习方法的基本知识。没有理论指导的行动往往是盲目的行动。写作学习方法的知识是人们写好文章的重要知识，要把文章写好，必须掌握写作学习方法的知识。

（二）反复实践写作学习方法。掌握学习方法可以说是掌握学习的一种技能技巧，所以必须在写作学习实践中反复练习。如果只是记住有关方法，而未能在写作实践中多加运用，多加体验，就不能真正掌握写作学习方法。熟能生巧，对写作学习方法实践多了，运用起来就会得心应手。在反复实践中，不但能够深刻理解方法，还可以创造出有个性特色的写作学习方法。

（三）善于组合写作学习方法。在写作学习实践中，为了达到写作学习目标，往往需要组合几种或多种学习方法，这就有一个学习方法的组合问题。要善于组合几种或多种学习方法，就必须掌握各种学习方法的有关知识，明白它们各自的特性，特别是它们的适用范围和对象。能否对写作学习方法进行科学组合，也是衡量一个人写作学习能力的重要标志。

（四）及时总结写作学习方法。在写作学习实践中，运用了不同的写作学习方法，可能有的效果好，有的效果差。及时地对其运用效果进行分析总结，找出原因，就能及时调控和改善学习方法，从而提高学习效果。在分析总结的过程中，可以加深对学习方法特点的认识，提高自己学习方法的理论水平。通过分析总结，还可以更正确地选择写作学习方法，更合理地组合写作学习方法。

第三节　写作学习方法研究的方法

写作学习方法的研究是语文学习学研究的一个领域，语文学习学研究中采用的观察、调查、实验等方法取得了一定的成果，推进了学科的建设和发展，因而这些研究方法也就是写作学习方法研究的基本方法，可以在实践中加以运用。

一、实地观察法

实地观察法，是指研究者在教育、教学的自然情境中，直接用自己的眼睛、耳朵等各种感觉器官（即直接观察），或借助于科学仪器，如照相机、闭路电视装置、录像机、录音机等现代技术手段（即间接观察），有目的、有计划地对教育、教学的自然现象进行仔细察看，从而获得经验、事实的一种研究方法。

这种方法一般在课堂、课外活动和校外活动中进行。目的是通过有意识的观察和考察，积累现象材料，作为实验和研究的根据。运用这种方法应注意：在观察前，要明确研究的目的，拟订观察计划；观察时，应善于在繁杂的现象中选择所需要观察的事实，及时抓住重要材料，并敏捷地发现各种现象间的联系，做好详细记录；观察后，要整理、分析、概括出观察结果，得出结论。实地观察法比较简便易行，既可以分题目进行，也可以分阶段进行，并且适用于广大的研究范围，乃至整个教育领域。它的价值，在于观察所得的材料是直接从实际中得来的。但观察者对获得材料的解释，也可能带上主观色彩。

观察法的基本步骤为：1. 界定问题，选好观察对象；2. 制订观察计划；3. 确定观察的项目和指标；4. 按照计划实施观察和记录；5. 对观察资料进行整理分析；6. 提出观点并写成研究报告。

二、现状调查法

现状调查法，是指研究者对教育、教学的现象进行有计划的、周密的、系统的考察，用科学的手段和方法收集客观的资料进行分析研究，以了解已有的成果和经验，来发现问题和教训，认识并预测发展趋向，从而在大量的事实材料中概括出带有教育规律性东西的研究方法。它包括对学校、社会、家庭教育等问题的调查。运用这种方法应注意，调查要求实事求是，深入持久、有组织、有目的地进行，保持客观性和真实性。在进行教学现象的调查时，应涉及效果、数量和速度三个基本因素，以此作为质量分析、数量分析和效率分析的基础。调查的质量是第一位的，但也不可忽视调查的数量和速度。

现状调查法的特点是：基本不受时间、空间上的条件限制；可用间接的方法了解实际情况；在自然的进程中收集材料，而不控制或操纵被调查的现象和对象；涉及的范围广，收集材料的速度快，手段多样化，便于实施。缺点是在调查结果中，不易排除和区别某些外来因素的参与。为保证研究工作的可靠性，调查的结论还需要进行多方面的对照和验证，也要与其他研究方法的结果互相补充。

调查的方法和手段多种多样，主要有问卷、谈话、测验和评价、统计报表、书面材料分析、开座谈会等。在实际调查中，往往是几种方法的综合运用。现状调查法的种类繁多，从不同的角度划分，主要有：学校调查、家庭调查、社会调查、教师调查、学生调查；全面调查、重点调查、抽样调查、典型调查、个案调查等。另外，还有用统计方法进行的统计调查和以事例研究法为主的实态调查；以描述教育现状为主的描述调查和预测教育事业发展远景的预测调查等等。

现状调查的步骤大致包括：1. 确定研究课题；2. 查阅有关资料，拟订调查计划，选择方法和手段；3. 抽选调查对象；4. 现场收集材料；5. 整理、分析材料；6. 撰写调查报告。

三、科学实验法

科学实验法，是指研究者根据研究课题的设想，在周密计划和专门设置的特定条件下进行的一种特别组织起来的，对教育实验结果进行分析、比较，能确定教育的某种影响因素与其结果之间的因果关系，从而得出科学结论或经验事实的研究方法。它是一种规模、范围较小的研究实践活动。

科学实验法是教育领域里进行的一种特殊形式的探索教育规律的科学研究活

动，其目的是：探索所要了解的教育现象的变化发展原因及其条件；鉴定教育或教学的某种方式、方法、内容、形式的效果等。这种方法具有可控制性、可重复性的特点，它对于认识教育、教学规律，检验教育理论，发现教育、教学的科学原理、方法等，都有重要意义。

科学实验法的突出特点在于控制。无论是实验室实验，还是自然实验，都要进行控制。所不同的是，实验室实验是在人为的条件下采用复杂的仪器或现代化技术进行的实验，自然实验是在正常的教学条件下不改变受试者正常状态的情况下进行的实验。

科学实验法的类型一般可分为：单组实验、分组对比实验、循环实验等。实验的步骤可分为：1. 确定实验课题；2. 制订实验计划，包括实验的目标、要求、范围、对象、时间、步骤、方法等；3. 选择实验对象；4. 确定实验对照形式，安排实验因子和组织形式开展实验，进行细致、集中的观察，做好实验记录；5. 整理、分析实验材料，写出实验报告。

四、历史研究法

历史研究法，是研究者对过去的实践和思想，对某教育家的教育观点，对前人的教育理论，对外国教育发展状况等进行研究、整理、分析、评价的方法。通过对过去的事实的不同形式的记载，去搜集资料以供研究的时候，就要运用历史研究法。

历史研究法的基本要求是：通过研究分析过去的事物运动形式，认识事物发展的规律，继承前人创造的经验和成就，吸取前人的经验和教训，使古为今用。它的特点是：要充分占有史料，并对史料进行严谨的科学分析，以得出科学的结论。

采用历史研究法，一般要经过史料的搜集、史料的鉴别、史料的运用三个阶段。

五、比较研究法

比较研究法，是指研究者根据一定的范围和标准，对某种教育、教学现象和问题，在不同时期、不同情况下的不同表现进行比较研究，找出原因、特点和规律，力求符合客观实际的结论的一种研究方法。运用这种方法要以辩证唯物主义和历史唯物主义作为方法论基础，从各种教育实际出发。

比较研究法常用的方法有两种：一是以区域比较研究为主，二是以问题比较研究为主。前者是分析研究单个区域的教育、教学问题；后者是比较研究两个或几个区域的教育、教学问题。按照比较范围的大小，又可分为专题性和综合性比较研究。在比较研究中还可以采用纵向和横向、同类和相异、定性和定量等具体的比较研究的方法。

比较研究的操作程序为：1. 明确研究主题；2. 确定研究对象；3. 获取相关材料；4. 描述和解释内容；5. 得出比较的结论。

六、文献法

文献就是“记录有知识的一切载体”。所谓“一切载体”，自然意味着除了文字材料外，还包括音像、电脑和网络等一切具有实物形态的载体。

文献法和前面所说的研究方法，同属于科学研究方法，其重要性没有不同。然而就研究途径而言，文献法却有其特殊性，它不以客观实践为源泉，而是以现成的知识载体为依据进行研究。

文献法的特质体现在如下几方面：1. 能研究不可能接近的对象。运用文献法时，研究者可以不与文献中反映的人或事物接触，就可把它作为课题而加以研究。这个特质是实地观察法、现状调查法、科学实验法和总结法所不具备的。2. 在研究过程中不会受研究对象的干扰。因研究的对象是图书、期刊、音像制品等知识载体，故不与载体中的事物特别是人物接触，也就不会受到反应性干扰。3. 抽样容量大，研究费用少。运用文献法常常比较容易取得相当多的样本。比如对写作学习心理有研究兴趣者，可在中外有关写作学习心理的论著中取样。抽样容量大，研究结果的可信度就大。又由于文献资料多集中在图书馆、资料室等机构，取借容易，只需少量经费就可达到目的。由于文献法具有上述其他方法无可代替的长处，研究者应当想方设法地获得自己需要的文献，进而利用、研究它们。收集到的各种文献资料需要再加工，加工的程序大致是：筛选、分类、分析、鉴别。

七、个案法

个案法是以具有典型性的个人或个别事例为研究对象，了解其发展变化过程，从中寻求规律性认识的方法。个案法与整体研究法相并列，也是教育、教学研究离不开的方法。

个案法的主要长处是：由于是对典型的个人或个别事例进行研究，所以可以全面、系统、深入地把握其发展变化过程、内在和外在的原因、产生的根源，以便采取相应的对策；由于个案研究全面、系统、深入，其结论大都具体、客观。经过理性的分析，可以从特殊的认识中推导出普遍性的结论，用于指导一般；由于往往需要进行较长时间的跟踪观察、调查，研究者也就可以拥有较充裕的时间。个案法的主要缺点是：由于研究的对象具有特殊性，如果可依据的数据少，也就可能缺少代表性和可比性。

个案研究，可相对区分为如下三种类型：

个人的个案研究。个人的个案研究是以某一具有特殊性的个人为对象的研究。这可以是对最优生的研究，可以是对最差生的研究，也可以是对一位伟大人物青少年时期的研究。

事例的个案研究。这是把某一特殊事例作为对象的研究。比如对某校语文组异常热心教学研究的个案研究，比如对多数学生一个时期的学习成绩失常的个案研究，比如对一个班的学生课堂上是否积极思考的个案研究等。这种研究的目的在于探讨某一特殊对象的特征、形成的原因和应采取的措施等。

团体机构的个案研究。这种研究是指以某一团体为对象的个案研究。比如以个案形式对教师参与的某一学术团体的研究，对学生自行组成的社团的研究。

个案研究中，居于第一位的工作是资料信息的搜集和分析。个案研究成功与否，在很大程度上取决于资料的搜集范围和分析水平，这就要求研究者在资料工作上下番工夫。个案研究的操作程序为：1. 确定研究对象；2. 搜集个案资料；3. 分析个案资料；4. 实施个案指导；5. 追踪指导研究；6. 撰写研究报告。

八、总结法

总结法是根据教育实践所提供的事实，在感性认识的基础上，通过分析、概括教育现象，使之上升到理论的高度，提出别人可借鉴的有关规律性的东西。它的特点是：以研究教育现状为目的进行实地研究；研究人员可以直接掌握研究对象全貌，对研究对象有深入了解；研究方法灵活，不拘一格；研究方便，不受条件限制，费用较少；时间性强，适用于研究随时间推移而变化的教育过程。

总结法的一般步骤为：1. 选择总结对象，确定总结方向。2. 搜集材料。材料要全、新、深、实，达到数量与质量的统一。3. 制订总结计划。包括：目的、要求、起始、程序、实施、分析、综合、验证等。4. 对材料进行分析综合。在总结中，对搜集的材料要用理论方法、逻辑方法和统计方法进行分析和综合，以便对材料进行充分的论证。5. 正确做好成果总结和表述工作。总结经验，是为了推广、应用经验，所以要特别注意时间性，及时通过各种途径进行交流、传播。

以上我们分别介绍了实地观察法、现状调查法、科学实验法、历史研究法、比较研究法、文献法、个案法和总结法，这是进行研究常用到的方法。研究的方法是多种多样的，并且在不断地发展和创造。运用时，要注意综合性，即可以在运用某一种主要方法的前提下，穿插运用另外一种或多种方法，以确保研究成果的科学性、先进性和指导性。写作学习方法的研究着眼于学，侧重于学，在运用以上科研方法时也应当如此。通过研究，可以了解某种写作学习方法的运用状况、发展历程，比较其异同，探讨其适用性和有效性，从而促使学生在写作学习中更好地运用方法，提高写作成效。

第一章　写作学习方法的价值和地位

随着社会向前发展，方法的价值更加突出。常言说：得法者事半功倍，不得法者事倍功半。光讲勤奋，而不讲方法，不能搞好学习；光埋头写作，而不讲方法，难以写出好文章，难以在写作上取得成绩。掌握写作学习方法，有助于学生主体性的发挥，有助于写作效率的提高，其价值不言而喻，所以，应摒弃偏见，充分发挥写作学习方法在写作中所能起到的作用。

第一节　写作学习方法的价值

人们做任何事情都离不开一定的方法，方法是人们做事时为达到预期目标所采取的手段或途径。方法有优有劣，好的、恰当的方法可使人省时、省心、省力；差的、不恰当的方法则使人费时、费心、费力，甚至无所成。学习方法就是学习者在学习中为获取知识和技能而采用的方式、手段或途径。掌握好的、恰当的学习方法对学习者有效地进行学习有着重要的意义。掌握写作学习方法，有助于写作能力的提高，应当通过对方法的运用和实践，使其在写作中发挥作用。

学习是一项多层次、多结构、多样化的复杂活动。如果学习得法，不但成效显著，还可获得一种高尚的、美好的艺术享受。古今中外不乏刻苦学习者，而能够取得较大成效者只是少数。这里的奥妙是什么呢？原因固然很多，掌握和运用了科学的学习方法则是一个非常重要的因素。可见，掌握一套科学的学习方法是非常重要的。具体而言，掌握科学的写作学习方法其价值如下：

一、使写作学习具有整体性

凡是正常存在的客观事物，其自身都是一个整体结构，是一个系统。它既是上位母系统的局部（子系统），又是下位各子系统的整体（母系统）。因此，任何事物都是在与其普遍联系着的众多事物的相互作用中存在、发展和变化的。学习也不例外，它本身是一个完整的系统，这个系统又与其他事物和系统相互联系。学习这一系统包括学生集体、教师集体、学习内容、学习手段、学习环境和学习评估等要素。这些要素既各自成系统，又彼此相互联系、相互作用。学习就是由这些要素按一定结构、围绕着社会所规定的培养目标而构成的整体。作为其中的一部分，学习方法这一子系统也具有自身的层次性和规律性，并与其他子系统有机联系，共同构成了整个学习活动。写作是学习活动的一个重要组成部分，在写作活动中学生只有认清了写作的整体结构，掌握了写作学习方法的特点，遵循一定的写作规律，才能进一步按照学习活动的整体性特点进行写作，其写作学习也才能得心应手、游刃有余。

二、使学生在写作中发挥主体作用

“主体性”是指人的自觉性、主动性和创造性。在教学中，由于对学生的主体性认识不足，学生的主体作用容易被忽视或否定，学生学习的积极性经常受到限制。一部分学生在家长的嘱咐、学校和教师的“约法三章”下，形成了这样一种认识：只要听老师的话，考试能得高分，就是好学生。这样，有些学生逐渐失去了自我，失去了应有的快乐和朝气，也失去了主动探索与追求的意识，其自身的积极性、主动性和创造性被泯灭了。要让学生充分发挥积极性、主动性和创造性，并以此促进学生的全面发展，教师除了需要进行教学方法的改革以外，还必须帮助学生掌握科学的学习方法。在写作学习中，只有让学生知道应该学习什么，写作学习的特点和规律有哪些，并掌握适合自己的科学的写作学习方法，学生才能根据具体学情来安排和调整自己的学习活动，充分发挥学习主体作用，使自己的写作更快速、更高效。

三、使写作学习更富成效

在学习过程中，光有想学习的愿望是不够的，还必须有科学的学习方法，这样才能达到理想的彼岸。从某种意义上说，单纯向学生传授现成知识不如教会他们科学的学习方法，使他们掌握独立获取新知识的本领。在当今社会中，信息量激增，知识更新迅速，知识总量隔7年至10年就增加一倍。这就要求人们用较短的时间来完成过去需要很长时间才能完成的学习任务。要想做到这一点，没有科学的学习方法是不行的。所以，一些未来学家认为，将来的“文盲”不再是目不识丁的人，而是没有掌握科学的学习方法、不会自己钻研问题、没有预见力的人。写作学习的成效与掌握方法密切相关，因此，在写作中帮助学生掌握科学的写作学习方法，使他们形成较强的独立写作学习的能力是必要的。

四、使学生把握写作的方向

写作有着比较独特的规律，因而必须有明确的方向。否则，就很难写出好的文章来。不同文体，有不同的机制、不同的写作规律。不同文体的作文，必须根据不同文体的特点去写作，强化其写作思维的方向性。同一文体中不同类型的文章写作的思维运动也各有其独特的运动方式，在写作学习方法的学习中，通过把握思维理论和方法，使思维有明确的方向性，按照不同类型文章的写作规律去写作。一次写作应有一次写作的目的。一层、一段、一句、一字都应有其目的。所以，面对每一个文题，每个写作者都应明确而具体地思考：1. 为什么写本篇文章？写给谁看？想达到什么目的、什么效果？2. 本篇文章是什么文体？文体特点是什么？与文体相关的各种规范是什么？3. 写作主体（我）的“角色”是什么？这个角色在本文中该如何行动？4. 使用哪一类结构？哪一种语言？等等。一旦选定了方向，即按照该方向的要求去执行。有了这种思维定向性，才能更快、更好地进入正确的思维轨道，思维内容也因此有了限制，就不会白白耗费不该耗费的精力。掌握写作学习方法，可以增强写作的方向性，是提高写作效率的必然要求。

第二节　写作学习方法的地位

正确的方法可以获得成功，错误的方法必然导致失败。在科学进步中，一个新方法的运用，会打开新的视野，使人进入一个更广阔的世界。虽然学习方法如此重要，但是，对学习方法和写作学习方法总是存在一些偏见，事实上，写作学习方法对写作的作用不能过分低估。方法对头了，就像是找到了开启写作大门的钥匙。

一、对学习方法认识上的几种偏颇

对学习方法的作用存在着两种不正确的观念和倾向。一种是学习方法“无用论”“次要论”。这种观点认为，学习方法在学习过程中可有可无，关键是学习是否刻苦。表现在学习中就是只注重对知识的获取，而不注重科学方法的学习。刻苦精神在学习中是非常重要的，但是不能把刻苦精神和科学的学习方法对立起来，只强调刻苦精神，不重视学习方法。同时也不能把二者混淆起来，用刻苦精神取代科学的学习方法。学习方法在学习过程中的重要地位和作用是其他任何因素不能取代的。正如笛卡尔所说，没有正确的方法，即使有眼睛的博学者也会像瞎子一样摸索。

另一种是学习方法“万能论”“至上论”。这种观点虽然认识到学习方法在学习过程中的重要作用，但是把学习方法的作用过分夸大了；认为只要有了学习方法，学习中的一切问题都会迎刃而解。表现在学习中是只重视学习方法，总希望找到一种或几种如万能钥匙一样的学习方法，解决学习中的一切矛盾、问题，因而自觉或不自觉地忽视了对影响学习过程和结果的学习者自身的其他因素的培养和提高，这种观点也是错误的。学习方法在学习过程中的作用确实是非常重要的。但学习方法却不是影响和制约学习效率和学习结果的唯一因素。影响和制约学习的全过程和最终结果的还有许多别的因素，如学习动机、学习主动性、学习的刻苦精神、学习道德、学习兴趣、学习情感、学习意志这些内在因素以及家庭、学校、社会等外部条件。所有这些因素和学习方法之间都是相互作用和相互影响的。没有正确的学习动机、刻苦主动的学习精神、健康的学习心理，也不可能真正树立科学的学习方法。爱因斯坦在谈到一个人学习、事业成功的原因时讲到一个著名的公式即 $A=X+Y+Z$。A 代表成功，X 代表勤奋，Y 代表方法，Z 代表少说空话从实做起。这个公式既讲到了学习方法的重要作用，但又没有唯方法至上，而是强调多种因素在学习过程中都起作用，缺一不可。当然这里强调多种因素在学习中的作用，并不是把它们完全等同起来。这些因素在不同的学习者身上表现并不完全相同。有的学习者可能主要缺乏这种因素，有的可能缺乏那种因素。因此对于不同学习者来说，需要解决的主要矛盾和主要问题就不完全相同。对于那些学习刻苦但学习效率较低、学习成绩提高较慢的学习者来说，解决和树立科学的学习方法是当务之急。但是不能由此得出学习方法“万能论”“至上论”的观点。

在形成、应用和掌握科学的学习方法问题上也存在着一些偏颇。

一是“学习方法自然而然论”。有的学习者认为，只要是进行学习活动，就自然而然地一定有学习方法，根本用不着有意识地去培养学习方法。确实，任何人只要去学习，自然而然地一定会有这样或那样的学习方法。但问题是这样形成的学习方法并不一定是正确的学习方法，并不一定是先进的学习方法。许多学习者在学习初期形成的学习方法，虽然在学习一些粗浅的知识中曾经起过一定的作用，但随着学习内容的扩大和深入，原有学习方法的费时费力、效率低下等缺陷就逐渐暴露出来。由于学习方法所具有的惯性特征和人们思维定式的特点，学习者往往意识不到自身已经形成的学习方法的弊端，把不理想的学习效果只是简单归结为不够刻苦努力，其原因就在于不重视科学的学习方法的培养。有的学习者在学习实践中可能不自觉地形成一些正确的学习方法，但真正意义上的科学的学习方法如同人类其他的能力一样，不能只是靠个人的“经验”去获得，也需要自觉地向前人和他人学习，不断发现和纠正自身不科学或落后的学习方法，把前人和他人积累的关于学习方法的科学知识与自身的学习实践内在地结合起来，才能形成科学的学习方法和较强的学习能力。“学习方法自然而然论”把学习过程中形成的某些学习方法绝对化、固化，其结果是强化了一些错误的、落后的学习方法，自觉或不自觉地排斥了科学的学习方法。

二是“学习方法急于求成论”。有的学习者发现或意识到自身学习方法方面存在的问题，渴望确立新的学习方法，但以为把前人或他人成功的学习方法搬到自己的学习实践中，立刻就会发生显著的变化和明显的效果。如果没有达到预期目的，就会对该学习方法产生怀疑，甚至弃之不用，又寻求另外的方法。使用另外的方法也没有立竿见影之效，又换新的方法。久而久之，哪一种学习方法也没有真正确立起来。这种做法把学习方法的确立简单化了。一种科学的学习方法绝不是应用一两次就能够收到立竿见影的效果。同任何知识转化为能力都必须经过反复应用一样，科学的学习方法也必须经过多次应用，才能转化为学习者自身的素质和能力。正如古人所说，欲速则不达。过于追求学习方法确立的速度是不能形成科学的学习方法的。

三是“学习方法单一论”。有的学习者在学习过程中认识到科学的学习方法的重要性，也在自身的学习实践中反复运用某一种或两种学习方法，但学习效率和效果仍不很明显。其重要的原因之一就是把不同的学习方法之间的关系割裂开来，片面夸大一种或两种学习方法，否认或贬低其他的学习方法。运用单一的学习方法解决简单的学习问题可能会收到一定的效果，但对于复杂的学习对象就不会收到显著效果。因此学习主体要正确认识各种学习方法之间的内在联系，在强调或重点应用某一种学习方法时，不要忽视其他的学习方法。学习方法之间也需要相互配合、相互协调。这样作为“知识”的学习方法才能向作为“能力”的学习方法转化。当然，有的学习者应用学习方法没有取得明显的学习效果，还可能是忽视影响学习方法的学习者自身的其他因素，如学习动机、学习道德、学习心理等；也可能与该方法是否适用于自身有关。

二、写作学习方法的作用

在写作方法的学习中同样也存在前述不正确的看法，有些人受“写作无法”论的影响，认为对写作学习方法的探讨可有可无，在写作中自然而然就产生方法了。这样的认识由来已久，所以，去除偏见，确立写作学习方法应有的地位有其必要性。具体来说，它在写作学习中的重要性体现在以下几方面。

（一）有利于提高写作能力

写作是衡量语文学习水平的一个重要尺度。从语文知识与写作的关系来看，写作是语文知识的综合运用，学生对字、词、句、篇及语法、修辞、逻辑的知识掌握得怎样，都可以从他们的作文中得到反映。从语文能力和写作的关系来看，写作既能培养学生的写作能力，又有助于提高学生的阅读能力。正因为写作具有综合性、实践性，所以它可以作为衡量学生语文学习水平的一个重要尺度。作文在语文科中占有重要地位，正是由这一点来确定的。因此可以说，写作水平的高低，是语文成绩的综合反映。

写作能力是由一些基本能力和专门能力组合而成的，它们在学生个体身上构成一种带有个性特征的能力结构。一个人的能力结构与其知识结构有密切的联系，如能力的大小会影响掌握知识的深度、广度以及巩固程度。知识的多少影响能力的发展或提高，但是，它们并不等同，因为一个人知识的多少并不能表明其能力的大小，由知识转化为能力必须经过实践或练习，舍此，知识归知识，能力归能力。

只有掌握学习方法，亲自参加实践或练习，并且动脑，用心，善于总结，在实践或练习当中形成新的经验，而且这种经验能直接提高活动效率，才能使某些能力真正得到提高。作文能力的提高也是如此，一是学生要参加写作练习；二是学生要动脑、用心，善于总结得失，形成新的有助于提高写作学习的经验。

有些学生，写作的基本能力和专门能力得不到提高，出现停滞不前的现象，这说明他们步入了一个“高原期”。这时，教师要帮助他们分析原因，指导他们改变旧的活动结构、旧的“心理定式”，采用新的写作学习方法，并且提高他们的信心，使他们走出“高原期”。掌握的思维方法越多、越好，思维能力就越强、越过硬，也就越能写出好文章。

（二）有利于提高写作素养

写作既是语文学习的一项重要内容，也是衡量语文学习效果的一把重要尺子。作文与作者素质之间有着极为密切的关系。一般来说，作者素质主要包括良好的心理素质、道德素质、政治素质、思维素质、理论素质、综合文化素质与语言表达能力等。

作文的基本规律，就是在观察、体会客观生活并将其转化为文章形式这一过程中的带有普遍性的规律。每一个作文者在完成一篇文章的写作时都要面临的问题构成作文的基本矛盾，而解决这些矛盾的基本途径与方法就构成了规律。是否擅长写作，关键就在于他是否掌握了解决作文基本矛盾的规律。

比如，作文主体认识的多向性与载体传播的有向性就是一对矛盾。人们认识和理解世界的方式和角度是不一样的。尽管作文者“触及”和“进入”世界的途径不一样，但作为载体传播的作文却不能不遵守文章的规则，这与作文者的文化素质紧密相关。又如，客观存在的无限性与载体传播的有限性也是一对矛盾。怎样从无限丰富的人类生活中截取作者要表达的一个断面？反过来说，如何在有限的篇幅之中反映复杂、丰富多彩的生活？解决这个“大”与“小”的矛盾依靠什么？它依靠作文者认知的水平。又如，认识过程的复杂性与文字表达的有序性也是不能回避的矛盾。怎样从纷繁无序的认识对象中理出清晰可述的头绪来，不仅有赖于作者的认识水平，而且还有赖于作者对不同类型文章的特殊表达形式的认识与把握。

此外，还有思维的无形性与语言表达的有形性的矛盾。古人早就注意到了“意”与“言”的矛盾。“言不尽意”“立象以尽意”都是这一矛盾的反映。思维与语言的关系是十分复杂的，两者不能说没有联系，但两者毕竟不是一回事。在大脑里思考的与在文字里展示的往往会有较大的差距，怎样减少中间的耗损？这又取决于作文者的语言素质。

这些矛盾的解决都需要作文者具备一定的基本素质，包括文化素质、语言素质、认知水平，以及对不同类型文章的特殊表达形式的认识与把握的能力等，而写作学习方法的学习有利于作者写作素养的提高。

（三）有利于促进写作教学的改革

写作教学方法多年来变化不大，从教师命题、指导，到学生作文，再到教师批改，总是在一个固有的模式中运行，忽视了学生在学习写作中的作用。另外，教学中强调的是“多读多写”，在实际操作中总是学生围绕课本转，较少接触课外读物，往往忽视对写作方法的学习，忽视对写作科学化的追求。

写作教学不仅应当而且有可能发展学生的智力，具有发展智力的特别优越的条件。因为作文本身就是一种复杂的、有创造性的智力作业，只要科学地学习和训练，就可以发展学生的各种智力。首先要学习观察。作文中的叙述、描写、说明都是以直接观察为基础的，抒情、议论也与观察有关。在观察事物时，学生总会有各种各样的态度和体验，也就是说要做到“情动于衷”。不仅如此，观察要思考，要由表及里，深刻认识事物各个方面，特别是它的本质特征，写作议论文的理性思考就其认识本源来说，仍然建立在对事物的观察的基础之上。因此，在写作教学中，训练和培养观察能力是发展学生智力的重要一环，切不可忽视。其次要学习记忆。作文靠积累，包括思想感情的积累、生活经验的积累、语言材料的积累。写作的学习和训练要重视学生各方面的积累，并通过积累的过程来发展学生的形象记忆能力、动作记忆能力、情绪记忆能力、词语和逻辑记忆能力。再次要学习思维。作文的过程就是运用形象思维、逻辑思维进行写作的过程。通过指导学生写记叙文、说明文、议论文，能锻炼他们的思维，培养他们思维的广阔性。最后要学习想象。写作教学要利用这些有利条件有效地发展学生的智力。可见，写作方法的学习可以补充写作教学的种种不足，促进学生的智力发展，培养学生的各方面能力，从而促进写作教学的改革。

第二章　写作学习方法的内容和目标

写作学习方法学习的内容有理论层面和实践层面之分。从理论上看，学习写作学习方法要研究学习理论和学习方法、思维理论和思维方法、写作理论和写作方法；从实践层面上看，写作学习方法要研究不同作文方式的特点和写法，这将在以后各章中作专题论述。

第一节　写作学习方法学习的内容

写作学习方法和学习理论与方法、思维理论与方法、写作理论与方法有着密切的关系，有关理论与方法的学习及运用对写作起着重要作用，所以，从理论上说，写作学习方法学习的内容主要有以下几方面。

一、学习理论和学习方法

学习理论是心理学的一门分支学科，是对学习规律和学习条件的系统阐述，它主要研究人类与动物的行为特征和认知心理过程。鉴于学习理论注重把心理学的一般原理应用于学习领域，从这个角度来讲，它是一门应用性学科；鉴于学习理论主要探讨行为（包括内部行为）是如何变化的，并试图解释和预测行为的变化，从而为课程与教学理论奠定基础，从这个角度来看，它又是一种基础理论。

学习理论可以说是心理学中最发达的领域之一。早期心理学家大多偏爱对学习，尤其是对学习过程的研究，并对这一领域的理论和研究方法作出了贡献。这些研究结果大大增进了对学习的理解。心理学家们始终不懈地在寻找探析学习现象的新方式，由于各人的观点、视野和研究方法各不相同，因而形成了各种流派，到目前为止还没有凝聚成一种统一的、综合的、大家普遍认同的学习理论。各种理论流派实际上都是在探讨学习的一些基本问题，如学习的性质、学习的过程、学习的动机和学习的迁移等。事实上，它们提供了探讨这些基本问题的不同视角，使我们有可能比较全面地理解学习的性质、学习的条件和学习的规律，从而为我们的教学理论和实践提供科学的基础。

像其他理论一样，学习理论具有它特定的职能，主要包括：第一，学习理论要提供学习领域的知识，以及分析、探讨和从事学习研究的途径和方法。它要说明：学习的哪些方面最值得研究？哪些自变量应予以控制，哪些因变量应加以分析？可以使用哪些方法和技术？应该用什么样的术语来描述研究的结果？如此等等。从而为教育工作者提供一个研究学习的框架，把注意力集中在最值得研究的问题上。从这个意义上说，学习理论是人们研究和解决学习问题的指南和资源。

第二，学习理论是对有关学习法则的大量知识加以概括，使其系统化和条理化，以便人们容易掌握。通过系统化，可以使那些看上去本来没有联系的现象富有意义。

第三，学习理论要说明学习是怎样发生的，以及为什么有的学习有效，有的学习无效。因为学习的法则只是告诉人们“应该如何”学习，而学习理论则试图解释“为什么”要这样学习。从广义上说，理论本身就是对某一领域的知识的系统解释。

学习方法就是人们在学习过程中为达到一定的学习目标或目的，而采取的步骤、程序、途径、手段等。学习方法同任何方法一样，有四个基本特点：

合目的性。任何方法都必须服从和服务于一定的目的。没有目的性，就无所谓方法。目的性是人们形成和应用方法的前提和出发点，目的不同，方法也就不同。如果方法违背了目的，方法也就失去了它的意义，人们的预期目的、目标也就不可能变成现实。目的是多种多样的，方法也是多种多样的。有时同一目的可以有不同的方法，同一方法也可以实现不同的目的。但方法受目的制约这一内在联系任何时候都不能改变。能否选择和制订适合目的的方法，是目的能否最终实现的基本条件之一。学习活动也必然有许多这样或那样的目的、任务、要求、需要、意向、目标等等，因此要求学习活动中也必须有许多这样或那样的方法。学习方法同学习目的的关系同任何方法和目的的关系一样，也要求学习方法符合学习目的。

合规律性。方法不仅取决于人们的活动目的，而且还取决于它是否合乎事物发展的内在规律。因为任何事物发展都具有不以人们意志为转移的客观规律性。人们在活动过程中虽然都是在这样或那样的目的支配下进行的，但程序、途径、手段等具体方法并不是人们主观任意想象出来的。人们只有在承认、尊重、认识和掌握客观规律的基础上，使自身同对象发生作用的行为发展进程符合客观规律，人们的预期结果和目的才可能最终实现。而人们实现目的、目标所采取的程序、途径、手段等方法必须是在符合客观规律的情况下，目标、目的才能够变成现实。不符合客观规律的方法，不能达到预期的目的，甚至导致相反的结果。学习也是一个有客观规律的过程，学习方法的选择和制订也必须合乎学习的规律性。

合主体性。方法总是一定的应用主体为达到一定的目的而采取的手段、途径。因此方法还要受到应用方法的主体自身的各种因素的制约、影响。应用方法的主体总是具体的、历史的人。每个人的生理、心理和智力不完全相同。同一方法对不同的应用主体来说不可能产生完全相同的结果。只有符合应用主体特性、因素的学习方法才能取得预期的学习结果。

合对象性。方法的运用和操作必然要作用于一定的对象。对象各有其特点和具体属性。特点和属性的不同，同样也影响和制约着方法的形成、设计和应用。对症下药、量体裁衣这两个成语正是说明处理和解决问题的方法要受制于对象本身。学习也有学习的对象和客体。学习对象不同，必然要求学习的方法也要有所不同。文科知识、理科知识有区别，方法也有所区别。学习方法是否符合对象的特点，也是学习最终具有有效性和最佳性的基本条件之一。真正有效的方法是与对象相统一的合对象性的方法。

学习方法的上述特点对学习者有着重要意义。学习主体要想提高学习效率和取得较好的学习效果，就必须选择和制订适合自身的、科学的、先进的学习方法。

二、思维理论和思维方法

思维是人们运用概念构成判断、进行推理论证的过程。学习中必然伴随着思维，如果不善于思维，甚至连两个最简单的事物都不能联系在一起的话，那是很难进行学习的。思维与写作密切相关，思维能力是写作的核心能力，思路对头，可以说写作就找到了门径。

（一）思维的特点

如果把人们的思维特点加以归纳的话，那么，人的思维大体上具有以下特点：

1. 思维的问题性

人的思维总是指向认识和解决某一个（或数个）问题，完成某一项（或几项）任务。如果没有问题（或问题情境），就不会导致思维。因此，人的思维就被赋予探寻的性质，并且经常是一种有意识、有目的而且十分紧张的认识过程，有些时候甚至让人绞尽脑汁。思维中的问题，既可以来自别人的提问，也可以是自己主动地想象、联想、假设，这便是“关注心”“好奇心”“猜测心”等等。因此，催发思维最好的途径是开掘难点，寻找问题，追根溯源。有问题，就要思考问题的根源、性质、深度与广度及解决问题的途径与方法等。旧问题解决了，又会出现新问题。人的大脑只要机能正常，就一刻也不会停止思考问题。因此，问题性是人的思维的首要特点。

2. 思维的概括性

人的思维，特别是理性思维，是在社会实践的基础上通过对感性材料去粗取精、去伪存真、由表及里、由此及彼的分析和综合而进行的。这一过程是对客观事物的一种本质的认识。它揭示客观事物的本质特征，反映并把握诸多对象的共同特征，即规律性。

3. 思维的间接性

思维的间接性，是指人的思维不受时空的限制，可以间接地反映事物。也就是说，人的间接认识必须经过中间环节，以他物为中介，深入到它的背后或深处，只有通过这个中介才能认识它背后的本质或根据。人们借助于间接性思维，可以通过事物之间相互影响所产生的结果以及其他一些媒介来间接地认识事物，获取知识。正是由于这一点，使我们有可能根据前人及旁人所总结出来的一些知识（包括事实、联系、概念、原理等）来解决自己所面临的问题。其实，任何一种科学著作，都能给予我们许多间接认识。

（二）思维的良好品质

人的思维不仅是能够培养的，而且也是可以训练的。在思维理论的学习中，要注意培养思维的良好品质，这些品质主要有广阔性、深刻性、灵活性、逻辑性、敏捷性。

思维的广阔性，就是我们通常说的善于全面地看问题的思维品质。在学习中，要求学习者为了理解某一事物的概念或规律，从不同的角度、侧面来进行思考，不要只考虑一个角度、一个侧面。

思维的深刻性，就是善于深入到事物的本质，抓住事物的核心，揭露事物现象的根本原因及其后果。在学习中，要求学习者在广泛思考的基础上，深入思考，突出重点，只有深入地进行思考，才能揭露事物的本质和规律，收到透彻理解的效果。

思维的灵活性，是指要善于根据事物发展变化的具体情况及时地提出符合实际的解决问题的假设和新方案，善于从实际情况的变化出发去思考对象，不至于在客观情况已经发生变化时，还坚持已经过时的、失效了的方案、计划。思维的灵活性是人的思维的重要品质之一。在学习中，要求学习者在思考问题时当第一条思路行不通时，马上就出现第二条、第三条思路，不把自己的思维局限于一隅，钻牛角尖，走死胡同。

思维的逻辑性，是指思考问题时，要遵循严格的逻辑顺序，在推论中有充分的逻辑依据。在学习中，要求学习者能够按照学习材料的内在逻辑去进行思考。

思维的敏捷性，就是表现为能够迅速地发现问题和正确地解决问题的思维活动。思维的敏捷性是与思想的丰富性密切联系的，所以，在学习中，学习者平时要积累丰富的知识，详细地占有材料。一个人的知识越多，材料越多，思想越丰富，其思维的展开也就越顺利、越有效。

（三）辩证思维的方法

学习中，人的思维究竟分几种类型？由于人们分类的标准不一致，所以归纳出来的思维类型也就不尽相同。从思维的本质和规律看，人们的思维可以分为四种类型，这就是：形象思维、逻辑思维、辩证思维和直觉思维。

为了正确和有效地进行理性思维，人们必须把握辩证思维的基本方法。辩证思维的实质就是按照唯物辩证法的原则，在联系和发展中把握认识对象，在对立统一中认识事物。只有坚持辩证思维方法，才能实现由感性认识到理性认识的飞跃。在对感性材料进行思维加工时，必须要运用归纳与演绎、分析与综合、抽象与具体以及逻辑与历史的统一等方法。

辩证思维的基本方法如下：

1. 归纳与演绎

归纳是从个别事实推导出一般结论的思维方法，是思维从个别到一般的过程；演绎是从一般原理推出个别结论的思维方法，是思维从一般到个别的过程。

归纳与演绎的运行方向是相反的，但二者存在着内在的联系。归纳是演绎的基础，演绎推理的前提是一般性原理，一般性原理是通过归纳获得的。演绎也是归纳的前提和指导，任何归纳都是在一定概念和理论的指导下进行的，所以归纳也不能离开演绎。人的认识是不断地从个别到一般，又从一般到个别的过程，这恰恰是归纳和演绎交替使用的过程。

2. 分析与综合

分析是主体在思维中将对象整体分解为各个组成部分，分别加以研究和认识的思维方法，是思维从整体走向部分的过程；综合则是主体在思维中把对象的各个方面的认识进行整合，全面地把握对象的方法，是思维从部分走向整体的过程。

分析与综合是对立统一的关系。没有分析，就难以认清对象的部分和细节，从而难以正确认识整体。因此，综合离不开分析。另外，由于部分不能离开整体，如果对整体没有一个正确的认识，分析也无法进行。因此，分析也离不开综合。

3. 抽象与具体

人们认识事物时，首先反映的是具体的事物，我们把它称之为感性具体。在这一基础上，人们使用分析的方法，把事物分解成各个部分，把它们从整体中抽取出来，并且撇开各个部分的非本质属性，抽象出它的本质属性。这样，人们的认识就从感性具体发展成理性抽象，从现象深入到了本质。但是，人们不能仅仅停留在对事物的抽象认识上，还必须进一步弄清各个部分的各种科学规定之间的内在联系，确定每一个规定在总体中各占什么地位，各起什么作用。这就需要在运用综合方法的同时运用从抽象上升到具体的方法，把各个部分的各种规定按照它们本身固有的内在关系相互联系起来，从总体上把握这一事物，使人们对客观事物的认识由理性的抽象上升到理性的具体或者思维的具体。理性的具体与感性的具体有着本质的不同：感性的具体是零散的，是知其然，不知其所以然；理性的具体则是把事物的各个抽象的规定综合为一个相互联系、相互制约的整体，是对事物完整的“知其然，又知其所以然”的认识。

4. 逻辑与历史的统一

历史是指客观对象的发展过程以及人们认识客观对象的思想发展过程；逻辑是指理性思维和抽象思维的规律，它是人们以理论的形态反映客观事物的规律所必须遵循的。逻辑与历史统一，是说客观现实的历史是逻辑的基础和内容，逻辑行程终归要由历史进程来决定。

然而，逻辑与历史还是有差别的，因为逻辑是历史的理论再现，是“经过修正”的历史。这样，逻辑与历史的统一，是指在本质上、在规律上的符合，并非毫无差别的绝对符合。历史的发展过程有本质的东西，也有非本质的东西；有主流，也有支流；有必然性，也有偶然性。逻辑并不反映历史发展过程那些大量的非本质的、支流的、偶然的东西，而是集中反映发展过程的本质、主流、必然性、规律性。

辩证思维方法和科学方法属于两种不同层次的方法。辩证思维方法从普遍联系、永恒发展的角度提示事物的关系，科学方法则从世界的某些方面、某些领域去考察研究事物的本质和规律，如系统方法、信息方法、控制方法等等。

辩证思维方法与科学方法存在着密切的联系。一方面，科学方法应以辩证思维方法作为自己的方法论前提；另一方面，辩证思维方法应从科学思维方法中吸取营养，丰富自身。

要防止两种错误倾向：其一，要防止用哲学上的辩证思维方法否认和取代科学方法，即不能用一般思维方法否认和取代特殊思维方法。其二，也要防止用科学方法否认和取代辩证思维方法，即不能用特殊思维方法否认和取代一般思维方法。

把哲学观点运用到思考和工作中，就转化为思想方法和学习方法，它们是哲学思维方法的具体化。我们在学习中，要自觉地运用辩证思维方法，以使我们的学习方法更加科学，更好地认识世界和改造世界。

（四）写作思维方法

在探讨写作学习方法中，特别要注意对写作思维方法的掌握，以提高写作水平。所谓写作思维方法，就是我们在求解写作问题时思维进行的途径和程序。每一种写作思维形式，都需要特定的思维方法，而不同的思维方法就会产生不同的结果。①

1. 发散思维与聚敛思维。在写作思维过程中，发散与聚敛是经常使用的相互影响的一对思维方法。发散性思维也称辐射思维、放射思维、扩散思维等，所谓发散思维，就是围绕一个中心问题，从不同的方面、不同的途径、不同的角度，经过积极的思考和联想，尽可能广泛地搜集与这一中心问题有关的各种感性现象和各种信息资料以及各种观念、意图，找到一个最佳角度，一个最好的方法，一

① 段建军、李伟著：《写作思维学导论》，中国社会科学出版社2004年版，第275页。

个完美的解决问题的方案或答案的思维方法。聚敛思维也称收敛思维、集中思维、收束思维等等。所谓聚敛思考，是在发散思考的基础上，紧扣中心问题，把思维的焦点集中在定材、定形、定意上，完成对中心问题的解答，实现思维的目的所进行的思考活动。在写作思维过程中，首先通过发散思维，写作者可以拓宽思路，深入思考，获得有价值的写作信息和写作灵感；在此基础上，才能进行聚敛思维，把发散开来的思维集中起来，围绕一个中心，结构文章，完成写作的整体构想。

2. 求同思维与求异思维。客观事物总是既相互联系，又相互区别。因其相互联系，才有共同点，人们才能建立普遍联系的思想观点；因其相互区别，才显示出千姿百态，千变万化，丰富多样，人们才能领略到世界的无限性。求同思维与求异思维就是这种联系与区别的反映。求同思维是侧重于探究事物的同一性，把握事物存在与发展的多样性统一，达到对事物内在共同属性及规律的认识。人们观察事物，感知客体对象，进行比较，就是要认识对象的相同点，寻找共同性，这是人类同化思维模式的具体表现，寻找相同点就可以依此类推地认识事物，获得事物的共同属性及规律的认识。在写作思维中，对各种材料的认识就是需要运用求同思维获得一个中心，然后才能在这个中心的统领下，进行作品的整体构想。求同就是寻求材料之间的内在联系，找到这个联系点就能够组织材料，完成写作思维。求同思维的结果就是对思维对象进行抽象概括，抽象概括的前提条件就是对对象内在相同点的认识。没有求同思维，也就不可能进行抽象概括。求异思维侧重于探究事物的多样性特征，把握事物的不同属性和不同特征，达到对事物个性的具体认识。运用求异思维方法就是寻找事物的个别属性，与其他事物的不同之处，获得独特的认识结果。

3. 顺向思维与反向思维。顺向思维是按照事物发展的时空顺序由先到后、由小到大、由低到高、依次递进的思维方法。这种方法体现了人们认识事物的基本过程和顺序。在写作过程中，运用这种思维方法构思文章能够使读者非常自然而且清晰地理解作者的思想感情。反向思维，也可以称作逆向思维，是打破时空和习惯顺序，沿着与常规思维相反的方向思考，是对现行秩序的反方向思维。这也是写作中的一种重要的思维方法。反向思考是打破习惯思路和流行观点，向着似乎行不通的、与常规思维相反的方向所进行的思考。这种反向思考，一开始仿佛“山穷水复疑无路”，其结果可能会进入“柳暗花明又一村”的新境界。反向思维是一种比较特殊的思维方式。它的思维取向总是与常人的思维取向相反，比如人弃我取，人进我退，人动我静，人刚我柔，等等。这种与常规或大多数人的思维取向相反的思维方式，从表面看似乎不可理喻，但最终却往往出乎人们的意料，能取得更好的结果，因此它常常给人一种不可思议的神奇感觉。

4. 横向思维与纵向思维。横向思维的智力开发理论是英国剑桥大学教授爱德华·德·波诺提出来的。他认为智力的高低不是由学习好坏决定的，智力是一种潜在的能力，必须加上头脑的思考能力，即思考的技巧，才能充分发挥出来。横向思维就是关于思考的技巧。波诺认为横向思维的含义包括：（1）横向思维是与创造紧密联系的，但是创造常常只是对结果的描述，而横向思维却是对过程的描述。（2）横向思维与新观念的生成相联系。（3）横向思维也是与打破旧观念的思想束缚相联系的。横向思维的态度是：第一，拒绝僵化的模式；第二，试图以不同的方式把事物组合起来，即努力生成选择方案，重新构建模式。在写作思维过程中，所谓横向思维，就是对同一时间、同一条件下存在的不同对象或某一类型的对象进行的比较性的思考。时空关系是横向思维的基础，是事物外在联系的反映，是一种外在对比关系；这种关系常常不是一种固定的关系，而是处于不断变化过程中，所以，会不断产生新观念。所谓纵向思维是对不同时间、不同条件下存在的不同对象或某一类对象进行溯因探果的历史性比较考察的思维方法。纵向思维方法必然会涉及事物的因果关系，可以说，事物之间的因果关系是纵向思维展开的基础。

5. 相似思维与对比思维。有人这样表述相似性思维，人的认识主要就是靠把相似的事物联系在一起，然后把相似与同一区分出来。如果两种心理表现彼此相似——也就是它们具有一个或更多共同特征，那么其中一个的发生就有助于引起另一个的发生。比如由埃菲尔铁塔联想到纽约的摩天大楼，由贝多芬联想到勃拉姆斯和莫扎特。推而广之，相似性能使我们把所有的 A 和所有的 B 联系在一起。根据相似性原则，我们可以从性质、关系、结构、功能、形态、意义、发生过程等方面在具有相似性的两个对象（或两类对象）之间进行类比、隐喻，达到相互借鉴、相互移植、触类旁通的效果。相似思维是类比、比喻、象征的心理基础，也就是说通过相似思维，我们发现事物之间的相似点，然后才能进行类比、比喻、象征。没有相似思维，两件完全不同的事物就不可能组合在一篇文章中。但是，相似思维可以通过不同的角度，发现事物之间的相似，根据这种相似，形成不同的认识或者类比、比喻、象征。总体来说，我们可以这样认识相似思维：相似思维是指将思维对象与另一个事物联系起来进行思考，利用事物的几何相似、结构相似、动态相似、功能相似的特点，把不同的事物联系起来，发现二者之间的相似性，从中获得启迪，达到解决问题或者创造发明的目的。对比思维是把两个截然相对的或者差异明显的事物进行比较，发现事物特征，突出事物特点，达到认识事物个别性质，创造新事物或新形象的思维方法。孤立地去看某一人或事物，往往难以认识其特征或本质，可是一对比，就十分清楚了。如在绘画艺术中，在高山上添一小亭，在大海上缀一风帆，就更能显示出山的雄峻与海的壮阔。在小说中描绘凶恶的人，必以善良者相衬；塑造美好的人物形象，也离不开丑恶人物的烘托。对比思维是矛盾对立统一规律在思维中的表现，在写作思维过程中，常常运用对比思维，就可以形成鲜明的认识，并且能够产生强烈的表达效果。

6. 单向思维与多向思维。单向思维，也叫单极思维、单维思维，是人们认识事物的基本思维方法。人们在处理社会生活中具体问题的时候，运用这种思维方法，能够达到具体问题具体解决的思维目的。特别是在写作思维中，单向思维是形成主题思想的主要思维方法。单向思维的方法是从一个学科角度或一个思维原点出发，认识客观事物，推演出一种思想认识或一个思想体系的思维方法。运用这种思维方法的思维主体一般都是从一个社会确认的学科理论或者社会观念出发，用一种学科理论或者观念解释客观世界，并且由此不断地演绎和归纳出自己的思想体系和知识结构。这种思维方法体现了人在社会生活中的分工，也反映了人们是按照自己所属的思想体系来思维，来认识客观世界的现实局限。多向思维是一种从多学科角度综合思考对象，多方面把握对象属性的思维方法。每一个学科都是人类认识世界的一个独特的角度——数学是从数的关系上认识世界的，把世界描述为数字的形式；化学是把世界看作分子的组合方式；文学把世界看作人性的试验场。每一门学科都有自己的思维角度，都是从本学科的思维原点出发形成自己的理论体系。但是，每一种角度都只是把握了世界的某一方面的属性，要全面认识世界，就需要综合各种学科，多角度地去认识世界，这样才能比较全面地把握世界属性。

三、写作理论与写作方法

写作作为一种特殊的精神生产劳动，是以个体活动的方式进行的，它是一次性的、独创的、不能重复生产和批量生产的。

（一）写作行为的特点

写作的特殊性，构成了它的基本特点。

1. 个体性

写作行为具有明显的个体性。所谓个体性，可以从两方面理解。首先，写作活动的全过程，主要的是以个体活动的方式进行的，是一种纯粹的个体化的行为。在写作活动中，虽然社会、他人有时也给作者以某种促进、启发、影响，或提供某种思想、某些材料，提出某些要求，但是这些观点、材料、要求等，必须通过个体化的作者，由“我”所理解，所消化，变成“我”的东西，然后以个人的行为方式付诸实践，才能实施。不然，这种独特的精神生产便无法进行。这一点明显区别于一般的物质生产。其次，从写作活动的全过程来看，无论是材料的感知、吸取，还是文章的孕育、构思、表达，整个过程无不渗透着作者鲜明的个性特点，各不相同。写作行为的这种个体性，不仅在现实中存在，得到大家的允许和承认，而且得到读者的鼓励、作者的强化，使它成为写作者一种可贵的品质。

2. 创造性

写作是一种独特的精神产品生产过程，其产品，其劳作，也就必须具有创造性。美国写作学家威廉·W. 韦斯特认为，所有的写作都是创造性的。所有的写作都包含一种新的表达的“起源、发展、形成”的过程，即使你使用的是“旧”的思想和第二手材料，你也为它们创造着一种新的而且是唯一的表达方式。你产生出一些完全新的，一些认真的、完全表达出你的性格和才能的东西。[①] 他还认为，即使主题、材料相似，已被他人或自己写过，当你决定重新写一篇文章，就必须追求一种创造，找到自己的创作方式。这意见无疑是正确的。写作的本质是“创造”，因此，在写作学习中，我们应认真体会创造的原则、规律，研究创造的知识结构、心理品质、观念准备、思维特点、创造机制，掌握创造的方法技巧，强化自己的创造意识。

3. 综合性

写作不同于一般物质产品生产的，还有综合性。一位作者写文章，决定其生产质量和数量的，除了他本身的态度、技巧，还有许多因素。首先是材料的储备。写作，其材料主要是由个人“仓库”提取的，各人的“仓库”不同，其库存

① 威廉·W. 韦斯特著，章熊、章学淳译：《提高写作技能》，福建教育出版社 1984 年版，第 383 页。

的材料也不同，而且材料的提取，随时随地会产生各种各样的变化，各种因素在起作用。其次是对材料的加工。写作中，作者必须负责整个生产过程；这个过程没有统一的加工程序，作者必须一边加工一边设计。其程序的设计与加工很少是完全相同的，而且除了技术本身，还涉及作者的思想修养、生活阅历、才情秉性、知识、文化水平、思维方式、审美追求、个人兴趣等一系列因素。再次就是表达。作为物质产品生产，其加工的程序完成了，其产品基本上也就完成了。而写作，作者在心灵中对产品的设计、加工往往还只是一个粗胚，要将产品完美地表现出来还有一个外化、物化的过程，这个过程受更多因素制约。

4. 实践性

写作行为作为人类生产活动之一，当然也具实践的属性，但和其他生产活动比较，它的实践性又有其特定含义。首先，任何写作的材料，都必须通过个人的社会实践去获得；其次，写作技能的获得，也必须通过实践；另外，写作不仅在生产精神产品，也在培养、塑造着作者本身，这一点比起其他物质产品的生产体现得更全面，更深刻。一位工人生产一种产品，其生产活动对生产者本身的生产是明显的，但写作活动对写作主体的“再生产”，则要全面得多、充分得多。它不仅涉及作者的知识阅历、为人处世，还可以磨砺思想，锻炼思维，开发智力，还涉及培养作者的观察力、感受力、理解力、想象力、综合创造能力等。对写作者个人来说，每一次认真的写作，都在更新着自我，创造着自我，提高着自我。

5. 社会性

写作渗透于人类社会生活的各个方面，包括政治、经济、文化、军事、教育、外交以及日常生活、学习、交往等各个方面。信息的沟通，成果的总结，知识的普及，真理的张扬，对谬误的批判，路线、方针、政策的贯彻，个人与周围世界的联系……无不靠写作来实施和实现。整个写作活动的意义，最终要落实到社会性上来。写作活动只有在社会流通中才可能发生。写作行为的社会性还体现在写作的人和写作的文章上。写作的人，是社会的人，他的一切思想、愿望，只能产生于丰腴的社会土壤上，他不可能与世完全隔绝，不食人间烟火；写出来的文章，无论它反映的内容是如何光怪陆离、隐晦曲折，它总是或多或少，或直接或间接地反映出一定社会生活的内容。

写作有一定的规律，其“内在运行机制”即写作行为的内部规律有不同的表述。① 1.“双重转换”。所谓双重转换，是指任何一篇文章的写作，都必须经过一个双重转换的过程，亦即由客观事物转化为作者的认识，再由认识转化为表现。2.“三级飞跃”。这种观点认为，一篇文章或一部著作的诞生，是由“感知”—“内孕”—“外化”三级飞跃所产生的，构成了写作行为的基本模式和规律。一篇文章或一部作品的产生，首先要实现由客观外物向写作主体即作者头脑的“飞跃”；随着写作动机和意图的产生，作者的认识（包括观念、情感）在动机的支配下，会同时向两个方向运动，一是向多种内在的物象投射，一是向某种内在的形态聚合，从而形成一个由心灵产生或再生的、基本完整或完整的心灵产品。3.“知行递变”。这种观点旨在从科学的角度揭示写作行为的内部运行规律。如果从某一次具体的写作行为来看，作者萌发了某一写作动机之后，为了实现这一写作动机（即“知”），他必须采用相应的体裁、材料，确立一定的主题、结构去实现它，这也就是“行”。写作行为就是由这样的“知”和“行”构成的系统。这三条“内在运行机制”反映了写作行为的内部规律，也勾勒出了写作行为的基本运行模式。

（二）写作技能的形成

写作技能的形成与学习方法有着密切的关系，要通过运用方法促进技能的形成。

1. 注重积累

生活中无数人、事、景、物是写作取之不尽的原料，要培养写作技能就必须学会大量积累。首先，要赞美大自然，要讴歌优秀的人物，要评说多彩的社会，离开了生活的积累那只能是一句空话。其次，“语文反映人类社会的事、理、情、志，表现民族精神、民族情操、民族审美情趣等，负载了丰富多彩的文化”，所以阅读优秀的文学作品，可以丰富思想、陶冶情操、提高修养、培养正确的人生观和世界观。通过阅读还可以积累写作方法的知识和思维方法的理论。此外，积累也是培养写作兴趣、提高写作技能特别是思维能力的重要手段。有研究表明：当知识的储备和人的知识理解达到一定的程度后，面对相应的问题，人极易产生思维的冲动和解决问题的心理需要。在思维过程中，知识信息丰富，易使问题得

① 陈果安著：《现代写作学引论》，中南大学出版社2002年版，第76页。

以解决，从而给人以更多的成功体验，使人精神振奋，心情愉悦，起到强化动机、培养兴趣的作用。在动机条件的作用下，大脑皮层处于兴奋状态，从而使头脑中的已有知识迅速处于“觉醒”和“临战”状态，加速思维流的形成。

2. 把握文体的特点

要能成功地写作，首先要了解相关的文体知识。在中学阶段，主要要求学生掌握记叙文、说明文、议论文和应用文的写作。只有掌握了各种文体的有关知识，把握文体的特点，才能严格而有意识地按要求作文。比如，在记叙文中，应以记叙和描写为主，议论、抒情只起画龙点睛的作用。在议论文写作中，作为举例说明，叙述应简明扼要。如果过于详细完整，叙述的内容超过了议论的内容，就不符合文体要求。

3. 选择恰当的思维方法

思维是写作的基础、前提和灵魂。没有思维活动，就没有写作活动；没有思维的深度，就没有写作的深度；没有思维的成果，就没有写作的成果。在写作技能的学习中，思维方法主要包括形象思维方法、抽象思维方法和辩证思维方法。抽象思维方法主要包括分析、概括、综合、推理，形象思维方法包括想象和联想，辩证思维方法包括联系的观点、发展的观点和矛盾的观点。紧张的思维活动贯穿在写作的全过程，在写作过程中需要运用特定的思维方法，以使写作收到更好的效果。

第二节　写作学习方法学习的目标

写作学习方法学习的目标是否明确，决定着写作学习的方向，决定着能否通过方法学习提高写作水平，应当确立好目标，将其指向如何掌握方法，如何在实践中运用，如何形成能力等。

一、掌握方法

能否掌握写作学习方法，是学习的目标之一。学习方法在学习过程中起着非常重要的作用，在一定意义上甚至对学习的全过程及其结果起决定的作用。按照学习规律形成的科学的学习方法能够提高学习主体的学习自觉性、主动性，能够减少学习中的盲目性，少走甚至不走学习中的弯路，因而在单位时间内付出同样的劳动量和代价时，取得的学习效果比缺乏科学的学习方法所取得的学习效果要大得多。运用科学的学习方法，在提高学习效率的同时，对于知识记忆上的牢固性、理解上的深刻性和应用知识分析问题和解决问题的实际能力的提高上都有很大的推动和促进作用。反之，缺少学习方法或运用错误的学习方法，则不利于对知识的记忆、理解和应用。对写作学习方法的掌握，可以使人明确方向，提高写作效率和质量。

学习方法多种多样，是在特定的学习环境中由特定的人去选用的。每个人都要选用合适的学习方法。选用学习方法应主要考虑下面三个方面：

（一）根据学习任务选用

学习方法是完成学习任务的手段，任何学习方法都是为完成一定的学习任务服务的。不同的学习任务，要求选用不同的学习方法。所以学习者要根据学习任务选用符合学习任务要求的学习方法。如果在学习同一内容时，由于不同学习环节上有不同的学习任务，学习方法也应随之而灵活地变换。

（二）根据学习内容选用

学习方法作用于学习内容，不同的学习内容有不同的性质和特点，所以，学习方法还必须根据不同学习内容的性质和特点的要求去选用。如文科有其特定的性质和特点，理科也是如此，选用学习方法时要充分考虑这一点。

（三）根据自身特点选用

同样的学习任务和学习内容，不一定选用同样的学习方法。因为，每一个学习者的身心发展水平、个性特点等会有差异。所以，每个学习者要根据自身特点选用符合自身实际、符合自己内在要求的学习方法，才能获取最佳效果。

掌握了学习方法，就能使自己得心应手地获取千变万化的科学文化知识，就能解决在现代社会生活中遇到的问题。所以，掌握学习方法，能够使自己做生活中的主人，适应社会生活的需要。掌握了科学的写作学习方法，就找到了高效率写作的途径，能够学得快、学得活、学得深、学得好，有助于我们潜能的充分发挥，将使我们的写作更加得心应手。

二、实践运用

实践活动的特点，是手脑并用，其特殊作用在于能把知识转化为技能、技巧。写作技能、技巧从何而来？在掌握方法的基础上，必须通过反复的、自觉的练习，这也是写作学习方法的一个学习目标。

文章是“写”出来的，只读不想或只想不写，写不出像样的文章来，疏于练笔的人永远写不出好文章。平时，我们对写作的基本方法也懂得一些，谈到主题的提炼、结构的安排、语言的运用，也能说出一些基本的要求。但到动手写，又是另外一回事了。为什么这样呢？关键是平时练笔太少了。技能的获得，必须靠反复的训练。清唐彪说：“谚云：‘读十篇不如作一篇。’盖常作则机关熟，题虽甚难，为之亦易；不常作，则理路生，题虽甚易，为之则难。”姚鼐说：“大抵文字须熟，熟则利病自明，手之所至，随意生态；常语滞义，不遗而自去矣。”一个习作者应该怎样练笔呢？简言之，有如下几点：

（一）由易而难，自近而远

练笔要由易而难，自近而远。比起议论文，记叙文要容易一点。一个人的认识，总是由具体到抽象、由感性到理性的。思维能力的发展，也是“形象思维”先于“逻辑思维”。一个小学生，一个初中生，让他写一件事，记一个人，可能要比写抽象议论一类的文章容易。所以叶圣陶说，练习写作，最好从记叙文入手。比起鸿篇巨制，写短小篇幅要容易得多。鸿篇巨制涉及的面广，构思纷繁复杂，习作者即使有一定的生活积累、知识积累、思想积累，一上手就写长篇大作，无论是写作经验、写作能力，都难以驾驭。短篇的文章，虽然也难得写好，但相对于长篇，容易驾驭些。因此，练笔最好从短篇开始，不要一开始就写鸿篇巨制，徒费心力。但练习又不能止于简易，一个人要是总停留在写简易记叙文，就不可能有大的进步。掌握了简易记叙文，就要练习复杂一点的记叙文。掌握了复杂的记叙文，就应学习复杂一点的议论文、说明文。掌握了短小篇幅的写作，就要有意训练大一点的篇幅。练习的过程，既不能妄想一口吃成个胖子，也不能停滞于基础。要不断给自己增加难度，由易而难，才有收获。

写作还要由近而远。所谓“近”，也就是从自己的身边写起，从自己的所见、所闻、所历、所感写起。写自己经历的事，写自己身边的事，写起来感受真切，容易上手。但一个人又不能止于写身边的事，写自己经历的事。有些人一直停留于写自己的事，一涉及他人的事、其他领域的事，就感到无从下笔，无法驾驭，这也是写作能力不强的一种表现。一个习作者，应该从身边的事写起，逐渐扩大自己的写作领域，由近而远，才可能真正有所收获。

（二）注重基础，磨砺习惯

写作应该从基础做起。万丈高楼平地起，离开了坚实的基础，就砌不起高楼大厦。这个道理谁都明白，可是一进入写作实际，很多人就糊涂了，只想连跑带飞，一步登天，其结果是事倍功半，费力不讨好。从理论知识的角度看，写作者要熟悉和掌握写作的基本规律，要善于从静态上洞悉文章的构成，从动态上知晓写作的过程，从个别性把握不同文体的写作特点和要求。这些写作知识也是基础，没有这个基础，心中没有写作的程序和目标，瞎摸乱闯，也是没有基本功的表现。

从写作技能看，虽说每个人由于先天和后天的因素，各有所长，得力点各不相同，但一些基本的写作技能是都要掌握的。譬如记叙、描写、议论、说明、抒情的基本技能，就都要有所历练和掌握。有些人只重视记叙、描写，完全忽视议论、说明，逻辑思维能力差，即使搞创作，也难得有所突破。有的人只重议论、说明，认为记叙、描写是作家们的事，连一个基本事实也说不清楚，要写好议论文，也是很难的。基础就如人的五官，缺一不可，倘若缺了其中一个感官，就会影响到其他感官，造成面目全非的结果。一般说来，写作课、写作学所讲述的一些技巧，都是基本的技巧，习作者都应该有所掌握，有所体会。

写作习惯在写作中很起作用。好习惯养成了，终身受用不尽；坏习惯染上了，改起来也很难。许多人对此都深有体会。习惯是长期养成的。习以为常，反复地加深、巩固，以至于到了不假思索就能如此的程度，这就是习惯。写作总是按习惯进行的，总是表现着某种习惯。从这个意义上讲，习惯本身就表现为某种能力。所以，一开始就养成良好的写作习惯，非常重要。例如平时注意积累材料的习惯，认真构思谋篇的习惯，事先拟提纲的习惯，写后反复修改的习惯，写作不怕干扰的习惯，每天都要动笔的习惯，讲究文面、书写的习惯，这些都是一个习作者良好的素质。

（三）持之以恒，不懈追求

有写作经验的人都懂得，写作靠的是日积月累、“水滴石穿”，它不能一蹴而就，不能奢望一次两次、一天两天就解决问题。写作靠的是不懈的追求。持之以恒，不懈追求，说起来容易，做起来太难。有许多习作者，一开始蛮有信心，决心要达到一个较高的水准，到做起来，却免不了“三天打鱼，两天晒网”。

写作需要自觉地练，坚持不懈地练。要做到这一点，习作者的兴趣和意志就非常重要。有的人把写作当成“包袱”，当成“苦差事”，一听写作就头痛，硬着头皮去写，应付着写，这种状态，很难学好写作。要学好写作，先得迷上写作。许多作家都是由迷上写作，迷得如醉如痴，迷得废寝忘食而获得成功的。兴趣是写作成才的起点，也是写作学习最好的老师。要保证长久不懈的历练，首先得有兴趣，自觉自愿。所以，心理学家认为，“能力总是伴随着兴趣而来”。

要将自己的努力维持在某一个目标上，仅仅靠兴趣还不行，还要靠意志。意志是人自觉调节自己的行动去克服困难，以达到目的的心理过程，是人的意识能动作用的表现。意志的自觉性、果断性、坚持性、自制性和独立性，是实现目的性行为的根本保证。勤奋是获得知识、才能永不枯竭的源泉，毅力是发展才能的风帆。学习写作，还要通过意志的努力，去克服内在的、外在的困难，以达到既定的目的。

三、形成能力

写作学习着眼于提高写作能力。可以说，能否提高写作能力是写作学习的核心问题，也是检验写作学习方法优劣的关键。写作能力是综合性的，应当促进以下几方面能力的形成。

（一）观察、积累能力

观察是写作的起点和基础。学生怕写作文的原因之一是觉得没有东西可写，常为此苦恼，这说明他们缺乏生活，没有写作素材。其实，五彩缤纷的生活是写作取之不尽的丰富源泉。然而学生未能发现它，原因在于他们缺乏观察生活、积累素材的能力。因此让学生学会观察，解决无米之炊的问题，就成为写作的起点和基础。

观察分直接观察和间接观察。直接观察是对现实生活的观察，间接观察则是阅读。直接观察包括环境观察和人物观察。在直接观察中往往出现这样的情况，观察活动后，有的学生印象不深，仍觉得没什么可写；有的则感到内容繁杂，提起笔来，观察到的各种情景纷至沓来，不知从何写起；还有的事无巨细，从头到尾记流水账。这反映了学生不会观察，缺乏搜集素材的本领。在学习直接观察时应有目的地进行；要由易到难、由单一到综合，有计划地步步深入，要细致，抓住事物的特点；要有搜集材料的提纲，还必须深入思考。此外，要注意随时采摘，及时记录。生活是丰富多彩的，也是千变万化的，有的现象转瞬即逝。这就要注意随时采摘，一旦捕捉到了就应及时记录，写观察笔记，为写作储备丰富的素材。有了素材，就不会遇到无话可说的尴尬，就不愁写不出东西了。

间接观察就是读书。阅读不仅可以扩大知识面，开阔视野，通过潜移默化的影响和积累，可从所读书中学习写作技巧。为了收到最佳读书效果，应边读边思考，并做好读书笔记，或感想，或摘录，既帮助记忆理解，又积累了素材。

积累还包括情绪和情感的积累。作者的情绪和情感积累是写作的一个条件。一个人如果对事物没有爱憎、好恶等情感评判，那么外界的刺激就不会在他内心引起反应，也不会产生强烈的写作欲望。当情感积累到一定程度时，会使人处于一种亢奋的创作状态，出现不能自已的写作冲动。写作学习应当使写作者多情善感，通达人情，积淀情感，那么下笔为文，就能情动于衷，佳作自成。

（二）思维能力

写作是从观察开始的，通过观察，了解、搜集了大量感性材料，然而这些材料还不能算成品，从观察到写出文章中间还有一个相当长的距离。即要对所获得的材料进行分析、比较、综合、判断……这种在作者头脑中进行的巨大而艰苦的劳动，就是思考。它贯穿于写作过程始终，渗透到写作的每一环节，如中心思想的确定、材料的取舍、结构的安排等，可以说整个写作过程就是一个紧张思考的过程。

审题要通过对题目的理解、分析和研究，领会题目的目的要求，从而确定中心思想，考虑文章体裁，明确题目对文章中心思想的要求和取材范围，选择适合和需要的材料。通过审题，找出审题的难点、写作的重点。有的题目从字面上看很简单，但题意含蓄，不认真思考就很容易跑题。

立意是文章的灵魂和生命。立意的高低决定着文章的价值。立意就是从时代的高度来确定文章的主题。好的立意应当新颖、深刻、独特。而这一切均有赖于思维的灵活性、独创性和深刻性。经过缜密的思考，确定了主题，还必须凭借一定的材料来表现。能否选择最恰当的材料来表现主题，取决于思维的选择性。

布局谋篇，就是通过材料的分析、研究，把材料加以组织、安排，使之条理化、系统化，成为一个整体，这是一种细致的、富有创造性的思维活动。在布局谋篇中要注意恰当地剪裁，合理地安排文章的结构，要有自然的过渡照应和好的开头结尾。总的要求是条理分明、层次清楚、结构严谨。布局谋篇是一项创造性的思维活动，其中思维的条理性起决定作用。写作的构思，要通过思维活动来完成。所以思维能力的强弱决定一篇文章的质量。因此，要在实践和观察中培养学生积极思维，使之在不断的实践活动中得到锻炼和提高。要通过阅读存疑、质疑、答疑，通过读书学习作者是怎样思考的，从而得到启迪。还可以通过各种练习学会思维。

在写作学习中，要加强创造性思维，即产生新颖而有价值的思维成果的思维。其方法如从多个角度考虑同一问题、同一文题，以多种角色考虑同一问题、同一文题，用多种材料完成同一文题或用多种办法去解决同一问题，从不同思维层次上去考虑同一问题，用不同的思维方法思考同一问题，用不同的语言表达同一内容，等等，以形成良好的思维品质。在写作学习中可以从某些事实中寻求新关系、找出新答案、重新组织观念，对未知事物进行有创见性的思索，以便产生某些新见解，也可以有意提出一些人人皆知的题材或事件，提出与传统不同的观点，挖掘出新意，以培养学生的创造性思维能力。

（三）联想力和想象力

联想就是由一事物想到另一事物的心理过程。联想往往是想象的起点，它是眼前的人、事、景、物与以往曾经接触过的相似、相反或有某种联系的其他人、事、景、物之间的一座桥梁。通过它，写作中可以从眼前生发开去，纵横驰骋，无所拘囿，把所要表现的思想和感情充分表现出来。想象是指在原有的记忆形象的基础上创造出新形象的一种心理活动。对于写作，想象力十分重要，没有想象，就没有写作。现在学生习作内容贫乏、呆板，原因之一就是缺乏想象力，思想囿于狭小的圈子。所以，在写作学习中应努力提高个人的联想力和想象力。想象力和联想力是以过去已经积累起来的大量记忆材料为基础进行加工改造的结果，建立在敏锐的观察力和牢固的记忆的基础上。要发展想象力，必须有大量的表象储备。要通过阅读引导学生联想和想象。如在词语学习中应当举一反三、有效地开展联想，将文字想象成画面，比较同类课文和人物形象，想象事件的发展和结果等，都有助于联想的展开。要尽量扩大阅读面，使自己博闻强记，以增长知识，提高记忆效率，充实记忆储备。要满怀激情地投入到现实生活中去，参加各项社会活动，从而开阔视野，丰富自己的生活，提高感受力，促进联想力和想象力的发展。要设计各种可提高联想与想象的练习，以有效地培养联想力和想象力。

（四）运用表达方法的能力

要写好文章，必须训练学生掌握叙述、描写、说明、议论、抒情等多种表达方法，并能根据需要加以灵活运用。五种表达方法，并非分别用于记叙文、说明文、议论文，写作时往往是以一种为主，兼顾其他。如运用恰当，则能为文章增色，增强表达效果。

记叙文常常用到议论和抒情，运用得好，能使文章锦上添花，引起读者的联想，激起读者的共鸣，能升华主题，起画龙点睛的作用。但并非多多益善，有的学生怕议论少了，文章不深刻，便滥发议论，结果事与愿违。议论文也常用记叙来列举一些事例作论据，即常说的摆事实。但这种记叙与记叙文中记叙事实不同，它只要求概括地记叙。有的学生不了解这一点，往往写得太详细，出现以“叙”代“议”、喧宾夺主的毛病。

在记叙文中往往通过写景来渲染环境，烘托人物，表现主题。而有的学生，认为写了景文章才亮丽，因而不管与文章中心有无关系，总爱写上一大段景色。这种为写景而写景的结果是中心分散，行文拖沓，结构松散。在写景时恰当抒情，两者结合，情景交融，能给人留下鲜明的印象。但如情景分离，甚至矛盾，就会使人觉得牵强附会。

（五）语言表达能力

培养学生的语言表达能力是写作学习的重要任务之一，因为语言的好坏关系到文章的水平。准确、生动的语言，能把精辟的见解、真挚的情感、深刻的感受表达得淋漓尽致，从而深深地吸引读者，使人爱不释手。

对学生语言表达能力的要求，首先是要写得清楚明白，让人看得懂，即语言文字要合乎规范，合乎语法要求。然后才是写得好，让人爱看。即不仅要合乎语法要求，还要有丰富生动的词汇，注意句式的锤炼，灵活运用各种修辞方法，正确使用标点符号。在语言表达能力的培养中，最要紧的是语感的学习。主要通过多阅读，注意朗读，做各种练习，包括摘抄词汇、名言佳句等，来加强语感，提高语言修养。

（六）修改能力

好的文章不是靠别人改出来的，而取决于自己的修改。“文章不厌百回改”，名家的成功之作，无不经过自己反复修改而成。将修改权还给学生，让学生自己学会修改文章，这不仅减轻了教师的负担，也是提高学生写作能力的重要手段。因为通过修改，学生可以从实践中逐步提高运用语言文字的技巧，培养分析问题的能力。再说学生走向社会后，不可能再依赖教师修改文章。因此，培养学生自己修改习作的能力，不仅是写作学习中的一种必要手段，而且是学生终身发展所需要的。培养学生的修改能力，教师要示范引路，教给方法。先是由老师修改给学生看，告诉他们怎样修改；学生初步掌握了一些方法后，再自行修改自己的作文。

修改，要有计划、有步骤地进行。要从字词开始到篇章结构，由易到难，要结合写作训练要求，从单项到多项，最后全面进行修改。要从修改态度和修改质量两个方面检查修改效果，严格要求，加强督促检查，以养成一丝不苟的态度和良好的修改习惯。

写作能力是由多方面组成的，其构成要素是相互联系、相互渗透的，单项能力不能使写作有效地进行，只有诸要素相互配合，才能显出整体的写作能力，顺利地写出好作文。

第三章　写作学习方法的历史发展

古今中外的人们在写作实践中形成了许多写作学习方法，如唐朝诗人杜甫自述学习写作的经验为："读书破万卷，下笔如有神。"北宋文学家欧阳修谈到写作时认为："文有三多：看多，做多，商量多也。"重视并总结这些经验，加以吸收和继承，可以丰富写作学习方法，为写作学习者提供借鉴和参考，有利于写作能力的培养和提高。

第一节　古代写作学习的方法

我国从春秋战国至清朝末年，出现了许多文章大家和语文教育家，他们对写作学习方法都做过探索与论述。这些论述一般与学习思想、写作思想、语文教育思想混合一起，其中不乏真知灼见。

一、韩愈论写作学习方法

唐代杰出的文学家和教育家韩愈对写作学习方法提出过许多有益的见解。①

第一是辞事相称。他认为文章是根据它所反映的事物来写的，因此文辞、言语必须与所反映的事物实际相符。即所谓"因事陈辞"，"辞事相称"，或者说，"文章言语，与事相侔"，其具体标准，则是"丰而不余一言，约而不失一词"，

---

① 张隆华主编：《中国语文教育史纲》，湖南师范大学出版社 1991 年版，第 66 页。

否则，“文字暧昧，虽有美实，其谁观之？”这就从正反两方面阐明了写作中的一条基本原则：为了准确、有力地表达文章的思想内容，必须重视语言形式，使形式与内容相统一，形式服从内容。

第二是言为德表。韩愈认为文章是作者思想品德的反映，一个人的思想意识和品德修养是写作的根本。只有加强思想修养、提高认识水平，才能写出好文章来。因而，他把文章比作果实、灯光，而把思想认识比作果树、灯油。他认为，写文章应当“无望其速成，无诱于势利；养其根而俟其实，加其膏而希其光：根之茂者其实遂（意指果实饱满），膏之沃者其光晔（意指灯光明亮）”。因此，“仁义之人，其言蔼如（意指纯正和平）也”。他又说：“夫谓文者，必有诸其中（意指内容），是故君子慎其实（意指本质，即品德）。实之美恶，其发（意指表现）也不掩”。这里的“慎其实”，同上文的“养其根”说的是同一回事，都是强调作者要加强品德修养，突出它对写好文章的决定作用。至于如何做到“慎其实”“养其根”，韩愈又提出一个十分重要的“养气”问题。所谓“气”，是指文章的气势、感情而言。怎样“养气”呢？他指出，要“行之乎仁义之途，游之乎《诗》《书》之源，无迷其途，无绝其源，终吾身而已矣”。

第三是辞必己出。韩愈在指导青年写作古文时，特别要求创新，大力提倡独创精神，反对模拟抄袭。他认为“惟古于辞必己出，降而不能乃剽贼”。至于“师古圣贤人”，应是“师其意，不师其辞”。语言形式、表现方法，还是应该由自己创造。其具体标准是“惟陈言之务去”，“能自树立，不因循”。也就是要求写文章要推陈出新，不搞公式化，不人云亦云。

第四是文从字顺。“文从字顺各识职”，这是韩愈在写作理论上又一著名论点，即要求作文遣词造句通顺妥帖，符合语法规律。他在回答学生“文宜难宜易”的问题时说：“无难易，唯其是尔！”意思是不要孤立地去区分和追求文字的浅易或艰深，只要做到正确、合理就对了。“唯其是”就是“恰到是处”。

第五是闳中肆外。韩愈主张好的文章应是内容上丰富深广，文辞上奔放流畅，即所谓“闳其中而肆其外”。后来，他又说文章“必出入仁义，其富若生蓄，万物必具，海含地负，放恣横纵，无所统纪”，“不烦于绳削而自合”。这可以看作是对“闳中肆外”的具体补充。“出入仁义”，是他写作的纲领。“富若生蓄”等句，是讲文章内容要丰富，能反映一切客观事物，意义深广而又厚重有力，文笔生动活泼，气势雄浑奔放，不必删改而合乎规范。

二、苏轼论写作学习方法

苏轼，北宋杰出的文学家。在写作学习方法上他提出了自己的观点。

多作多改，是苏轼教人作文的重要观点。他很赞同自己所记的欧阳修关于培养作文能力的一段谈话：“无他术，惟勤读书而多为之，自工。世人患作文字少，又懒读书，每一篇出，即求过人，如此少有至者。疵病不必待人指擿，多作自能见之。”他主张勤学苦练。“笔成冢，墨成池，不及羲之即献之；笔秃千管，墨磨万锭，不作张芝作索靖。”他充分肯定多作勤练的做法：“知日课一诗，甚善。此技虽高才，非甚习，不能工也。圣俞（即梅尧臣）昔尝如此。”对此，苏轼自己是身体力行的。“蜀中石刻东坡文字稿，其改窜处甚多，玩味之，可发学者文思。”

在写作学习序列方面，苏东坡有“三先三后”的著名见解，即：先奔放，后收敛；先绚烂，后平淡；先平和，后奇怪。他的《与侄简书》指出：“凡文字，少小时须令气象峥嵘，彩色绚烂，渐熟乃造平淡。其实不是平淡，绚烂之极也。汝只见爷伯而今平淡，一向只学此样，何不取旧日应举时文字看，高下抑扬，如龙蛇捉不住，当且学此。”先放后收是我国写作学习的传统观点，富于辩证思想，合乎学习规律，具有一定实效。

三、唐彪论写作学习方法

清初语文教育家唐彪认为作文得益处有三：1. 多读、多作；2. 集中作文；3. 改窜旧文，重作旧题。对集中作文的好处，他指出：“人生作文，须有数月发愤功夫，而后文章始得大进。盖平常作文，非不用力，然未用紧迫工夫，从心打透，故其获效自浅。必专一致功，连作一二月，然后心窍开通，灵明焕发，文机增长，自有不可以常理论者。”这种集中作文的好处在于：集中全副精力，且目标明确，致力专一，有利于激发写作的灵感，越作越巧，越作越灵。改窜旧文，重作旧题，他认为是作文深造之法。

他强调讲究改文的技巧。在这方面，他的经验有三：1. 改文时要精思细致。他说：“如文章草创已定，便从头至尾，一一检点：气有不顺处，须疏之使顺；机有不圆处，须炼之使圆；血脉有不贯处，须融之使贯；音节有不叶处，须调之使叶。如此仔细推敲，自然疵病稀少。倘一时潦草，便尔苟安，一微疵不去，终为美玉之玷矣。”2. 待心意虚平时细改。他认为：“文章初脱稿时，弊病多不自觉，过数月后，始能改窜。其故何也？凡人作文，心思一时多不能遍到，过数月后，遗漏之意始能见及，故易改也。又当其时执着此意，即不能转改他意，异时心意虚平，无所执着，当日所作有未是处，俱能辨之，所以易改。”用现代的学习心理学观点来说，即有效地克服思维定式的消极影响之后，才能发现自己的毛病所在。3. 修改文章勿追求靡丽。“譬如剪彩为花，非不灿烂可观，而生意索然；殊无真趣。又如美女涂脂，反隐本相矣。故说理之词，不可不修，若修之而理反以隐，则宁质无华可也；达意之词，不可不修，若修之而意反而蔽，则宁拙毋巧也。修词者其审之。”

四、崔学古论写作学习方法

清代学者崔学古著有《少学》《学海津梁》《幼训》等。对写作文学习，《少学》里也有许多可取。如行文变化一节：

“盖小题所最忌者：一曰枯寂，枯木寒鸦，不如千红万绿也；一曰深晦，兰生谷底，不如芝产彤庭也；一曰质实，闾阎朴地，不如海市蜃楼也；一曰涩滞，寒蛩唧唧，不如流莺百啭也；一曰径遂，通衢大路，不如横峰侧岭也；一曰方幅，长枪大剑，不如短兵相接也。是故，理欲其正，气欲其醇，意欲其新，词欲其鲜，笔欲其转，机欲其灵，布格欲其紧密，文澜欲其层叠，由是而平奇浓淡、长短整散，各因其性之所近，与其情之所好，又宁一律可拘哉！”

这里谈的是“小题”的写法，不是长篇大论的文章的写法。作小题，他认为有六忌：一忌“枯”，二忌“晦”，三忌“实”，四忌“涩”，五忌“直”（经遂），六忌“大”（方幅）（或曰“宽”）。每一忌，他都采用曲喻的方法，予以说明。这些比喻，都比较通俗明白。如克服了这六忌，文章就会“理正”“气醇”“意新”“词鲜”“笔墨圆转”，生机勃然，布局紧密，波澜起伏。做到了这几点，文章的平、奇、浓、淡、长、短、整、散，就会因个人性情而千变万化，岂是一个模子（一律）可以拘束得了的！

他提出“作文五要”：第一要晓得宾主虚实，正反开合，第二要晓得脉理，第三要知步骤，第四要晓得圆转，第五要创新。所谓作文四十字诀为：扼顶、提振、反正、宾主、开合、翻跌、挑代、转折、擒纵、起伏、照应、生发、顿宕、点缀、渡接、推掉（推开一笔，掉转头来收煞一笔）、省补、拖缴、扞带、锁结。这些都是文章的写作程式和方法。

《学海津梁》提出的如下一些写作学习方法值得吸取：

首先以读促写、以写促读。读书要有所领悟，领悟来源于对字、词、句的真正理解。读、写二者要紧密联系。他说：

通于《书》，其文必实；通于《易》，其文必深；通于《诗》，其文必逸；通于《春秋》，其文必断制；通于《礼记》《周礼》，其文必典雅。……学者多以作文、看书分为二项，故二者胥失之。不知二者虽有操觚之辨，总之去皮，见骨、见髓，要以得解为止，非有二也。

认为精通某一类文，必然能具有某种风格。对于作文和看书二者哪方面重要，虽千百万言争论不休，但看对语言文字的真正理解，二者没有严格的界限。

其次要重视整体构思。一是凝定精神血脉（即主旨），二是理会题目要旨，三是通贯全篇脉络，四是斧凿文章字句。他说：

一题到手，必须认定题目中精神血脉，明白了，抉其所重，便斩灵而入，然后句句字字动中骨理。……作文须先闭目静坐，理会题旨。思本题中有几层意思，孰为正意可用，孰为旁意可删。一篇体段，及文之光景，具在胸中，然后下笔，则文理通贯，自成一家高手。若只逐句杜撰，文必不工。……虽斧金未操，而规模已定，故一举斧而成堂也，作文亦然。这几项，概括了文章构思、立定间架的一般规律，有可取处。

最后要修炼字句。他说：

一字粗，即一句不雅；一字腐，则一句不新。作文知炼字，使观之如明霞散锦矣。……文字虽以意为主，然词亦不可不修。盖词以达意，词不修，则意不能达矣。……故句之粗者，须修之而细，俗者须修之而雅，陈腐者须修之而清新，嫩弱者须修之而苍劲，音拗者须修之而谐和，句硬者须修之而顺畅。大抵句法，贵浅显、贵典雅、贵流丽，方音节谐和，有玉振金声之韵。

这段话主要谈文章的修改。修改，明显地表现在文词上，然而又不单是文词上的修改，还有文意上的修改。所谓“雅”“新”，所谓“清新”“苍劲”，所谓“典雅”“流丽”“谐和”，都不是单纯的文词问题，而是与文意（即文章的思想、情趣、美学意义）紧密相关的。文章修改得好，就如同“明霞”、如同“散锦”、如同“金声”、如同“玉振”，这是十分美好的境界，实应追求。[①]

---

① 张隆华、曾仲珊著：《中国古代语文教育史》，四川教育出版社1995年版，第481~483页。

五、曾国藩论写作学习方法

清代官僚曾国藩关于写作学习方法也有一些很有见地的主张：1. 读写结合，互相促进。他指点儿子说："尔欲作五古七古，须熟读五古七古各数十篇。先之以高声朗诵，以倡其气；继之以密咏恬吟，以玩其味。二者并进，使古人之声调拂拂然若与我之喉舌相习，则下笔为诗时，必有句调凑赴腕下。"他告诉儿子读史应当"间作史论，或作咏史诗，惟有所作，则心自易入，史亦易熟，否则难记也"。2. 多作常作，敢作"逼作"。曾国藩再三告诫儿子要常写，如"专心读书，多作古文"；"时时作文，常常为之"；"看、读、写、作四者逐日无间"；"时文亦不必苦心孤诣去作，但常常作文"。他阐明了个中原因："心常用则活，不用则窒；常用则细，不用则粗。"敢作，就是"学做诗文不可怕丑，须有狂者进取之趣"。所谓"逼作"，就是要逼自己作文。曾国藩曾提议其子曾纪泽协修县志，这是因为"尔惮于作文，正可借此逼出几篇"。3. 作文应当摹仿。"不特写字宜摹仿古人间架。"他认为，"《诗经》造句之法，无一句无所本，《左传》之文，多现成句调。"他列陈历代散文名篇所摹之本，"几无篇不摹"，甚至"韩欧曾苏诸巨公之文，亦皆有所摹拟，以成体段"，因此，曾国藩指示其子"以后作文作诗赋均宜心有摹仿，而后间架可立，其收效较速，其取径较便"。但他也反对刻意摹仿，力求摹中有创，跳出窠臼。他说："凡诗文欲求雄奇矫变，总须用意有超群离俗之想，乃能脱去恒蹊。"4. 注意积累词汇。他针对其子曾纪泽"乡试之文，太无词藻，几不能敷衍成篇"的缺点，指点说："尔作时文，宜先讲词藻，欲求词藻富丽，不可不分类钞撮体面话头。""或分类钞《文选》之词藻，或分类钞《说文》之训诂，尔生平作文太少，即以此代作字工夫，亦不可少者也。"他列举历代文人借此成功的例子："阮公一代闳儒，则知文人不可无手钞夹带小本矣。昌黎之记事提要，纂言钩玄，亦系分类手钞小册也。"所以曾国藩认为，分类手钞词藻，"此科名之要道，亦即学问之捷径也"，"此时下手功夫，以分类手钞词藻为第一义"。5. 作文要圆适。他认为其子"作文不甚圆适"，再三叮嘱"行文要留心一个圆字"。他认为"珠圆玉润"是古今文人书家下笔造句、落笔结体所追求的最高境界。所谓"珠圆玉润"就是要求用语婉转精当，行文清润流畅，意义完备周详。他指出，从徐陵、庾信上溯到贾谊、刘向，"莫不语圆而藻丽者"，至于司马迁、相如、子云三人"可谓力趋险奥，不求圆适矣；而细读之，亦未如不圆"，至于昌黎，"其志意直欲陵驾子长、卿、云三人，戛戛独造，力避圆熟矣，而久读之，实无一字不圆，无一句不圆”。6. 注意作文的思路和气势。曾国藩评论其子的作文时指出，“两人气象俱光昌，有发达之慨，惟思路未开”，“作文以思路宏开为必发之品，意义层出不穷，宏开之谓也”。他叮嘱儿子“文字总贵气象峥嵘”，“尔当兼在气势上用功，无徒在揣摩上用功”，“总须将气势展得开，笔仗使得强，乃不至于束缚拘滞，愈紧愈呆”，“行气为文章第一义，卿、云之跌宕，昌黎之倔强，尤为行气不易之法”。

第二节　现代写作学习的方法

现代写作学习方法，是指从辛亥革命到新中国成立前语文教育家的有关论述。这一时期由于开始倡导“学法”，并积极进行“学法”研究，对写作学习的研究有所推进，写作学习方法得到一定的重视，并有了一定的探索。虽然其中许多内容仍包含于写作教学之中，但可以从学习方法的角度予以归纳，使其凸显和明晰。

一、梁启超论写作学习方法

1922 年，学者梁启超针对当时中学作文教学中的盲目性、随意性，在南京高等师范学校作了题为《作文教学法》的专题讲演。除小引外，分两大部分，前论作文法，后论教授法。通览这部专著，梁启超关于写作学习方法的思想大致可以概括为探究“应用”“规矩”“实效”“指导”“思想”等五个方面。

（一）求“应用”

梁氏把文章分成三大类，一记载之文，二论辩之文，三情感之文。他说：“作文教学法本来三种都应教，都应学。但第三种情感之文，美术性含得格外多，算是专门文学家所当有的事。中学学生以会作应用之文为最要，这一种不必人人皆学。”显然，他主张在中等以上学校里，写作学习应重在指导学生写作记载文和论辩文这两类实用价值最大的文章。梁氏这种视作文为“作事学问”以应世之需的观点，与当时革新派人物如蔡元培、刘半农等的“应用文”主张不谋而合，客观上是对封建传统教育和“新学”中形式主义教育强有力的否定。

（二）明“规矩”

梁氏曾切中时弊地指出：“现在教中文的最大毛病便是不言规矩而专言巧。

从前先生改文只顾改词句不好的地方，这是去规矩而言巧，所以中国旧法教文没有什么效果。”梁氏援引孟子的名言“梓匠轮舆，能与人规矩，不能使人巧”，从而阐发自己的见解，文章做得好不好，属于巧拙问题，巧拙关乎天才，不是可以教得来的。如何才能做成一篇文章，这是规矩范围内的事，规矩是可以教可以学的。而且要达到巧，也必须先懂规矩。

梁氏要求师生双方都得明白的作文规矩，即“作文法”。他把作文法分为两个层次。第一个层次，是写任何种类的文章都必须恪守的基本准则，“就是怎样的结构成一篇妥当文章的规矩”。这规矩的最低限度便是“该说的话——或要说的话不多不少照原样说出，令读者完全了解我的意思”。第二个层次，即各类不同体裁文章的不同的作法，也就是写不同体裁文章的特殊规矩。在记载文方面，梁氏认为必须遵守的两大原则是：一是要客观的真实；二是叙述要有系统。而论辩文，则认为最要紧的两个条件，一是耐驳，二是动听。此外，梁氏对这两类文章的各种样式，又分别指出了一些更为具体的规矩。

（三）讲“实效”

梁氏主张写作学习的训练当重质而不片面求量。他说：“现在中学生至少一星期做一篇文，不但中学生做不好，便叫我做也必定越做越不通。我主张每学期少则两篇，多则三篇，每一篇要让他充分的预备，使他在堂下做。看题目难易，限他一星期或两星期交卷。”在完卷过程中，他要求学生对文稿反复琢磨，认真修改，务必达到自觉满意为止。此外，他还主张“让学生在课外随意做笔记”，即现今所说的“自由练笔”，以此作为课内作文的必要补充。梁氏的这些主张，显然是对盲目提倡“多写”的坚决否定。他认为，与其做得多而草率应付，使师生都感到疲于奔命，倒不如少做几篇，抓细抓实，让学生做一篇有一篇的收获。这样学习写作，不仅引导学生严格遵循“规矩”，更是培养他们认真负责的写作态度，在作前“预备”和作后“修改”上多下工夫，从而使他们对作文的甘苦、功能和规律有所领悟，作文的水平才有可能真正得到提高。

（四）重“指导”

既然写作学习要“求应用”“明规矩”“讲实效”，那就必须反对在作文时凭空瞎想。梁氏认为，出个题目让学生凭空瞎想，是写作学习的大忌，因为瞎想的结果必然是胡编乱造，而胡编乱造成了习惯，于学生害处极大。为此，梁氏十分注重写作学习的指导作用。

梁氏主张学生作文一要“求真”，二要“求达”，因而把取材方法的指导放在重要位置上。他认为，“凡作一篇记载之文，便要预备传到后来作可靠的史料，一面对事实负严正责任，一面对于读者负严正责任。学生初学作文时，给他这种观念，不惟把‘文德’的基础立得牢固，即以文体论也免了许多枝叶葛藤”。

梁氏认为，教师在这方面的具体指导主要是指点取材方法，主要是观察方法和取舍方法：凡是学生直接能接触到的人、事、景、物，通过“普遍而精密”的观察得来；凡是学生不能直接接触到的人、事、景、物，则通过“提供材料”让学生切实掌握。提供的方法，一是供给，即直接印发资料；二是口授，即口述资料；三是指定文件，即指定阅读材料。总之，学生在提笔作文之前，不在“苦思冥索”上花时间，而要在“搜集材料”上下工夫。如要学生写《赤壁之战始末记》，便可以先指定学生看《三国志》中的《周瑜传》《鲁肃传》《孙权传》《诸葛亮传》，将关于赤壁之战的事摘出，然后考虑如何去取材料，该如何安排材料。梁氏构想的这种“择取实际材料来作文”的指导，涉及国文科与其他各科的联络及与实际生活的联络，其意义也是十分深刻的。

（五）理“思想”

梁氏要求师生在写作学习中明“规矩”，并不是与文章轨范、义法同类，而是与学生的思维训练结合在一起的。他主张，在写作学习中，就得“先教学生以整理思想为主要条件，使他们知道看文如何看，做文如何做”。这种“整理思想”的思维训练活动是多方面的。

比如在给学生提供材料作文的时候，梁氏固然提出以必要的材料为主，同时，也说过“不必要的也不妨列出”，以便“试验学生的选择力如何”；“材料都摆在那里，令他们细细的裁量、驾驭、排列”，这就是极好的思维训练。

又如，学习写论辩文时，梁氏尤其重视逻辑问题，主张“断不许违背思辩学的法则”，要做到“辞与辞相待，句与句相复，段与段相衔，中间不漏出破绽”；尤其是驳诘的文章，题目最好能彼此都似乎“有理”，彼此都能“反对”，构成“问题”，以有利于锻炼学生的思维能力。

为了加大思维训练的强度，梁氏还主张“一题可做数次”，同一个题目，可以从不同角度，用不同观点写成几篇文章，使学生对于一个题目的方方面面都能了解，都能想到。

在文字学习上，梁氏认为“教人作文当以结构为主”，所以评改学生作文特别注意“思想清不清，组织对不对”；至于“字句不妥当”处，固然要求学生注意，但他认为毕竟属于“末节”。梁氏此说不免有偏颇之处，但他从文章结构入手，引导学生整理思路脉络，把握文章的全局，从而提高思维品质，提高文章的总体表达水平，是大有可取之处的。[1]

梁启超的写作学习方法重视师生间的配合，既主张学生整理思想，自学自求；又要求教师指导“规矩”，授予方法，能够切中时弊，而且较为切合实际。

二、胡适论写作学习方法

胡适，现代著名学者。他关于写作学习方法的观点主要有：

1. 提高说写能力为语文学习的头条理想标准。人人能用国语自由发表思想——作文、辩论，达到明白晓畅，没有文法上的错误。这是他所定的第一条。对作文，他提出：(1) 多做翻译，古文翻白话，白话翻古文。(2) 出题作文应注意题目能引起学生兴味，能引导学生去搜集材料，能使学生运用已有学识经验，最好令学生自己出题，题目千万不能空泛抽象。(3) 学生平日做笔记、杂记文章、长篇通信，可代替作文，鼓励学生写长信、作系统笔记。(4) 作文时间不可多，至多每周半次。(5) 改文章要根据文法。(6) 不可整篇涂去，由教员重作。

2. 提倡看小说、看史书、看杂书。胡适谈他自己学会做文章，是因为他自小就爱看小说、史书和杂书。自然，胡适有良好的学习基础，不是凭空就可以广泛涉猎的。“博取”，必须以通达为前提，要真正做到通达，又非博取不可。他在《读书》一文中说：“读一书而已则不足以知一书。多读书然后可以专读一书。”现在有些中学生语文学得好，文章写得好，能说会道，大多也是由于自己多看书、看各种各样的书。“《红楼梦》《水浒传》这些书是禁不绝的。你们不许学生看，学生还是要偷看。与其偷看，不如当官看，不如有教员指导他们看。”

3. 提倡学生写日记，给杂志写文章或长篇通信。胡适深知写日记和写信对练习写文章能带来不少好处，因此积极鼓励青年学生这样去做，以此代替作业。他说：“学生平日做的笔记、杂志文章、长篇通信，都可以代替课艺。教员应该极力鼓励学生写长信，作有系统的笔记，自由发表意见。这些著作往往比敷衍的课艺高无数倍。”[2]

---

① 李杏保、顾黄初著：《中国现代语文教育史》，四川教育出版社 2000 年版，第 112 ~ 116 页。

② 孙琴安著：《名家写作法》，上海辞书出版社 2001 年版，第 24 页。

三、黎锦熙论写作学习方法

黎锦熙，现代著名语言文字学家、语文教育家。黎氏的写作学习方法是以他提出的语文学习“三原则”为根本指导思想的。这“三原则”是：写作重于讲读，改错先于求美，日札优于作文。这些原则适用于各级学校的写作学习。

黎氏认为学生语言能力的提高主要应该凭借各种形式的写作练习。光靠讲读，学生对于语言运用的优劣得失的感受不可能十分深切，所谓“眼高手低”，就是这样产生的；学生只有通过自己的写作，通过写作过程中的思索、推敲、揣摩、修改等等，才能真正领略到语言运用的规律以及其中的甘苦。这就是“写作重于讲读”的根据。

黎氏把写作学习分成两个阶段：先是求“通”，再是求“美”。求通就要设法纠正各种不通的说话，这就是“改错”。改正错误而求得大体通达，这是写文章的基础功夫；由此再跨步，就是求美，求得文章的美感和吸引力。所以，黎氏十分重视作为基础的“改错”工作。在实践中，他主张采用符号批改法，教员在有错的地方加上各种符号，由学生根据符号所示的错误自行改正。此外，教员还要布置学生制作“错误订正表”四种：字体错误表，文法错误表，事实错误表，思想错误表。学生在自行改错的同时，把各种错误及其订正办法，分类记载于表内。教员收齐后，再进行归类统计，选择有代表性的病例向全班学生公布。用这样的办法，力求各种常见错误能改正一次减少一批；许多病例，也可望从理论上加以解释而因此找到病根，以利于彻底纠正。

除了一般的作文以外，黎氏竭力主张在写作学习中要养成写“修养日记”和“读书札记”的能力和习惯，并认为在培养写作能力方面后者的效能要大于前者，即所谓“日札优于作文”。“修养日记”记自己生活中的点滴感受和体会；“读书札记”记自己听讲或阅读中的体会和心得。关于“读书札记”，黎氏强调要随手笔录，一事一条，长短不论，贵在坚持；每条的眉端应标上分类序号，以便日后使用（黎氏规定的分类序号为：“〇”总部，“一”哲学，“二”宗教，“三”社会科学，“四”语文学，“五”自然科学，“六”应用科学，“七”艺术，“八”文学，“九”史地）。黎氏说：“札记届满一学期或一学年，即可按标类之数码，检集同类各条，组成单篇，分标题目；积久即为各种专题研究论文之资料。”这就把阅读、写作和积累资料三者有机地结合在一起，使这种札记能够成为学生今后的一种有用工具，其作用就大大超乎一般作文之上了。①

四、刘半农论写作学习方法

刘半农是初期白话诗歌的拓荒者之一，也是语文教育家。在写作学习方法方面，刘半农规定了12条注意事项：1. 题目要认得清楚，其主要处，尤需着意。2. 文宜分段，文中意义，当依照层次说出。3. 下笔时应先将全篇大意想定；勿做一句，想一句；勿做一段，想一段。4. 时时注意字义安适与否？文法妥帖与否？意义与伦理学相背与否？5. 作文要有独立的精神、阔大的眼光，勿落前人窠臼，勿主一家之言，勿作道学语及禅语。6. 勿用古字僻字；字义有费解，或未能了解其真义者，宜多查字典，或以习见字之相当者代之，字有古义已失者，宜用习用之今义。7. 不避俗字俗语，即全用白话亦可，要以记事明畅，说理透彻为习文的第一趣旨。8. 勿打滥调，勿作无谓之套语，勿故作生硬语；实用最宜明白晓畅，凡古文家、四六家、八股家之恶习，宜一概避去。9. 引证当记明出处——如某书某节或某页，引用西书，当并列译文与原文。10. 实用文取迅速主义，篇幅不逾五百字者，限两小时完篇；过五百字及有特别情形者，可酌量延长。11. 篇幅不论长短，自一二百字至一二千字均可；要以不漏不烦，首尾匀称，精神饱满为合格。12. 字体以明了为佳，亦不须过求工整，免费时刻。这12条，对作文的审题立意、谋篇布局、遣词造句、修辞逻辑乃至字体书写等方面，都提出了具体、明确的要求。他要求学生每次作文都要把这12条注意事项拿出来读一遍，使自己从构思到落笔不致离谱脱轨，完卷以后再一一对照。

关于写作学习的内容，刘半农从日常工作和生活的多种需要着眼，设计和安排了若干项目：1. 出一记事文或论文题目，由学生自由作文（这是老法）。2. 说一段文字，令学生笔述，不许增损原义。3. 译白话文为文言，或译文言为白话。4. 化韵文为散文（如古诗及白香山纪事诗，均可改作散文，兼采词曲）。5. 以“讲的方面”第六条（指选文内容的分析研究）研究之结果，令学生撰写为论文或笔记。6. 以一段长冗之文字，令学生删繁就简，作一短文，其字数至多不得逾原文三分之一。7. 就其专习之科目出种种应用题目，令学生实地研习。（如记载实验、解析学理、辩论、批牍、商业通信、订立合同等，各视所专习之科目定

① 李杏保、顾黄初著：《中国现代语文教育史》，四川教育出版社2000年版，第208~209页。

之。）8. 以一段文字，抽去紧要虚字，令学生填补之。9. 以一篇不通之文字，或文理不通而意义尚佳之小说杂记等，令学生细心改订，不许搀入己意。10. 以一篇文字，颠倒其段字句，令学生校订之。11. 以一段简短之文字，令学生演绎成篇。12. 预先指定一书，或一书之一部分，其篇幅以一万字至三万字为限，且文义不宜高深，要以学生能自行阅看，全无窒碍为度，令学生阅看，即提纲挈领，作一笔记，或加以论断，字数不得逾千。这 12 条涉及写作学习的诸多方面，着眼于实用，注重能力的培养，是提高学生写作水平的有效方式。

第三节　当代写作学习的方法

当代写作学习方法，是指新中国成立以来至今的写作学习方法，其中包含语文教育家的有关论述，国外写作学习方法的引进与介绍，以及新课程标准中的写作学习理念与目标。这一时期，随着语文学习学学科的创立，写作学习方法的研究取得一定进展，产生了一些新的认识。

一、语文教育家关于写作学习方法的论述

20 世纪 60 年代，由于工作关系，叶圣陶对写作教学接触较多。他在中华函授学校，为了提高学员的写作能力，“就跟他们共同斟酌一些文章”。在评讲学员作文的实践中，在与语文教师的交往中，叶圣陶对写作学习发表了许多宝贵的意见。

（一）叶圣陶论写作学习方法

关于如何通过写作关，叶圣陶认为要做到以下几点①：

一是：“在思想认识方面多下功夫。思想认识是文章的质料。有质料是首要的，没有质料如何写？质料有了，还要求其好，不好的质料当然写不成好的文章。平时学习理论，学习各种学科，关心国内外形势，阅读书籍报刊，参加生产劳动，参加社会活动，都是丰富和提高思想认识的途径。”

二是：“语言方面也须下功夫。正确、明白、有条有理，首尾贯通，大概是

① 孙琴安著：《名家写作法》，上海辞书出版社 2001 年版，第 38 页。

起码的要求。经常留心自己的语言，经常观摹人家口头说的，笔下写的语言，哪是好的对的，哪是不好的不对的，都仔细辨别，这样可以提高语言的敏感。要紧当然是多练，就是勤于动笔，每逢动笔决不马虎。勤于动笔实际上不仅是动笔而已，同时也勤于动脑筋。我觉文艺作品当然应该读，但是为要通过写作关，就不宜只读文艺作品，其他东西也应该读。”

三是：“写得要便于听”，“要前后说话整齐一致，音节匀称顺当，音节少的在前，音节多的在后，这是咱们说话的传统习惯”。“长句尽量少用，凡是能够分为几句而不损害意思和情态的长句尽量分”。“没有含糊不确切的词语，没有噜嗦不起作用的词语”。“写好稿子要用嘴读，要用耳朵听”，这样，“勉强杜撰的词，不用多读就清楚，疑忽之处，就会查出来了”。

叶圣陶建议学生尽量挑自己熟悉和能写的题目写。他说：“总之，不但要挑值得写的题目，还要问那个题目自己能不能写。题目既然值得写，自己又能写，写起来就错不到哪儿去。辨别能不能写，只要问自己对那个题目是否了解得比较确切，感受得比较深刻。”

关于布局和谋篇，叶圣陶有一个生动的比喻。他说：“布局谋篇，我想是一个意义就两方面说，譬如造房子，某室放在东南角，某室放在西南角，此是布局，而现有多大地皮，意想中要造成如何用途如何式样的房子，此是谋篇。”

关于修改作文，叶圣陶认为：“写完一篇东西，念几遍，对修改大有好处。”“用念的办法——也就是用说话的办法来检验写成的稿子，最为方便而且有效。”

（二）辛安亭论写作学习方法

辛安亭，教育家、语文教育家。他对写作学习，提出了三方面的意见。第一，讲读是写作的基础。讲不好，读不好，不可能写好。作文的错别字主要由讲课不注意解字而来；文章杂乱无章、思路不清，也主要由于讲课时未注意具体指点文章结构条理而来。文章的层次条理，主要体现在段落划分与安排上。不可把段落的划分与安排看作小事，它是体现内容各部分的轻重主次及其相互关系的，应该做到不可增、不可减、不可分开或合并，不可移前或挪后。同一段落的句子间的连贯性也很重要，必须安排适当。第二，文从写话起。指导学生作文的第一步，应是要学生有话说，并且还要学生说得开。要了解作文就是用笔说话，想什么，就写什么；话怎样说，就怎样写。这就是作文向说话看齐，跟着说话走。自然，这是对初学写作的人说的。有的教师出作文题不是根据学生的生活经验，而是根据自己的主观要求，出的作文题叫学生无话可说。第三，让学生敢说话。作文中常常发现一部分学生有顾虑，不敢写。这是由于教师要求太死，框框太多，导致学生不能随心所欲，放手来写。还有的教师出题后讲得太多，写什么内容，分几段，如何开头和结尾，还读了范文，提供该用的词语。学生完全受教师摆布，自己没有多少自由发挥的余地，结果文章千篇一律，没有一点新鲜、活泼的气味。这样的方法不是指导，而是枷锁，不能开学生的心窍，反而会闭塞学生的头脑。正确的指导方法应当是：先让学生敢说话，让他能写出来，写出来才好指导，才好批改。

二、国外写作学习方法的引进与介绍

日、美、苏、英、法等国，不仅语文教育有着确定的目标，而且在语文教育总目标之下，还分别确定了写作学习目标。一些国家制订的写作学习目标中，学生写作已经不再仅仅是被动地按照教师的要求，机械地进行写作能力的训练，以掌握文体的写作。确切地说，学生在活动中，既是一种按照教师教学目标进行的学习行动，同时，也是学生运用自己的思想进行独立创造的行为。①

（一）日本的写作学习方法

日本高中的“国语写作”目标是：提高学生对国语的准确的、有效的表达能力，发展思考能力，同时，通过写作活动培养学生具有充实生活的态度。其写作内容及其处理都包含着写作学习方法。

在写作“内容”方面，有下列学习项目：②

提出适当的题目与题材，就此加深自己的思考，明确主题和论点。

根据观察和调查，正确地说明事实与状况或整理成记录和报告。

根据构思，整理材料，把意见和主张等有条理地加以发表或记述。

准确地抓住对象，在叙述上动脑子，把感想、激情等主动地表达出来。

根据对象与目的，选择形式与文体，写通讯、报道等文章。

研究优秀文章的主题、要点、结构、修辞等，以有利于自己的表达和推敲。

在“内容的处理”方面，则提出：

作文和说话的教学，要注意相互结合起来，有效进行。在说话的学习中，要根据学生的实际情况，安排适当的时数。

---

① 倪文锦、欧阳汝颖主编：《语文教育展望》，华东师范大学出版社 2002 年版，第 312 页。

② 朱绍禹著：《朱绍禹文存》，吉林人民出版社 2002 年版，第 254 页。

要从发展学生的写作能力着眼，创造更多的写作机会，同时，要充分灵活运用写作研究的成果。可以说，日本的写作教育，是要培养两种能力（表达能力和思考能力）和一种态度（生活态度），其宗旨是为了适应现代社会生活。

日本的国语科，战前重视思想（内容方面），战后则重视思考（形式方面）。日本的国语教育界认为，各个学科都要锻炼学生思考，而国语科尤有其重要性。他们把读、写、听、说都作为思考过程来训练，认为写作就是把思考的成果记录下来。在写作中重视思考，是基于“语言即思考”“写作即思考”这一根本观点的。

（二）美国的写作学习方法

美国“全国英语教师理事会”于1982年在得到其他同专业协会的赞同后发表了供全美英语教师思考和采用的题为《英语的要素》的文件，其中对学生写作提出的要求是①：

学会清楚而忠实地描写；

认识到写作既是与他人交际的方式，也是个人学习和修养的方式；

学习写作构思，将头脑中的思想加以选择和组织，寻求表达思想的恰当方式，会评价和修改已写过的东西；

学习对不同的读者采取相应的表达方式；

学习吸引和说服他人的写作技巧；

培养他们自己的创造性和富有想象的表达才能；

认识到标点、大写、拼写和其他手稿基本功的准确无误是写作总体效果的一部分。

美国大学考试委员会1983年发表的题为《上大学应做的学术准备》中提出准备报考大学的高中生应掌握的写作知识和能力包括：

了解写作，认识到写作是一个包括若干因素的过程，要搜集资料、形成概念、确定概念间的关系，起草、适当地安排段落的顺序，设计段落间的过渡和修改写出的文章。

把写作作为发现和澄清思想的一个途径的能力。

适应不同的场合、听众和目标写出适当的文章（说理文、解说文、叙述文和

① 朱绍禹著：《朱绍禹文存》，吉林人民出版社2002年版，第255页。

故事）的能力。

正确地使用标准书面英语的规范的能力。

美国的写作教育目标的基点，和日本一样，也是放在语言表达力、思考力和生活内容的充实上。

根据美国全国英语教师理事会的见解，语言是人们表达自己思想和感知的基本方法，人们通过语言建立自己的形象，以语言为手段使自己的经验和知识具体化，把语言当作表达自己希望和感情的终身源泉。

美国之所以重视思考力的培养，是因为写作除了能传播思想外，写作过程还能把零散的思想条理化，使想法经过提炼而清晰起来，并且进一步发展思想。所以语文教师要教给学生如何思考。他们同时相信，对英语的应用包括读、写、说、听和观察等方面的能力，对一个人自信能力的发展会产生影响，而且能使他的生活充实。

（三）英国的写作学习方法

在英国，作文是提高表达能力、培养思考能力的重要一环，因此，英国的作文理念可以这样加以表述：根据不同阶段的学生心理和思维发展水平，关注学生作文兴趣，按照循序渐进的原则，培养学生思考能力和实际作文能力。

作文是语言创造活动，通过写可以使人的思考得到完善、固定和发展。英国写作学习的最大特点是把实际作文当成最根本的问题来抓，而文法、拼写法、标点符号用法等被放在第二位。理由之一，写作只有通过实际去写才能实现，假如颠倒位置，就会挫伤学生的写作热情。学生虽然能够完成考试和模拟练习题，但并不能掌握写作的本领。那种用较长时间讲解文章结构的做法并不是重视写作，而只会使学生感到枯燥无味，甚至引起反感。因此，首先应该使学生弄清写作的理由和目的，并且尽可能地创造机会，使学生就各种各样的问题进行作文练习。通过丰富多彩的作文练习，使学生慢慢地习惯写作文，真正领会到写作文的奥妙，掌握写作文的技巧。老师并不是试验者，而是学生学习作文的指导者和帮助者。

由于上面的作文理念，英国的写作学习具有以下三个明显的特点。

1. 引导学生写自己想写的东西

学生绝不会写好自己不感兴趣的事。教师要设法激发学生的作文兴趣。为防止学生作文热情减退，教师在指导学生学习作文的过程中，首先就要考虑如何才能使每个学生都能写自己想写的内容，这是老师指导作文关键的一点，也是学习作文的第一关。作文是按每个人的不同特点（记忆、感情、经验、词汇等）创作成的，那么每个人想写的东西当然也就是千差万别了。为了启发每个学生写自己要写的东西，就要给他们各种各样的启示和素材。诸如：讨论、看图画、读书、听音乐、看戏剧等。换句话讲就是积累丰富的生活素材，通过实际体验，唤起学生的兴趣，引导他们想说想写。当学生开始对自己所要写的东西表现出极大的兴趣和热情时，这就将成为提高作文水平的原动力，成为决定一篇作文成功的重要条件。

其次，特别重视构思阶段的指导。这样才能使学生围绕自己感兴趣的主题，用自己喜欢的方法，全力投入到写作中去。在大量的启发方法中，最有效的做法是鼓励学生读书。可以说，要想写一篇好文章，平时没有阅读大量的优秀作品是不行的。在启发阶段，为唤起学生的兴趣及热情，挑选话题、选定题目是老师的主要指导任务。在阅读优秀作品时，老师要指导学生学习作品中的表达方法。写作文特别需要想象力，想象力的丰富要靠启发，靠人的感觉器官。因此，为了唤起学生的想象力，教师应该研究能够刺激学生想象力的作文题目，由此唤起学生的灵感。教师要真正掌握学生的情况，按照每个人的不同特点，给予适当的指导，特别是对每个学生今后的发展和成长要有一个正确的认识，这同样也是教师的重要任务之一。

2. 从写虚构的故事入门

英国的学生，从小学一直到中学都喜欢写故事文。可以说这种故事文体的表达方法反映了英国人思考认识问题方法的一个特点。写故事的意义，第一是唤起学生作文的积极性，使学生以兴奋和喜悦的心情，用自己丰富的想象去完成作文。由于作品的完成，作为故事的叙述人——学生，必然会感到欣慰，享受到成功的乐趣。这种快乐反过来又促进了学生的作文积极性，成为写作的直接动力，贯穿作文的全过程。第二个意义是提供了一个自由想象的机会。这和阅读优秀故事书籍一样，写故事也是为了得到新的刺激。第三个意义是提供了一个有丰富内容的作文机会。学生初学作文，能够有这样一个作文机会可谓难得，因而常能满怀信心地写出生动活泼、语言流畅的故事。可见练习写故事是这一阶段写作学习的有效方法。

故事文的创作是综合性的写作过程。所以一开始就要求学生写出高水平的作品是不切实际的。故事创作的目的是通过写有趣的故事，引导学生认识什么叫作文，使他们感到作文的乐趣，逐渐习惯写作文。这样随着作文活动的开展，就会经常出现好的作品，此时教师要不失时机地指导学生把优秀的文章作为全班的公有财产来看，大家分享，同时培养学生认识和鉴别什么是好作品，什么是不好的作品的能力。少年时代写故事文被人们当成一种近似于游戏的活动，可它有助于对将来的人生展现出美妙的幻想（这并不是为了培养作家），因此在英国受到广泛的重视。

3. 创作富有哲理的论说文

在英国，学校写作学习的目的并不是看作品如何，而是重视培养学生的构思能力和整理素材的能力。刚入学时，学校指导学生写故事文，渐渐地使他们懂得段落的概念，开始理解段落构成的理论。“段落”被认为是写好随笔等小品文的重要一环。学生从小学高年级就接受写一些有说服力、有思想内容的正式论说文的训练和指导。这与义务教育终了时要写一篇论说文的国家统一考试有着很大的关系，由此，合乎逻辑的思考训练便受到重视，能使学生掌握不同形式的表达方法。为了使学生能把自己所要写的东西用文字正确表达出来，就要指导他们练习不同体裁的作文，进行各种各样的技巧训练。

英国中学作文种类包括故事文、说明文、生活文、记叙描写文（对某地、某事的描写）、人物描写文、意见陈述文、讨论议题文、论说文。学生在中学四年级前后，学习内容大大改变，这是因为应付毕业考试的缘故。同时，这个时期也正是学生由少年向青年过渡的时期，处于自我意识的萌芽阶段。因此，作文内容也从以往的写虚构故事向写实际的、有思想内容的作文方面发展。这样作文内容也相应出现了质的变化。具体表现为故事文—生活文—记叙、描写文—论说文这样一个发展过程。特别是“意见陈述文”，与直接描写和论述作者本身的思想活动有着质的不同，在这个阶段，为了不使学生模仿大人的夸夸其谈，需要教师根据过渡期学生的思维状况和自我意识，研究如何启发、指导学生作文的方法和如何出好作文题目。在构思阶段，可以采用让学生先列出几个符合题目的观点，然后再动手写的方法。

三、语文课程标准中的写作学习方法

《全日制义务教育语文课程标准（实验稿）》《普通高中语文课程标准（实验）》，以及《义务教育语文课程标准（2011 年版）》都已颁发。课程标准所表明的写作教学理念，体现了以人为本、以学生的发展为本的思想，体现了着眼提高学生写作能力，以备未来生活之需的思想，也涵括了一定的写作学习理念和方法，主要有以下几点：

写作学习应培养学生对写作的兴趣和自信心。兴趣是最好的老师。要培养学生独立写作、自主写作的习惯，兴趣和自信心是不可缺少的前提。学生只有对写作产生浓厚的兴趣，才能乐于写作，敢于写作，勤于写作，善于写作。所以要把培养学生写作的兴趣和自信，放在写作学习的重要位置上。

写作学习应发展学生的思维。语文课程标准指出，写作学习要“重视发展学生的思维能力”。语言和思维是互为表里、密不可分的关系。思维要借助语言这个工具，语言表达又要以思维为内核，要有良好的语言表达能力，就必须具备良好的思维能力。写作实践表明，思路清晰，是作文有条理的先决条件；而思路狭窄、僵化、混乱，大都是思维方面存在问题。因此，写作学习如果忽视思维能力的培养，而一味在语言形式上下工夫，其结果往往是语言能力难以提高，写作能力止步不前。可见，任何形式的写作都是思维的表现，一切写作学习都必须伴随着思维训练。

写作学习应引导学生感受生活、体验人生。当前一部分中学生存在着写作恐惧症，一写作文便感到无话可说、无事可叙、无情可抒，勉强写出来的作文也是思想贫乏，内容空虚，情感矫饰。其中重要原因就是缺乏生活体验，缺乏对生活的观察、感悟和思考。生活与写作有着密切的关系，生活是写作的源头活水。离开生活，写作将成为无源之水、无本之木。因此，教师在写作教学中要引导学生关注现实，热爱生活，全身心地投入生活。要组织学生走入社会，开展各种有益的活动，让学生在生活中认识自己、开发自己，认识生活、开掘生活，感悟自然、社会和人生；在生活中培养自己热爱生活的情感，不断提高自己审视生活的能力，养成留心生活尤其是生活细节的习惯。通过筛选整理值得保存的材料，积年累月，写作的素材就会丰富起来。教师不仅要引导学生观察，感受生活，从中获得素材，还要引导学生体验生活，获得充沛的情感和深刻的认识。这样，写出来的作文就有充实的内容，就会充溢着鲜活的灵性。

写作学习应开阔写作空间，鼓励学生自由表达。要使学生独立写作、自主写作，就必须为学生扩大写作的空间，放开学生的手脚。为此，教师要鼓励学生走出课堂、走进生活、走进社会。大千世界，纷繁万端，都可以是写作的素材。同时要尽可能地放开对学生写作的束缚，让学生想说什么就写什么，想写什么就写什么，想怎样写就怎样写；鼓励学生多写观察笔记、生活练笔、读书笔记，让学生自由自在地写自己喜欢的内容。不同形式的写作训练，都要注意切合学生的生活实际和认识水平，使学生有发挥的余地。不妨多出几个题，让学生从中选一个；也不妨只划定一个范围，让学生自拟标题、自由立意、自由选材。此外，还可以减少对学生写作的统一要求，可以不限文体、不限时间、不限内容、不限字数。要激发学生的想象力，让他们展开想象和幻想，写想象中的事物。总之，让学生在开放的写作空间里，放飞他们想象的翅膀，驰骋他们思维的快车。

写作学习应与读、说有机结合。写作与阅读、口语交际密切相关，要重视它们之间的联系，善于将读与写、说与写联系起来，相互促进，而不应割裂开来，单独进行。这样，才能促进写作能力的提高。

写作学习目标是语文学习中要求学生在写作方面达到的水平和标准，对写作学习产生直接的影响。明确目标，能使写作学习有清晰的方向，有所遵循，并检验其是否达到一定的水平。依据目标制订写作学习计划，可以根据学生的实际，按计划、有步骤地指导其写作实践。写作学习目标与写作学习理念是一致的，是学习理念的具体化、操作化。语文课程标准分别确定了初中和高中阶段的写作学习目标，其中也反映了一定的写作学习方法。

1. 引导学生说真话，抒真情

当前中学生作文经常出现说假话、表假情、唱高调的现象，教师应注重对此的引导，让学生不再为教师编假话，不再为应试编假话，而真正用自己的心灵去感受，用自己的头脑去思考，用自己的语言去表达。要让他们与生活保持最亲密的接触，尊重他们的生命体验，要为学生搭建自由展示个性的写作平台，让他们畅所欲言地表达他们所感知的生活。因此，在作文命题时应力求切入学生真实的生活，体现审美标准的多样化和价值标准的多元化；在写作学习中，要突破思维禁锢，构建开放、鲜活、发散、求异的新思维，激励个性化和有创意的表达；在作文时，要丢弃苍白、造作的成人化语言，恢复语言纯真、青春的活力，从而写出真实生动、富有新意的文章。

2. 培养学生形成良好的写作习惯

在写作学习中要注重培养良好的写作习惯。在写作中，对观察、分析、表达、书写、行款、修改等等，都有一些常规要求，应按要求不间断地进行练习，直至形成牢固的行为习惯。良好的写作习惯，可以丰富写作材料，提高思维能力和写作能力。可以说，写作习惯就是一种基本的写作能力。但是，写作习惯的养成，并非只是课堂上的事，而是一种长期的持续性行为。因此，不仅在课堂上要讲常规，练常规；更重要的是要求学生把写作作为一种生活方式、生存方式来对待，持之以恒，才能真正养成良好的写作习惯。如此，便可有效拓展写作教学的空间和时间。这不仅对于提高写作能力起到十分重要的作用，对提高学生的整体语文能力也起着决定性的作用。良好的写作习惯的养成，将使学生终身受益。

3. 提示学生考虑不同的写作目的和对象

写作是为了传播信息，如果作者的意图不明确，没有考虑到自己要发布什么样的信息，写出来的文章就不适合社会或时代的需求；写作时如果没有考虑到对象，也就是没有考虑信息的接收者能否明了，自说自话，这样的文章，可能不会引起读者的注意和兴趣，也不被读者所接受。所以，写作应按照读者的不同需求或实际情况来组织文章，对不同的对象采用不同的口气、态度和写法，这样才能更好地表达内容，增强写作效果。中学生写作中往往缺乏目的和对象意识，教师要将它纳入自己的视野，使学生在作文时能明确目的和对象，使文章写得更有针对性，表达得更清晰、明确，易于被写作对象接受和认同。

4. 重视学生之间的合作与交流

写作学习中的交流与合作，能够开阔视野，活跃思维，有助于写作能力的提高。可以讨论写作题目或写作中的问题；可以通过小组活动，开展调查，共同探究，合作撰写报告、体会、笔记等文章；可以提倡互相修改，互相评阅作文；可以多创造一些作品展示交流的机会，有条件还可以在网上表达和交流，在网上互相评改作品。

5. 善于利用信息技术与网络的优势。随着电脑、网络的普及和自动化技术的发展，传统的以笔为写作工具、以纸张和书籍为载体的写作状态，正发生着重大变化。电脑写作、网络写作已成为时代潮流，它丰富了写作形式。要引导学生学习并掌握新的写作形式，了解其特点，激发写作兴趣，增加创造性表达。

第四章　模仿作文的方法

模仿作文，即为学生提供示范文章作为参照，从而降低作文起始阶段的难度的一种写作学习方法。模仿作文是学习写作的起始。作文的模仿属于复杂的智力技能模仿，它以对范文的理解为基础，能促进运用，转化为作文能力。模仿是写作学习的一种有效形式。通过模仿范文、例文，能学到写作的基本技能；以此为起点，还能逐渐由模仿到创造，获得创造性作文的能力。所以，在写作学习的初始阶段，如果感到无从着手，其方法就是大胆地跨出模仿这一步。

第一节　模仿作文的序列与方式

在我国传统的写作学习中，由模仿入手，是一条重要的经验。朱熹曾指出："人做文章，若是仔细看得一般文字熟，少间做出文章，意思语脉，自是相似。读得韩文熟，便做出韩文底文字；读得苏文熟，便作出苏文底文字。"又说："古人作文作诗，多是模仿前人而作之，盖学之既久，自然纯熟……"这些话强调了模仿在作文中的作用。清代的蒋湘南则进一步强调在模仿的基础上应有所创造，即"创新题"，"辟奇格"，"似范其貌，实取其神"。

模仿是写作学习中重要的心理因素。从学习心理来看，模仿就是学样，而范例则能为模仿提供生动、具体的榜样。正确模仿是有效学习的一种手段。在写作学习中，提供范文、例文能形象地告诉学生应该怎样写，不应该怎样写。正确指导学生模仿范文、例文，使他们获得作文的启示，是提高他们作文能力的一条捷径。

模仿在学生的语言学习中起着重要的作用，学生学习语言，特别是要使语言生动活泼，必须靠多方面的模仿。通过模仿，可以沟通读与写的联系，读写结合，读中学写，符合学生的学习心理规律。它有利于激发学生读的兴趣、学会写作的方法和提高写作的积极性，边学边用，在用中学，在仿中作。

模仿的类型，有局部模仿和整体模仿。局部模仿重在模仿范文的某一点，如仿文句、仿文笔、仿章法、仿立意，都属于局部模仿。整体模仿是多侧面地进行模仿；不仅是模仿一篇范文、例文，而是揣摩多篇范文、例文，带有更多的创造因素。一般说来，应当由局部模仿到整体模仿。

一、局部模仿的序列

由模仿入手学习写作，应当从简单到复杂，逐渐增加难度。其序列可以是①：

（一）仿文句

这是模仿的起点，可以从模仿文句入手，让学生写话。中学生模仿文句，主要是通过模仿范文的佳句或特定语句。一位教师指导学生学习《从百草园到三味书屋》这篇课文时，要求学生模仿“不必说……不必说……单是……”的句式，写一段描写景物的文字，有个学生在《西郊公园人工湖写生》中写出这样一段话：

我一边走，一边观赏起园中景物来，不必说那碧绿的草坪，那种满奇花异草的花坛，也不必说那色彩斑斓的孔雀，婉转啼叫的黄莺，咿呀学舌的鹦鹉，单是那明镜般的人工湖就有无限的趣味。

（二）仿文笔

主要是从写作笔法上去模仿。要学习借鉴范文的某些笔法，用来写自己的文章。例如，学习杨朔的《茶花赋》《泰山极顶》，模仿“画龙点睛”的写法；学习巴金的《海上日出》、朱自清的《春》、刘白羽的《长江三日》，模仿景物描写的方法；学习鲁迅的《祝福》，模仿描写人物肖像的方法，特别是“画眼睛”的方法。

（三）仿章法

主要是从文章结构上去模仿。可以模仿范文结构的某一局部，也可以模仿范

① 杨成章著：《作文教学原理》，福建人民出版社 1987 年版，第 57 页。

文结构的整体。仿章法的一个重要方式是先编写范文结构提纲，以便把握范文结构特点，然后加以模仿。

（四）仿立意

学生对事物的认识带有较大的直观性，不容易发掘出事物的本质，不善于从生动的素材去提炼有意义的主题，立意有困难。在写作学习过程中，要通过学习范文，从范文的立意中受启发，模仿、学习范文的立意方法。例如，学习《一件小事》，可以写一件有意义的事，模仿以小见大的立意方法。学习《松树的风格》，可以写《柳树的风格》，模仿用类比和联想来立意的方法。但要注意，模仿立意不是生搬范文的文义，更不是抄袭范文的内容。

二、局部模仿的方式

局部模仿，就是采取“拿来主义”的态度，把范文中的优秀部分，诸如开头、结尾、人物描写、景物描写等等，拿来进行模仿。这样的仿作，可以是仿甲文的开头，仿乙文的结尾，仿丙文的场面描写，仿丁文的人物描写等。运用局部仿作法，首先要会鉴赏范文中的精彩部分。一篇文章，哪些部分写得好，模仿者心中一定要有数，要会鉴赏出它好在哪里。这是进行局部仿作的首要条件。其次，要针对自己作文中的薄弱环节进行局部仿作。一篇文章所包含的局部不少。有的习作者仅仅在某些局部上能力较差。不妨选择一些范文和片段，有针对性地研读、分析，进行仿写。

下面是两组局部仿作，第一组是对句式的模仿，第二组是对文章开头的模仿。

第一组

范文：

不必说碧绿的菜畦，光滑的石井栏，高大的皂荚树，紫红的桑椹；也不必说鸣蝉在这里长吟，肥胖的黄蜂伏在菜花上，轻捷的叫天子（云雀）忽然从草间直蹿向云霄里去了。单是周围的短短的泥墙根一带，就有无限趣味。

（《从百草园到三味书屋》）

仿写：

不必说篮球场上同学们奔跑追逐，体操房里，运动员们龙腾虎跃；也不必说田径场上，男女选手各显英姿，草坪中央，文艺爱好者轻歌曼舞。单是楼前老鹰捉小鸡的游戏，就有无限趣味。

第二组：

范文：

在我的家里，珍藏着一件白色的确良衬衫。这不是一件普通的衬衫。这衬衫，凝聚着敬爱的周总理对工人群众的阶级深情。每当我看到它，周总理那高大光辉的形象就浮现在我的眼前；每当我捧起它，就不由得想起那激动人心的往事。

（《一件珍贵的衬衫》）

仿写：

在我的书桌里，珍藏着一支红色的圆珠笔。这是一支很普通的圆珠笔，然而，它却有着不平常的意义。它是我的好朋友明明随他的爸爸妈妈去海南的当天送给我的。每当我看到它，便回忆起我们在一起度过的那些美好的日子。

局部模仿，内容较多，范文较广，它是模仿的一种有效方法，主要包括句式表达、段落构成、开头结尾、过渡照应、抒情联想、描写议论等。但应指出的是，不是课文中的每一个片段都可以作为仿写训练的材料，而是需要精心地选择那些具有明显特征的片段，进行仿写练习。换句话说，要在学习、分析范文中，找准和把握仿写之“点”。这个“点”，就是范文中将被模仿的地方。因为一篇文章或一段话，可仿的“点”很多，需要研究的问题也很多。哪些该仿、哪些不该仿、模仿哪些特点、怎样模仿等，都需要在写作学习中细心领会。例如有些课文中的片段，或是属总起分述段，或是属分述总结段，或是空间叙述清楚，或是细节描写形象……像这样在写法上独具特点的片段，就可以作为读写结合的“点”进行仿写。仿写时，有例可仿还不够，同时要学习这种片段在写法上的规律，做到有规可循，有法可借，真正学会仿写。

局部模仿的写作有的教师采取了以下方式①：

（一）句式仿写

句式仿写一般是仿写文章比较亮丽的、有特色的语句。

语文课本中《绝唱》一课，用许多精美的比喻来描写白妞美妙动听、婉转千回的歌喉。如用感觉设喻，“五脏六腑里，像熨斗熨过，无一处不伏贴，三万六千个毛孔，像吃了人参果，无一个毛孔不畅快”；用视觉设喻，“忽然拔了一个尖儿，像一线钢丝抛入天际”；用听觉设喻，“忽又扬起，像放那东洋烟火，一个弹

① 胡大振：“强化仿写训练，注重借鉴创新”作文教学改革结题报告。

子上天，随化作千百道五色火花，纵横散乱”。这些精美的比喻仿佛一扇窗，从这里可以眺望到更美的语言世界。如果经常仿写这样美的语句。一定会受到文学熏陶，写作能力也一定会得到提高。

学习课文《从百草园到三味书屋》时，在研读第二段时，注意感受到鲁迅先生抓住景物特征，精选词语，从视觉、听觉、触觉、味觉等方面具体、细致地描写了百草园的14种景物，而且非常注意顺序和详略安排。前一个“不必说……”全写植物，从低到高，十分简略；后一个“也不必说……”均写动物，由高到低，较为翔实；“单是……就有……”部分先写动物，后写植物，中间结合叙写人的活动，具体详尽，突出了百草园色彩缤纷、趣味盎然的特征，同时把少年儿童天真、淘气的性格，表现得淋漓尽致。然后再归纳出介绍一个处所的方法要点：(1) 多角度抓特点；(2) 讲顺序，分详略；(3) 用修辞求生动。最后模仿课文，运用上述要点，用“不必说……也不必说……单是……就……”句式写一段话，介绍“自己喜爱的地方、事物”（诸如乐园、小天地、金鱼等）。这样学习就能达到读写结合的目的。

仿写句式还可以抛弃对语言静态的分析，注重语言的实际运用，并开发思维的深度和广度。学习《求知如采金》一文，一般只注意理解比喻论证。这样只是在学习中理解了一些知识，忽视了读写结合，忽视了能力培养。因此，可以设置这么一个问题：本文的标题只是一个论题，作者将求知比作采金，抓住了二者什么样的相似点？请根据课文内容，指出它们的相似点，并用“求知如……，……”这样的句式仿写下面句子：

求知如采金，意味着艰难困苦，意味着坚持不懈，意味着痛苦抉择，在杂芜中找出熠熠之光，这就是矿石中的黄金，书中的精髓。

求知如采金，历经千辛万苦，方能从中取作者的思想精髓，这犹如从矿石中取出金珠。

求知如采金，你若不认真开凿、遴选、冶炼，永远别想找到矿石中的黄金；你若不认真琢磨、筛选、提炼，永远别想找到书中的思想。求知如采金，博采众长，去粗取精。

学生通过思考，仿写出了如下美句：

求知如采蜜，需要像蜜蜂那样一点一滴地采集花粉，才能酿出美味香醇的蜂蜜。

求知如航海，面对波浪和曲折，知难而进，才能到达成功的彼岸。

求知如登高，只有向上攀登，坚持不懈，才能达到顶峰。

求知如织网，一个知识点就是一个网结，积累的网结越多，构筑的体系就越大。

（二）片段仿写

每篇文章都有精彩的段落，有的描写细腻，有的议论深刻……这些都值得仿写。比如林清玄的小品文《蜡烛的心》中的片段：

“这蜡烛还有油，怎么就熄掉了。”孩子说。“蜡烛的心烧完了，当然就熄掉了。”爸爸说。“没有心的蜡烛不会烧，没有心的人呢？”孩了说。“没有心的人与没有心的蜡烛一样，不能照亮别人。”爸爸说。

学生 A 的仿写是《鸡蛋无法站立》：

“爸爸，鸡蛋怎么站不起来？”女儿好奇地问。“因为它太圆滑了。”爸爸望着女儿说。“鸡蛋因为欣赏自身的圆滑，所以永远无法站立起来，对不？那么，人呢？”父亲似乎对女儿提出的问题很惊讶，沉思了一会儿说：“是的，人要是这样，就会失掉自我和朋友。”

学生 B 的仿写是《蜘蛛的网》：

“爸爸，你看蜘蛛在织网。它织网做什么？”儿子问道。“它给昆虫设下了陷阱，孩子。”爸爸说。“哦，爸爸你看，有一只小飞虫被网粘住了；它在那儿挣扎，多可怜！”儿子说，“你看，又一只小飞虫被粘住了。多可怜的小飞虫！爸爸，人会不会也织这样的网呢？”儿子若有所思地问。“会的，孩子，但人织的是一张无形的网，给别人设下了一道道无形的陷阱。所以，在生活中，我们要善于观察，不要被这张无形的网给网住。”

面对上述两段仿作，如果不看其构思、行文脉络及表现手法，而只看各自的内容、主题及对人生的启迪，可以说就是一篇新的创造。常常这样进行仿写式练笔，把读、思、写结合起来，写作能力就会日益提高。

（三）结构仿写

对文章结构的仿写，就必须找准仿写点。仿写点一旦确定，在写作学习中就可以直奔仿写目标。

好的文章开头，先声夺人，让人手不释卷，一口气读下去；好的结尾以高屋建瓴之效，令人反复欣赏，这就是所谓“凤头”“豹尾”。如《济南的冬天》的开头，用北平的风对比济南没有风，用伦敦不见日光对比济南的响晴，用热带的日光之毒对比济南温暖的天气，一组排比，贴切自然，犹如信手拈来，突出了济南冬天的特点。再如《挖荠菜》结尾以议论点明中心，《故乡》的结尾则耐人寻味，等等。像这样的“凤头”“豹尾”，在写作学习中先领悟其作用，之后则要求仿写。只有加强了模仿学习，才能将所仿化为己有。有位学生写《送袄小记》开头说：“用手摸摸身上穿的新棉袄，软绵绵，暖烘烘，爸爸来送棉袄的那件事又浮现在我的面前。”有位学生在《大山的早市》的结尾写道：“这时，东方一轮红日冉冉升起来，给大地抹上一层金辉。多么醉人啊，大山的早市！多么美好啊，祖国的早晨！”这些都不失为“凤头”“豹尾”。

再如让学生写《寿宁的木拱廊桥》时，可模仿《中国石拱桥》一文的结构，以总—分—总的构段方式结构全文，按一定的顺序观察和说明每一个观察点的景物特征。有位学生写出了下面一篇形似而神异的好文章：

寿宁的木拱廊桥

寿宁是福建省东北部的一个山区小县，那里山峦连绵，溪流纵横，素有“九山半水半分田”之称。很长时间以来，人们一直认为《清明上河图》中那座优美独特的“汴水虹桥”技术已经失传，但谁会想到，在寿宁的崇山峻岭中，竟还深藏着那么多令人叫绝的“虹桥”——寿宁木拱廊桥。

木拱廊桥也叫木构叠梁式风雨桥，它以梁木穿插别压形成拱桥，形似彩虹。它不仅与《清明上河图》的名桥“虹桥”结构相似，技术相同，而且还对“虹桥”有所发展创造，那就是在桥上加盖“桥屋”，即桥与屋结合，如桥似厝。这种桥，寿宁人俗称“厝桥”。

据统计，寿宁境内现存的此种廊桥共有19座。从年代序列上讲最齐，从清乾隆、嘉庆、道光、同治、光绪至中华民国，乃至新中国成立后还在建造，这在全国极为罕见。有关专家考察认为，寿宁的木拱桥，其悠久的历史，精湛的技艺，在中国桥梁史上占据着重要的地位。见于文字记载的，最早是明正统十三年（1448年）建的西城桥。嘉靖二十四年（1545年）改建，更名蟾溪桥。可惜该桥于1984年被拆除，改建为石拱桥。

位于寿宁县城内蟾溪上的升平桥始建于明天顺六年（1462），后圮于水，于清乾隆四十三年（1778）重建，桥长24米，宽5.8米，底层27根拱梁，30根横梁，桥面48根木柱。上有遮雨的飞檐屋顶拱斗重叠，边有披风的木板挡墙淳朴古雅，其造型之奇巧令人赞叹。像升平桥这样的木构叠梁式风雨桥，在寿宁城关地区就有4座，历经百年风雨岿然不动，营造着山城“小桥、流水、人家”的生活意境。下党水尾桥是寿宁木拱廊桥中最为壮观的一座，建于清嘉庆五年（1800）

正月，桥全长47.6米，单孔跨度39.7米，超过了曾被学术界认为是中国古建筑中净跨最大的石拱赵州桥2.7米，堪称中国虹桥之最。1963年修葺，现保存完好。此外还有张坑桥、长濑溪桥、杨溪头桥等，也各具特色。

由于寿宁山高路远，交通闭塞，使具有重要工程技术价值、艺术价值和观赏价值的木拱廊桥至今还养在深闺，不为多数人所认识。据不完全统计，新中国成立后至今这种木构叠梁式拱桥已被毁11座。值得欣慰的是，寿宁有关方面已认识到了廊桥的重要性，正在制订有关措施保护这批重要古建筑，并规划搞人文旅游，使文物保护与旅游开发相得益彰。

又如学习《百草园与三味书屋》后，可以《我的卧室》《我们的教室》等为题学习仿写。要求按空间顺序描写和介绍，并展开合情合理的想象。

（四）写作方法仿写

仿写，不是单纯地依样画葫芦，在注意形似的同时更要强调神似。为此，就要对写作方法进行仿写，在仿写中掌握一些基本的写作技法。

《白杨礼赞》一文运用了象征的写作手法。学习这篇课文时，要把读写目标定位在象征手法的仿写上。阅读时，可进行下列思考：

1. 找出描写白杨树的外形特征和内在气质的句子。

2. 反复朗读文中的四个反问句，思考这些反问句在文中有什么作用。（由赞树到赞人）

3. 白杨树象征什么？作者是怎样揭示出来的？说说白杨树和北方抗日军民有什么相似之处？

完成以上思考练习后，应归纳象征的写作手法。即：细致描写（白杨树外形特征和内在气质）+适当的联想、议论（白杨树与抗日军民的相似点）+点出象征意义（北方抗日军民）= 象征手法。

在此基础上，进行仿写，对象可以是青松、小草、红日、春蚕、蜡烛……如写《蜡烛颂》，学生可以这样思考：蜡烛的外形怎样？精神怎样？由蜡烛可以想到哪些人？这二者有哪些相似点？在思考后仿照课文的象征手法构思成文。

整体模仿，就是对整篇范文的模仿。这就要求必须认真阅读原文，把握原文的整体结构和基本特点，还应根据自己的生活实际和积累的素材，适当运用其他范文中可取的方法，予以创新，写出既有范文特色，又具新意，甚至在某些方面好于范文的习作来。

第二节 模仿作文立意法

写作中的模仿，主要有语言的模仿，结构布局（开头、结尾、过渡、照应）的模仿，表达方式（记叙、描写、说明、议论、抒情）的模仿，写作技巧（对比手法、悬念、欲扬先抑等）的模仿，风格流派（尖锐泼辣、幽默诙谐、清新活泼、热情奔放等）的模仿，等等。而立意的模仿尤为重要。

一、作文立意的要求

文章是给别人看的，写文章的人总想让人家知道自己的观点、主张、思想或情感等，也就是说，写文章总有一定的目的和意图。这种目的和意图，就是"意"。清人王夫之说："无论诗歌与长行文字，俱以意为主。意犹帅也；无帅之兵，谓之乌合。"王夫之认为"意"（主题）是文章的"统帅"，军队无"统帅"便是"乌合"之众；同样，文章缺主题或主题不明确，那仅仅是一堆零散杂乱的材料而已。而目的、意图明确，文章就有了"主心骨"，就能站立起来。作文的立意有哪些要求呢?

立意要鲜明。作文的立意，就是指确立明确的中心思想，即在一篇文章中作者要表现出赞成什么，反对什么，提倡什么，抵制什么。但有的文章像记流水账，看不出文章在赞扬什么、反对什么，也看不出作者表现什么观点，这就是没有立好意。

立意要正确。文章确立的观点必须正确。应该自觉宣传正确的、健康的、美好的东西，批判、抵制消极的、不健康的、错误的思想。

立意要单一。一篇文章只能立一个中心，就像一个人只能有一个大脑一样。有的学生在一篇文章中同时表达几个观点，但没有一个是能贯通全文的观点，造成了文章"多中心"的毛病，这也是没有立好意。

根据题目立意。有的文章的题目本身，就对文章的中心有了比较明确的规定和要求。在审题时应该认真抓住文章中的重点词语，把握住文章的中心。比如《记一个助人为乐的人》，"助人为乐"是文章中的重点词语，也是文章所要表现的中心；《我们家的新鲜事》，"新鲜"也是文章要表达的主题。

根据题材立意。有些文章的题目没有对文章的中心做出明确的规定，应先选择材料，然后对所选的材料进行分析，弄清这些材料能表达的含义，最后根据材料确定中心立好意。

二、立意仿写的类型

“意”是统帅，文章的选材、布局、谋篇和措辞都受它的统摄和制约。读可资借鉴的文章，参照其立意，可以仿写出同样精彩的文章。

立意仿写，分“类同”“翻造”“寄寓”。

“类型相同”，仿写文的主题跟范文有相似之处。

“原意翻造”，仿写文的主题与范文略有不同。

“神寄寓形”，是利用象征、比喻的手法寓意于事物之中，仿写文的主题与范文大致相同。①

（一）类型相同

大河滔滔，涧水淙淙，尽管水势各异，形态不同，但最后都归于大海。不同的题材，不同的手法，可以反映相同的主题。例文是公开的信息，是显性的；而主题是隐蔽的信息，是隐性的。只有读通弄懂例文，把握它的主旨，才能有效地仿写。如例文朱自清先生的《背影》一文通过写父亲的背影和自己的几次心理感受，表现了父子情深的主题。模仿文《父亲的期望》中的父亲是一个修车的普通劳动者，他寄希望于“我”好好读书。有一次父亲执意要为“我”买鞋，看着父亲远去的背影，“我”情不自禁地哭了。仿写文也写到“父亲的背影”，情感同例文一样，是深沉的，体现了共同的主题。

（二）原意翻造

文章是反映客观实际的，这就决定和制约了文章必定要以意为主，即以表达思想内容为主。正因为如此，仿写的文章可取范文的某些立意的方式方法，但决不能照搬照抄。仿写的文章与原文相比，是一种“脱胎”，或者说是“翻造”。澳大利亚作家泰格特写过一篇名为《窗》的短篇，叙述在医院的一个病房中住着两位患了绝症的病人。他们的生活都很枯燥，无法做其他事来消遣。两位病人中的一位，可以躺在离窗较近的床上，这位病人每天都绘声绘色地给另一位病人介绍

① 王必辉、曹雪清主编：《仿写与精写》，上海科学技术文献出版社2003年版，第27页。

他所看到的窗外的景色：游人们的嬉戏玩耍，公园里美丽的风景，在公园一角进行的板球比赛的热闹场面……他想通过描述，使同伴也能快乐起来，可是那位无法看到窗外景色的病人对此却丝毫没有感激，相反却越来越妒忌，更冷酷无情，以致在这位好心同伴生命垂危之际也没有去呼救，只是冷冷地看着同伴死去。他如愿以偿地被换到了靠窗的那个床位上。可是，当他准备欣赏那窗外的美景时，却发现那窗外有的只是一堵光秃秃的墙。模仿文《五月的雨》写了两个店铺对避雨的路人态度截然不同：一个是横眉冷对，要赶走躲雨的，为的是怕影响生意；另一个热情欢迎。结果是前者没有生意，后者因为避雨者争着买自己的货而生意兴隆。文章鞭挞了自私，点明了“只要你真心对别人，别人也会真心对你的”这一道理，在立意上对原文作了翻新改造。

（三）神寄寓形

陆游《咏梅》诗说：“驿外断桥边，寂寞开无主，已是黄昏独自愁，更著风和雨。无意苦争春，一任群芳妒，零落成泥碾作尘，只有香如故。”放翁以梅花自比，表达怀才不遇的心境。于谦的《石灰吟》也是以石灰表达自己的高尚情怀。托物言志，即假托事物来表达思想情感，也是一般散文常用的方法。茅盾先生写的《白杨礼赞》是许多人都熟悉的作品，它是托物言志的典范作品，通过赞美白杨树的种种“不平凡”来歌颂北方的抗日军民。仿写这样一篇作文，第一，要有想象力。梅花、松树、白杨还有石灰等都是常见之物，只有通过联想，才能赋予文章新意。第二，要把握象征关系。也就是要注意好物与人、物与精神之间的内在联系，如白杨树的伟岸、挺拔与北方抗日农民的正直、质朴、严肃、坚强的精神品质在特征上有一致性，因此作品由树赞美北方农民。仿写文《“爬山虎”赞》先写“爬山虎”努力向上攀登，显露出坚强毅力和无限生机，从而联想到奋发向上的开拓精神和顽强不屈的意志，由此点明它象征着中华民族的伟大精神。

第三节　模仿作文布局法

作文往往要事先考虑：这篇文章分几层？哪些材料要先写，哪些材料要后写？哪一部分要详写，哪一部分要略写？怎样写好开头，怎样过渡、照应，配上结尾？……这些问题都要根据主题的要求，对题材进行安排、统筹，使其具有某种结构上的内在联系，形成一个完整的统一体。如何围绕中心安排材料或内容，写作上就叫做“布局谋篇”。

布局谋篇的方法又称“章法”。古人所谓“起、承、转、合”，讲的就是章法。有了章法，文章就结构严谨，条理分明，层次清楚，脉络贯通，详略得当，照应周密，篇章结构具有连贯性、一致性、完整性和艺术性。

要把文章写得有条理，就要对材料的次序作合理的安排，先写什么，接着写什么，再接着写什么，最后写什么。这种安排材料的方法就叫组织材料。

一、组织材料的方法

组材的基本原则是：根据主题的需要，考虑文章表现的效果。材料是为中心服务的，所以，材料的组织也必须服从正确表现中心的要求。除此之外，材料的组织还应该考虑文章的表现效果，要力求从最佳角度去安排组织材料。

组织材料的方法：

按事情的发展顺序组织材料。这种方法是按事情的发生、发展、结局来安排材料。

按时间转移组织材料。如写一件事，从它的发生、发展、结局从头到尾地写；如写一天，就从早晨、中午到晚上地写；再如写一个人，从小到大地写等。

按事情的不同性质归类组织材料。比如选两三件不同性质的事，从不同角度表现同一主题。如《记一个辛勤的园丁》写教师从德、智、体三个方面如何关心学生，各选一典型事例表现教师是“辛勤的园丁”这个主题。

按地点的转换组织材料。顺序包括由远及近、由外到内、从上至下或东西南北的方位。写景状物的文章常用这种方法。

按空间位置组织材料。这种组材法常用于写景状物的文章。运用这种组材法时，一定要把各空间位置的关系写明白，当观察转移时，文章要有过渡。比如写《一个会场的布置》，先写“主席台上方”，接着写“主席台前”“主席台的正中”，最后写“主席台的周围”，空间顺序一清二楚。

按内容的性质组织材料。这种组材方法是按性质把文章的内容分成几个类别，把内容相同的材料放在一起，然后再按先后顺序排列好。比如《海底世界》一文中，按海底的动物、海底的植物、海底的矿藏组织材料。

二、布局谋篇的仿写

布局谋篇的方法有很多，这里介绍三种及其仿写①。

设置线索。范文与仿写文都是以一人、一事、一物为文章线索。

前后照应。范文与仿写文都有对前文提示内容的续写、回答或强调。

剪裁得当。范文与仿写文都做到繁简得当，中心突出。

（一）设置线索

文章材料犹如珍珠，线索就像穿珠之线，一线贯之，文章贯通。

线索，是叙事性文章中贯穿于全文的，将全部材料串成一个整体的事物。它是一条起着组织作用的纽带，将文章中表现主题的材料在结构上连成一气。在仿写中，只有充分发现存在于例文中的起线索作用的事物，理清其挈领材料的脉络，才能有效地仿写。

王愿坚写的《七根火柴》的故事使人读后深受感动。故事中的关键物品就是一位战士在牺牲前把紧紧揣好的党证和七根干燥的火柴交给了卢进勇，要他交给部队。在这阴寒湿冷的草原里，在这生命几乎绝望的日子里，就是这七根火柴点燃了篝火，驱走了严寒，温暖了战士，拯救了部队。这七根火柴就是作品叙述的线索。仿写文《七根杉木》有着一段感人的故事，又将历史的“舍己为公”与现实的“助人为乐”联系起来，以单一的线索把时间跨度很大的记叙串起来了。仿写文同例文一样，在设计人物活动和故事情节时，围绕一件实物展开，线索明确。

（二）前后照应

所谓照应，是指文章不相邻接的文字间的前后关照和呼应。要能反映文章内容上的内在联系，有时还有强调和突出某个意思和使文章从整体上显得更加完整统一的作用。照应的方式可以是题文照应、首尾照应等，仿写时，要时刻把握住文章重点要突出的内容进行照应，才能使读者印象深刻。

老舍先生写的《养花》一文，一开头写道：“我爱花，所以也爱养花……”接下来几节，先后写的是“养花的不易”“养花的乐趣”“养花的得益”“养花的喜悦”，最后，又从多个方面再一次对养花作了概括。这就是文章的前后照应。

---

① 王必辉、曹雪清主编：《仿写与精写》，上海科学技术文献出版社2003年版，第44页。

仿写文《樟树赞》文章开头即照应题目，点出这两棵树是宋庆龄故居庭前的。然后借树喻人，赞颂了樟树的品质。结尾处再次照应首句，并且多用一笔，点出了赞树的理由，照应了文题。

（三）剪裁得当

在写作时，对自己所掌握的题材进行分析比较，然后决定材料的裁割取舍、主次详略，这便是“剪裁”。剪裁的依据是文章的中心，要按文章中心表达的需要，详写最能说明中心的材料，与中心有关的材料可略写，与中心无关的材料则不写。在仿写时要牢牢把握住“详和略”这两个相对的概念。详，要具体生动；略，要画龙点睛。

魏巍在《我的老师》一文中所选的材料当然无一不是表达对老师的尊敬、敬佩、怀念。但是，所选的材料在全文中占的比例并不平均，而是有区分的。有的是稍提一下，有的是概述一下，有的则是详尽表述。最后的两则：一是老师对我心灵上的安抚，一是表述孩子对老师的依恋。这两则最能表达师生之情，所以写得详。这就是文章剪裁的艺术。仿写文《记李老师二三事》首段引出回忆介绍老师，又写了老师对学生关爱的具体表现，最后写学生对老师的思念。结构十分清晰。在描写老师的几件事中能写得详略得当。范文和仿写文都写老师的几件事，表现的主题相近，在材料的详略安排上也十分相似。

第四节　从模仿到创新

仿写虽是模仿现成文章范本进行写作，但它并不要求学生做到对范文的模仿准确无误、惟妙惟肖，而是取其精要，有所创新。也就是说，仿写的目的不在于摹拟，而在于创新，在于通过模仿范文的独特风格，获得创新意识，并写出与范文相近但不相同的具有新意的文章。而仿写本身也为文章写作的创新提供了必备的条件。首先，通过模仿，可以学习和掌握一定的写作技能，从而为创造性写作奠定基础。其次，通过对各种类型的范文的模仿，可以将不同文章的特征进行综合，从而为新思想的产生提供信息上的准备。

一、从模仿到创新的发展过程

写作中由模仿到创新的发展过程，大体上经历以下三个阶段。①

（一）仿形阶段

仿形阶段是模仿的初期阶段，只能进行简单的、机械的模仿，“照葫芦画瓢”，按学过的句式、文章的结构、表现方法等往下套。这一阶段，只求“套”得正确，通过模仿，能掌握学过的东西，也就是要仿得像，就像练书法和绘画的临摹一样，从外表看，越像越好。这种模仿，一是要真正把握被模仿的对象，不要仿错了，像把插叙仿成了补叙，把类比写成了比喻。二是要明白，不论仿得怎样像，都不是创作，只是为创作打下基础，在模仿的基础上能灵活运用，才可以去创造。

（二）仿神阶段

仿神是在仿形的基础上，进一步把握模仿对象的精神、灵魂，不但仿其形，而且仿其神，即不但形式用得正确，而且能表现出较丰富的内涵和类似的神韵。就像书法，不但笔画结构仿得很像，而且能表现出该书体的风格特点，达到惟妙惟肖、以假乱真的地步。如有的学生模仿《听潮》中的“海睡图”所写的一段景物：“草地上充满了生机。在我的脚下，片片流翠的草坪波浪式地向前翻滚。一棵棵柳树，在小鸟的伴唱下，扭动着柔软的身姿。远处一条小溪，欢快地流向远方。阳光下现出了五颜六色的光环，它和那波浪一起掀开了草地的神秘。这时我突然有种飘飘欲仙的感觉，我似乎踏上了草地，走向那和平欢乐的未来。”这一段对于草地景物的描写，虽然脱胎于“海睡图”，但已经不仅是仿形了，已经为创造性的模仿做好了必要的准备。还有的学生模仿《一件小事》，不但语言结构、表现手法很像，就连语言、内涵、立意等方面都达到了一定的高度。这种模仿虽还不是创新，但它却表明作者已基本把握了模仿对象的实质，为创新创造了条件，是创造的前奏。

（三）创造性模仿

创造性模仿是在模仿的基础上，有了自己的特点和新意，即古人所说的“师古而不泥古”“学古而能变化”。这也是模仿写作所要达到的基本目的。创造性模

① 毓明笠著：《中学语文学习心理及学习方法研究》，东北师范大学出版社 1999 年版，第 122 页。

仿，有时超过了模仿的对象，如鲁迅的《狂人日记》中有果戈理的《狂人日记》的影子，也可以说是模仿，但果戈理写的是“失意狂”，而鲁迅由此写出了一个“迫害狂”，这就具有了更广泛、更深刻的思想意义，大大超出了果戈理的《狂人日记》。当然学生的模仿不一定超出原作，只要能有自己的特点，不是完全照搬，就应看作是创造的开始，应予以肯定和鼓励。

写作学习中的创造性模仿，就是从生活实际出发，从自身感受出发，对原作的方法、技巧创造性地加以运用，为表现自己的情感或观点服务，使文章具有特色，具有新鲜感、时代感。

创造性模仿的进一步发展，不断增加创造的因素，最后便可以摆脱模仿而达到创新的境地。如为了在写作中由定向思维向发散性思维发展，丢掉模仿的拐杖，可以开展一题多作，要求运用已掌握的方法，对作文素材作更深入的思考。如写作“我的母校”，可根据自己对题意的理解和掌握素材的情况，要写成记叙文，则重在让人了解母校的教学情况，歌颂园丁的辛勤劳动；写成议论文，可侧重突出母校的社会价值、地位；写成说明文，可侧重介绍母校的优美环境、建筑结构、教学设施等。这样，就提高了学生的思维质量。

二、从模仿到创造的要求

作文不能停留在模仿阶段上。应当在模仿的基础上创造，在创造的引导下模仿。模仿是为了创造，应当仿中有创，创中有仿，逐步由模仿到创造，发展创造性作文能力。由模仿到创造是一个渐进的过程，有五点值得注意①。

（一）先求形似，后求神似

模仿范文，总是先从形式上去模仿，即“范其貌”，这是模仿的第一步。但不能停留在这上面，还应在形似的基础上求神似，即“取其神”，这就达到了创造的阶段。例如，读了《祝福》模仿“画眼睛”的方法，能描绘出人物的各种眼神，这是形似；如果还能学到用人物的眼神来表现人物的性格，那就是神似了。

虽然，仿写在某些地方与范文的语句相似，但就总体而言，仿写中包含了一些创造因素。例如，一篇写椰子树的作文，开头写椰子树外形的文字，与范文描写白杨树的文字相似，主要是形似。后面写椰子树象征意义的文字，与范文写白

① 杨成章著：《作文教学原理》，福建人民出版社 1987 年版，第 58 页。

杨树象征意义的文字也相似，主要是神似。神似的基本标志是学会了运用联想手法，把握了象征物与象征义的联系。当然，对模仿中的“神似”要求不宜太高，否则就会扼杀创造性，难于实现由模仿到创造的目的。

（二）理解方法，探索原理

茅盾曾谈到模仿与学习的区别。他说，“摹仿”和“学习”的分别在哪里呢？在有无自觉去争取方法，并究明原理。再拿旧式手工业学徒的做法来比喻，师父尽管是老作风，只叫看着学样，没有一言指授“窍脉”，但聪明勤勉的学徒会从中悟得方法，熟能生巧，于是举一隅而反三隅，或者能就紧要之处发一问，由此得这一言半语的“传授”——这就是学习了。而只知依样画葫芦的学徒，并无争取方法的自觉心，那就一直是在“摹仿”。三年满师之后，除了曾见师傅做过，自己看着学样的东西以外，恐怕一点也不会动手。这里所说的举一反三的学习就是创造。指导学生从模仿到创造，要善于把“范文”当成“一”，从范文中理解写作方法，探索作文原理，即不仅要学着样子作文，而且要知道为什么要这样作文，并运用到相似的情境中，增加作文的创造因素。

（三）既要求同，又要求异

求同思维要求按照教师的讲解或书本的结论，在同一方面、方向进行思考；求异思维要求从不同方面、方向探索真理，提出创见。模仿范文无疑是一种求同思维，但又不能一味强调求同，而应在求同的基础上求异，仿中有创，发展创造能力。只重模仿极有可能形成思维惰性，妨碍创造。在求同的基础上求异，同中有异，异中见同，才能由模仿进到创造。

突破常规，即“求异”，就是关注现象之间的差异，暴露已知与未知之间的矛盾，揭示现象与本质之间的差别的一种构思方法。即多方向、多角度、多起点、多原则、多结果地思考问题，并在多种思维的比较中，选择富有创造性、能最有效地表达主题思想的思路。清代刘熙载在《艺载·诗概》中提出的“写反面”，鲁迅于诗中常用的“活剥”术，现代作家赞赏的“反弹琵琶”，都属于这种求异思维的范畴。

“求异”的特征，一是对人们认为是完美无缺的定论持怀疑的态度；二是能打破思维的程序。其具体表现为：富有独创性——思路不落俗套，善于标新立异、独辟蹊径；富于多向性——思路多向辐射，善于多方求索，别具一格；富于灵活性——思路活泼多变，善于联想推导，随机应变。

这里所说的“求异”思维，实质上是创造性思维。它要求积极地调动大脑的生理机制和长期积累的社会经验，在思维的过程中给人们带来新颖的、独创的、具有社会价值的思维成果。由于客观世界的纷繁复杂，以及人们心理因素、情感动机的不同与个性的差异，要达到上述目的，思维的形式是多种多样的，常见的有纵向求异、横向求异、逆向求异和多向求异等几种形式。

按照事物发展的规律，由表及里，由现象到本质，由历史到未来，不断揭示事物的矛盾，对一些旧的传统和旧的观念，随着时代的变迁和人们认识的深化，常常能从中求出新意，这种思维形式，称作“纵向求异”；由一种现象或事物，联想到特点与之相似相关的他现象或他事物，经过比较和联想，产生新的思路，进行新的创造，这种思维形式，便是“横向求异”。“横向求异”思维能发现某些人们不知道和彼此相似的东西，并把该事物的特征转嫁于另一事物，从而产生新的飞跃。了解了这一点，平时在写作学习中，便可以抓住不同事物之间的联系，深入发掘，展开联想，写出内容丰富、观点新颖的文章。

“求异”思维即有意识地脱离习惯的思维轨道，向不同的思维方向发展。譬如，某商品很有特色，求异思维者却偏说它没有特色。某事物很有吸引力，求异思维者却说它没有吸引力，没人理睬。这种方法构思出的文章往往很有特点，会出现意想不到的效果。这主要在于利用了人们普遍存在的一种逆反心理。因此，用求异思维构思文章能对人们司空见惯的事物予以新的视野。

（四）克服模仿的保守性

在作文训练中，虽然能由模仿进到创造，但模仿毕竟带有保守的因素。为了克服作文模仿的保守性，顺利实现由模仿到创造，要特别注意以下几点①：

1. 理解范文、例文

模仿要重在理解，不仅要学着样子作文，而且要知道为什么要这样作文。是否理解是区分自觉模仿和机械模仿的基本标志。智力技能模仿应建立在理解的基础之上，缺乏理解的机械模仿是获得智力技能的最大障碍。例如，模仿范文的立意方法，如果对范文的立意缺乏理解，机械模仿，就会闹出笑话。为了克服模仿的保守性，加强理解性，最好能把写作知识的学习与范例启发结合起来。或者先分析范例，从中归纳出写作知识，然后仿写；或者先学写作知识，再用范文、例文加以印证，然后仿写。只要这样学习仿写，就能避免机械模仿，有利于创造。

① 杨成章著：《作文教学原理》，福建人民出版社 1987 年版，第 62 页。

2. 一次多提供几篇范文、例文

一次模仿一篇，容易“依样画葫芦”。一次多学习几篇范文、例文，进行分析比较，从多方面进行揣摩，从类似的范文、例文中领悟写作方法，能增加模仿的选择性。这有利于避免模仿的保守性，有利于发展作文的创造能力。

3. 强化对比

从心理学的观点来看，对比是提高智力活动效果的重要方法。通过正反对比，正确的可以得到强化，错误的就会受到抑制。在模仿前，可将范文、例文的优点同平时作文的缺点加以比较；在仿写后，可将范文、例文的佳笔同模仿的败笔进行比较。但要注意，不能挖苦讽刺，以免伤害学生的自尊心。除了反面抑制外，还应注意正面强化，对仿写学习中的成功之笔，要予以鼓励。

4. 广泛阅读，综合借鉴

仅仅学习一些范文、例文是很不够的。通过多读书，特别是要在课外广泛阅读，多读名家名作和时文佳作，久而久之就能将其综合起来，加以运用。这是因为知识经验概括化是知识技能迁移的一个重要条件。模仿范文、例文实质上是阅读对写作的一种积极迁移形式。多读的特殊价值之一就是知识经验概括化，为综合借鉴创造条件。“熟读唐诗三百首，不会作诗也会吟。”这就是知识经验概括化的结果。只有多读，才能通过智力的概括活动悟出写作的方法，从而自觉地进行模仿、借鉴。

从模仿到创新是一个循序渐进的过程，是一个从有意行为到无意行为的潜移默化的过程，即从模仿到推陈出新的过程。因此，在训练中必须由简单到复杂，由单项到综合，由局部到整体，逐步进行。模仿写作的项目和难度要从实际出发，因人而异，使自己在学习中能够适应，能够接受，能够见到成效，从而激发积极性。模仿还要有巩固的过程，不是一写就会了，只有熟练了，才能生巧。模仿的范文，既要有名篇，又要有切合写作实际水平的习作。在具备了一定的基础之后，可以多学几篇类似的范文，进行比较对照，独立思考，以收到潜移默化的功效，使其发展、深化，向创新过渡，鼓励模仿作文中的创新，发展创造性因素。

在“模仿”学习过程中，还要注意对范文的深入认识，通过反复分析、综合，一是可以真正把握范文的特点，二是在反复分析中熟悉范文，收到潜移默化的作用，使模仿不但能传神，而且能运用自如，有所创造。

第五章　命题作文的方法

命题作文是由教师命题、学生依题作文的一种写作学习方式。它是写作学习中最常用的方式，具有一定的综合性和创造性，一般称为“大作文”。

第一节　命题作文的类型

命题作文，在我国有着悠久的历史，至今仍是进行写作学习的一种主要形式，在中小学作文时被广泛采用，主要有命题作文和半命题作文两种类型。

一、命题作文

如近年的两则命题作文：

（1）也许你曾到过海边，也许你在荧屏、银幕上见过大海……请以“面对大海”为题写一篇1000字左右的文章。文体不限（不要写成诗歌）。

（2）无论在个人经历中，还是在社会生活中，常常会出现令人难忘的转折。对此，你一定会有所感，有所思，有所悟。请以“转折”为题，写一篇不少于800字的文章，除诗歌外，文体不限。

命题作文有利于体现教师的训练意图。教师根据写作学习的计划，密切配合阅读教学和学生的实践活动，设计一套写作题目，使学生逐步驾驭多种体裁，掌握多种表达方式，分阶段实现写作学习的目的。命题作文题干简洁，指向集中；限制严格，意蕴丰富，有利于学生关注目标，集中精力思考。这样可以使学生排除干扰，加快思维定向，较快地进入写作过程。好的命题富有启发性，能触发学生的种种联想，激起写作的兴趣，调动写作的内在动因，迅速提取头脑中储存的各种写作素材，顺利进入构思的阶段。命题作文有统一的要求，统一的体裁，相近的内容，相关的表现方法，有利于学生间的互改互评，也便于教师进行指导和讲评。

命题作文，大概有这样几种方式，一是直接命题，二是结合阅读材料命题，三是提示有关内容和写法后再命题。后一种方式与话题作文有些相似，不过话题作文需自拟题目。

命题作文也有它的局限性。一是与日常生活中的实际写作过程不一致：平时往往不是按题作文，而是有所感而发。而命题作文与此正好相反。二是教师的命题不一定切合学生实际，即所出的题目，并不是学生想写或能写的。

二、半命题作文

为了克服命题作文的局限，近年来出现了一种“半命题作文”——作文题只出一半，另一半需要学生按有关提示自行填写，即将不完整的题目补充完整后再作文。如：

《当我面对______的时候》

要求：(1) 在题目的横线上填上适当的词语（如挫折、荣誉、成功、鼓励、打击，某种目光或情景……），使题目完整。(2) 要求写真情实感。(3) 600 字左右。(4) 书写工整，卷面整洁。

半命题作文的题目，是将一个完整命题，省去一部分，变为一个不完全命题，省去的部分由作者去补充。这种题目从本质上讲，只是划定了一个写作范围，而把选材、立意的自由留给了作者，显示了一定的灵活性。其结构形式有如下几种：

1. 命前半题。如：《我最盼望的______》《我最喜爱______》《我最苦恼的______》《我第一次______》《从来没有______》《我想做一个______》《我再次感受到了______》《不寻常的______》《那件事使我真______》《别开生面的______》。

2. 命后半题。如：《______，您辛苦了》《______的礼物》《______变了》《______给了我深刻印象》《______的新鲜事》《______给我带来了欢乐》《______，您听我说》《______这样教育我》《______的力量》。

3. 命首尾部分。如：《我这个______迷》《我生活在____之中》《在充满__

____的日子里》《一个我最________的人》《在________面前》《一份________的答卷》。

4. 命中间部分。如《________喜爱________》。

另外还有：命副标题，让考生拟正标题，这带有自由拟题性质；命正标题，让考生拟副标题，这是指点考生缩小取材范围等。

如果从所留的空白补充部分来考察，我们发现半命题作文的结构形式不外乎以下几种：

1. 留前半题：如《________是一把双刃剑》《________改变了我的生活》。

2. 留后半题：如《走近________》《我们的名字叫________》。

3. 留中间部分：如《生活因________而精彩》《我从________（生活、母亲、书本……）那里学到的》。

4. 留首尾部分：如《________是________》。

另外，还有留正标题的，如《________——我的特长》；留副标题的，如《乐在其中——记一堂________课》。

第二节　命题作文审题法

目前命题作文的内容涉及面广、题型灵活多样，这给写作带来了一定的困难。因此，在写作时准确审题就显得十分重要。走路要看方向，走错了方向就会误事，写作文也要看方向，方向看清了，才能符合题目的要求。写作文看方向的过程，就是审题。

审题能力受平时阅读能力、思维能力的限制。在写作学习中要扎扎实实地打好语文基础，自觉、主动地进行思维训练和写作实践，才能切实提高审题的能力。掌握一些必要的审题技巧和方法也是必要的。

审题，就是对题目的意义与要求作仔细、周密的审查、分析，弄清命题者的主要意图与基本要求，从而确定文章的体裁、选材范围、中心思想及写作方法等。审清题意是作文中关键的一步。虽然掌握了写作的基本方法，但由于不重视或不会审题，粗粗一看，就草率动笔，结果出现不切合题意，抓不住中心，或离题、偏题等现象。可见，重视审题、学会审题是多么重要。

一、审题的内容

（一）明确体裁，审清文体。文体，就是文章的体裁。作文前，必须首先看清题目要求用什么体裁来写，是要求写记叙文，还是要求写议论文、说明文或是应用文（如书信、读后感等）。这是首先要弄清楚的，绝不能含糊大意。

在写作文时，有的题目对文体要求很明确，必须严格按照题目的要求选择文体，如下面一道作文题：

题目：我第一次__________。

要求：①在横线上填入自己印象最深的一件事，如参加运动会，参加作文竞赛，登上领奖台，戴上团徽，出门旅行……

②以记叙为主，可适当议论、抒情。

在这个题目中，明确规定了文体应是记叙文，而且文章要“以记叙为主，可适当议论、抒情”。在构思行文时，就必须严格地按要求写，从记叙文的角度进行构思，而且要有适当的议论和抒情。

有的作文题没有说明用什么文体，没有明确地对文体进行限制，而是以暗示的方式提出的。对于这类题目，在审题时，就要仔细分析，认真研究，选择最能表现文章中心的文体。如题目《礼物》，在这个题目里，只规定了写作内容，而没有限制文体，可以写成记叙文，也可以写成议论文，还可以写成说明文。但是再仔细分析就会发现，如果只写成单纯的记叙文，虽然文章会比较生动，但情感会显得贫乏；写成议论文，则显得过于空泛；而写成说明文，又觉得枯燥呆板，缺乏感染力。而如果能以记叙为主，适当地进行议论和抒情，文章就不仅形象生动，而且能感人至深，很好地表现文章的中心。

审好题目，就要确定该写成什么样的文章，是记叙文、议论文还是说明文。题目有“记”“传”“忆”等字眼，或涉及的是人物、事件、景物、地点、时间、场面等，一般要求写记叙文，如《我已经十七岁了》《回忆我的小学老师》《班长二三事》《梅花礼赞》等。题目有“谈”“说”“评”“议”“感”“驳”等字眼，或涉及的是抽象的概念、道理、问题、主张等，一般要求写议论文，如《谈理想》《评“百合花”的人物形象》《读“菜园小记”的体会》等。题目上有“说明”“注意”“介绍”等字眼，或涉及的是事物的成因、功能、使用方法等内容，则一般要求写说明文，如《电视机使用说明》《石灰岩的成因》《简易指南针的制作方法》等。还有一些记叙文（特别是抒情散文）的题目，往往使用比喻（如

《青春似火红》)、象征(如《阳光下》)、拟人(如《春天的脚步》)等修辞方法，审题时更要注意，不要写成说明文或议论文。还有一种题目，是跨体裁的，如《铅笔盒》，既可以写成记叙文，也可以写成说明文；《时间》，既可以写成记叙文，也可以写成议论文。碰到这样的题目，要根据自己的情况，迅速决定最适合采用的文体。

(二) 明确题材，审清写作内容。审写作内容，就是审题目要求写什么。要弄明白题目是要求记人，还是叙事；是写景，还是状物；是抒情，还是阐发认识、见解。是记什么样的人，写什么地方的景，谈怎样的认识。这些问题，在审题时都要弄明白。如下面一道作文题：

题目：我最喜欢__________。

要求：①在题目的空白处，填上你最喜爱的一项活动。

②写出自己的真情实感。

在写作内容上，题目要求写一项活动，可以选择游泳、下棋、打球、听音乐等，但有的学生却选择了“猫”“云”“大海”等，不是一种活动，而是一种事物，这就是没审清写作内容，导致文不对题。

要明确选材的范围要求，该写什么，不该写什么。对命题，要作具体的分析。《记一件难忘的事》，题材是“事”，数量是“一件”，特点是印象深、“难忘”，不能写成记人为主，也不能写两件事，尤其不能随便写一件事。《我的课外生活》，取材是“我”的课外活动，件数可以不限，但不能写成课内的或别人的活动。《放学途中》，取材必须是从学校回家这一段路上发生的事，而且是“放学”后，而不是在学校或家中或别的途中发生的事，也不是“上学”前的事等等。这些都在题目中有规定，必须按照要求去写。

(三) 明确中心，审清写作重点。有的题目，本身就包含了中心思想在内。如《向先进看齐》《革命传统代代传》《雷锋——我们的榜样》《天才出于勤奋》等。有的题目则不明显。这就要求在透彻理解题意、体裁、选材范围之后，进一步从确定主题方面去分析。如题目《我已经十七岁了》，要写出这个年龄的含义，表现自己意识到肩负的重任，决心加快前进的步伐，准备不久的将来为经济建设贡献力量的思想觉悟；《阳光下》，要通过青少年一代的幸福生活，歌颂党的领导和社会主义的优越。要把大部分篇幅放在写作重点上，来突出文章的中心内容。这就要求在审题时，弄清什么是写作中的“重头戏”。

题目中的重点是指揭示意义、体现中心、点明重点或表明感情色彩的词语。这些关键词也叫“题眼”。抓住了题眼，也就抓住了文章的写作重点。

题目的题眼也是有规律的。题目是主谓短语类型的，动词往往是题眼，如《他变了》，题眼是“变”，要把前后的变化作为写作重点；题目是偏正短语类型的，起修饰作用的形容词往往是题眼，如《班级里的新鲜事》，题眼是“新鲜”，重点要突出这些事非同以往，有新气息，新气象；题目是动宾短语类型的，动词往往是题眼，如《体验友情》，题眼是“体验”，作文中要突出对友情的感受、体味，由浅入深，由淡到浓。

（四）明确写法，审清题目虚实。审题还应包括从题目中看出用什么写法最适宜。当然，前面几项确定了，有时也就捎带解决了写法的问题。如明确了《××印象记》这个题目是要求写记叙文，就顺便知道了该以叙述为主，该用第三人称。但有些题目不一定是这样。遇到这种情况，要选取最适宜的表现方法。如《我是如何写读书笔记的》，它要求写出自己写读书笔记的过程和方法，是介绍自己的阅读经验和体会的，当然以夹叙夹议的形式为好。一边谈写法，一边谈体会，这就是较得当的作文。

词语的含义是很丰富的，除了有“基本义”外，还有“引申义”“象征义或比喻义”。基本义较直观，较“实”，容易把握；引申义、象征义或比喻义较“虚”。在审题时，既要把握词语的基本义，又要认真体味这个词语有没有引申义、象征义或比喻义。

题目《镜子》，如果只写生活里穿衣洗脸用的镜子，就显得对题意理解得过窄、过浅，因为镜子还可以喻指能使自己发现个人精神品格方面不足的人，而且还可以指会给人带来警示的历史事实、生活事件。再如题目《我的财富》，如只停留在对“财富”的基本义的理解——拥有多少钱财，就会流于浅俗，因为财富是指“有价值的东西”，除了指看得见的物质财富外，还可以指较抽象的东西，如友情是财富，亲情是财富，知识是财富，快乐是财富，思想是财富，品格是财富，失败的体验也是财富。

审题时，要挖掘题目的言外之意，就能由此及彼，由浅入深，写出相关的社会现象，相似的人情品性，发掘题目表面所蕴涵的深层意义和精神价值，才会真正把握题目的丰富意蕴，写出有深度的好文章。

（五）明确要求，审清写作限制。有些作文题（主要是给材料作文题），常常还有附加条件，提出这样那样的要求。如指定从现有材料里提取中心思想，要求必须用到所给的材料，规定要运用什么表达方法（如写一篇记叙文，要恰当运用抒情、议论），还有字数限制等等。这些在审题时都要看清并记住，按题目的要求去作。

如果遇到的题目是有限制的，审题时就要对题目中起限制作用的词语多加注意。有的题目限制时间，如《暑假纪事》，明确限制了应写暑假里发生的事；有的题目限制地点，如《校园的春天》，就把地点锁定在校园；有的题目限制数量，如《我喜欢的一节课》，就只能写一节，多写就不合题意；有的题目限制人称，如《老师，您别生气》，叙述时就要用第二人称“您”，用“他”或“她”称老师就不合要求了。

弄清了限制因素，要在此前提下，尽量拓展自由写作空间。如《变化》一题，限制了内容是“变”，至于具体是人的变化，还是物的变化，是校园里的变化，还是家里的变化，或者是社会上的变化，是好的变化，还是坏的变化，都可以自由选择。

通过审题，明确了以上几点，再动手写作，就容易做到胸有成竹，自然也就会切题了。写得好不好当然还很难说，但写得对不对题的问题，则是解决了。

二、审题的方法

（一）分析审题法

就是要分析题目里每个词的意义、作用以及词和词之间的内在联系，弄清整个题目的含义，掌握写作的中心和要求。有的题目可以通过语法分析领会题意。如《我在高考复习的日子里》这个题目，找出中心词“我”，这个中心词就规定了这篇作文应以写自己为主，不能以写别人为主，然后再分析题目对写“我”的种种限制，就可明确这篇作文要求从高考复习的学习生活中取材，写出自己的亲身经历和感受，反映青年一代刻苦学习的精神和时代的风貌。又如《他给我留下深刻的印象》，可以抓住“他”“印象”这两个词，写一个人的事迹、精神。“给我”，说明这个人与我有密切关系。“留下”，说明“我”跟“他”已经分别了一段时间。“深刻”是修饰“印象”的，表明不是一般的印象，应该写出这个人的独特之处。这样扣住词语分析，特别是抓住关键词语进行分析（又叫“扣题眼”），至少不会跑题，而且还能突出重点。分析题目的语法结构对那些字数较多的题目，更为有效。

也有些题目，从语法分析入手不能看出题意，这就要求从思想角度去分析、体会。如《赞“笨鸟先飞”》一题，就要引导学生对什么是“笨鸟先飞”加以分析，认清它的实质是不甘落后、努力进取的精神，是以勤补拙的品质。全力赞颂这种可贵的精神品质，文章才能写到点子上，并具有一定的深度。

（二）类比审题法

就是用同类或近似的题目进行比较，从而达到准确把握题意的目的。如《学海无涯苦作舟》，可以同《苦战能过关》相比较。这两个题目所暗示的重点、中心及范围都不同。就中心来看，前者强调刻苦读书就能掌握丰富的知识这个道理，后者则侧重表现艰苦奋斗能克服困难的精神。就选材范围来看，前者限定在学习（读书）这个范围，不能在劳动、工作或其他方面取材。而后者却广泛得多，可以是读书、科研，也可以是工作，可以从工农业战线取材，也可以从文化战线取材。又比如同时出下面三个题目，可以比较其异同：《学雷锋活动二三事》《雷锋精神鼓舞着我》《像雷锋那样刻苦学习》。相同之处是都要联系雷锋和雷锋精神，都是记叙文的体裁。不同之处是：第一题要求记述学雷锋活动中涌现出来的好事；第二题则要落实到“鼓舞着我”，要写出雷锋的什么精神，如何鼓舞着“我”不断前进；第三题则要着重写出雷锋是怎样学习的，然后再谈自己怎样向雷锋学习，突出“刻苦”二字。经常进行这种比较，不仅可以提高审题的能力，还可以提高分析事物的能力。

（三）揣摩审题法

有些题目字很少，甚至只有一个字，无法从语法的角度进行分析，而且也不是拟出同类题目进行比较就能审清题意的。这种题目的特点是题面的意思并不直接表明文章应该表现的真正意思，这就要从题目本身可能有的寓意来探索、揣摩。如《路》这个题目，既看不出明显属于什么体裁和应选什么题材，又没有一下子能领会到的中心思想。它可以是日常行走的路，也可以是攀登科学高峰的道路，或革命和建设的道路；它可以是人走出来的或铺砌出来的具体的路，也可以是先辈经过流血流汗的斗争找到的抽象的路。像这样的题目，审题时仔细揣摩，就能发现有深刻的含义。如能透过现象看本质，选择一个恰当的角度，文章的中心意思就能新颖而深刻。但要注意，这类题目，也并不是说越往革命上拉，越联系重大意义，中心就越深刻，文章就一定好。如作文题《毁树容易种树难》，相当一部分学生写了“四人帮”对人才的摧残，但也有少数学生，从我国植树造林的经验教训来谈，同样写出了好文章。同样是写《路》，有的学生通过审题，联系自己的生活，从日常现象写起，写他们家门前路的变化，由坑洼不平的小路，变为平坦的大路，又变为崭新的柏油马路，以新中国成立后农村的建设为背景，歌颂党的领导和社会主义的优越，写出了一篇新颖而深刻的好文章。又如《灯》《春雨》《桥》等题目，也都适宜用揣摩法进行审题。

（四）识标志法

很多作文对文体常有明确的要求，但也有一些只用带有文体标记的题目来提示。题目有“记”“传”“回忆”“访”等字眼的，一般应写成记叙文，如《记一个给我留下难忘印象的人》；题目有“分析、评论”一类字眼的，如“评……”“驳……”“……的启示”“从……想到的”等，一般应写成议论文，如《“滥竽充数”的启示》《小议虚荣心》等；题目是事件的名称，一般不应写成议论文，而以记叙文、说明文为多。如《一颗诚挚的心》，写成记叙文为宜；而《我最喜爱的一份报纸》，虽然可以综合运用记叙、议论、描写等表达方式，但立足点还是说明文，其他手段只是补充和点染，不能喧宾夺主。

（五）找题眼法

一看题目并不带体裁标志，而是一个陈述句或短语，可以用抓题眼法迅速审题。陈述句的主干或短语的中心词以及它们的修饰词往往就是题眼。抓住了题眼也就抓住了题目的核心、文章的中心，一般就不会偏题、离题了。识标志法能帮助明辨文体，找题眼法能把握好文章的重心、写作的范围和角度。如《她有一颗金子般的心》，题目是个陈述句，主干是“她有心（思想）”，应该用事实来反映她的思想品格，是写人的记叙文。修饰语“金子般的”需要仔细分析：写性格开朗大方不妥，写学习勤奋刻苦也不妥。“金子”象征的是纯洁、美丽、高贵，用之于人，也以着眼于道德品质与精神风貌为宜。所以，综合起来看，这应该写成一篇反映人物品格高尚的记叙文。再如《闪光的东西不一定是金子》一题，句子表明一种观点，并非实指某一具体事物，修饰语“闪光的”“不一定”是关键所在，审题的结论是：外表美丽不一定真有价值。这个意思用议论文写最好，因为它体现了高度的概括性；用记叙文写也未尝不可，但要有特殊的具体材料，要能够表现出这样一种特定的思想内涵。再如《雨的自述》一题（要求写一篇300字左右的说明文），其中心词是“自述”，雨会“说话”，显然宜采用第一人称、拟人手法，写成文艺性说明文。

（六）补成分法

对省略型命题作文，要把省略的成分恰当地补充出来。题目具体化以后，把握起来就会容易一些。如《我在这战斗的一年里》，这是个省略句式，可以补上

“……的见闻”“……做的事”等，所补充的便是文章的中心内容，然后用找题眼法进一步确定作文重点。要注意，这里的所谓“补充”，不是说要把补充的内容填入作文题中，而是形成于脑海（也可以写在草稿纸上），体现在文章里。写作时遇到单个词语的作文题时，常常会觉得难以着手，于是，在心慌意乱中造成审题偏差。如《深情》一题，字面意思一目了然，但仍然比较“虚”，如用补成分法加以扩充，将题目理解为“充满深情的人”或“充满深情的行为”等语意相对完整的短语或句子，显然有助于辨别体裁、把握内容。

（七）解寓意法

遇上运用比喻、象征手法的题目，因题意含蓄，从字面上较难揣测命题的意图。这类题目的审题要复杂些，困难大些，它既要求仔细揣度考题本身的含义，更要研究它的比喻义或象征义。既不宜置本义于不顾，也不能拘泥于实义而不做必要的引申、升华。如《我又登上了一个新的“阶梯”》，题中的阶梯本义是便于人们登上高处的一种设施或建筑，加了引号（不加也行）可以启发人们思考它的别种意义，即阶梯象征一种水平。“新阶梯”，表示一个比以往都高的水平，实际上是写“我”的思想或能力的一次进步、一次提高，应写成以记事为主的记叙文。再如《温暖》，从字面上看，就是暖和、温度较高。如果仅仅写自己身体的暖和，立意即低，且难以叙写；若从比喻的角度来考察就大不一样了——凡是人们因受到关心、爱护、帮助而内心产生感动、幸福及诸如此类使人“热乎”起来的情绪，都可以看作“温暖”的同义语。用解寓意法审题，还可以在立意上突破故旧，创立新奇。

例如，对作文题《我想握住你的手》可作以下审题。

这是一个有完整句子的题目，主语、谓语、宾语齐全，很清楚地叙述了一件事。文章的写作重点在“想”字上面，为什么“想”？怎样“想”？这就是文章构思的重点。

从选择“你”的角度想：“你”是谁？这个“你”可大可小，可实可虚，可具体也可抽象。这个“你”可以是身边人物，如亲人、同学、老师、邻居、社区干部、过路人等等；这个“你”也可以是当代知名人士（如事业成功人士）或者弱势群体、“超女”、偶像、明星等等；这个“你”也可以是跨越时空的人物，比如泰戈尔、爱因斯坦、杜甫、苏轼等等；这个“你”也可以是文学作品中的人物，比如某个文学名著中的主人公、神话传说寓言中的人物等等；这个“你”也可以是一些抽象的理念、概念，如命运、时间、文学、音乐、机遇、成功等等。

一般说来，选择某个具体的“人”容易构思，容易写好。

“手”在题目中既可以是具体的，也可以是抽象的、非物质的东西。因为某种原因，所以“我”才想“握住你的手”，而这正揭示了文章的主题。

从文体上看，题目中有一个“我”，而且是一个陈述句，因此，这个作文题目更适合写成记叙、抒情类的文章。写这个作文，可以选择情理并茂的散文，情真意切的复杂记叙文，或者新颖、曲折的小说或剧本等等。

“我想握住你的手”，涉及两个主体，即“我”与“你”。“我”指写作者；“你”，无论是具体的人，还是抽象的概念，都是文章叙述的对象。在文章中，这二者是相互的关系，因为某个共同的东西走进了这篇文章。所以，在文章中，“我”与“你”应该是心灵的碰撞，内心的倾诉。如握住泰戈尔的手，可以写与他交流对自然、人性、艺术、真善美的看法；握住爱因斯坦的手，可以写同他一起畅谈对科学、人类命运的思考；握住杜甫的手，可以写与他共同体悟天下苍生疾苦的情怀；握住苏轼的手，可以写同他一起面对人生坎坷的命运等等。写这个题目一定要写真情实感的东西，绝不能矫揉造作，胡编乱造。

总之，学会审题是写作学习的关键环节；学会审题方法，作文才不会偏题、离题，才能按一定的要求来写作。

第三节　命题作文选材法

命题作文在确定立意后，紧接着就是选材。选择什么材料来突出文章的主题或中心，这是关系文章成败的关键。因此，选材不可粗心大意，马马虎虎，这就需要对生活素材进行比较、分析、鉴别，选择那些最扣紧题目，又能突出文章主题或中心的材料。

一、选材的要求

选材要注意以下几点：一是要围绕主题或中心选材；二是要注意材料的时代性；三是材料要具有典型性，可以小见大；四是材料要新颖。总之选材要严，要精。

（一）要围绕文章中心选材

围绕文章中心选材，就是把那些最能表现文章中心的素材选出来，而那些与中心无关或关系不大的素材要舍弃。要能正确地取舍，必须有敏锐的眼光，有灵敏、聪慧的头脑，对材料进行比较、分析、鉴别，将那些闪光的珍珠选出来。

（二）选材要注意时代性

唐代诗人白居易强调“文章合为时而著”，这很有道理。选材要有时代性，材料要有时代气息。因为时代感的文章贴近现实生活，容易引起读者的共鸣。如作文题是《生意人》，这个题目可写的内容很多：可以写从前的生意人，也可以写现在的生意人；可以写生意人的精明，也可以写生意人的奸诈；可以写生意人的艰辛，也可以写生意人的愉悦；可以写生意人的发家，也可以写生意人的败落……有一篇叫《生意人》的作文在选材上就以时代性强而胜出。

（三）选材要注意新颖性

材料新颖就是材料新鲜别致，不是人们所说的“陈芝麻，烂谷子”。“大众化”的材料最易引起人的反感，只有材料新鲜、非同一般的文章，才能引起人们的兴趣。应试作文，更要材料新颖。你想，一道作文题，你用这个素材，我也用类似的素材，大同小异，不会给人新鲜感。因此，在选材上应力求新颖。如作文题是“尝试”，有人选材就很独特，体现了一个“新”字。作者选择了“自己与后妈相处”的事，叙述自己与继母的相处过程——“陌生—尴尬—尝试—相融”的感情变化，读来令人耳目一新。

（四）选材要注意品位性

思想健康、境界高远的美文，在选择材料上也是有追求的，作者一定会选择那些品位高雅、富有意韵的材料。

（五）选材要注意典型性

选择的材料要具有典型性，就是具有代表性，这样的材料能突出文章的主题或中心，或能揭示文章的意旨，或能证明文章的中心论点。与突现中心无关或关系不大的材料应毫不吝啬地砍去。如著名作家魏巍在写《谁是最可爱的人》时，初稿写了20多个感人事例，后来在朋友启示下，最后只保留了三个典型事例：松骨峰战役，志愿军救朝鲜妇女儿童，严冬坚守坑道。这成为选材与剪裁的美谈。

一篇文章如果没有材料，或者材料不具体，不充分，就显得空洞。特别是命题作文、半命题作文，有特定要求，仅占有材料还不行，还需要严格选材。原则是：材料要真实可靠，要以“精”取胜，要有时代气息，新颖，可归纳为三个字：“真”“精”“新”。只要能把表现主题、证明观点、说明问题的材料选入文章，都是合乎要求的。

二、选材的方法

（一）以一当十法

所谓以一当十法，即用较少的材料来反映较丰富的思想，用个别的、特殊的事件来说明一个较为普遍的问题。如《谁是最可爱的人》只选用了三个典型事例，就充分表现了中国人民志愿军是我们最可爱的人的本质特征，堪称选材上“以一当十”的范例。作文时如果能做到选材“以一当十”，也就算抓住了典型。关键是这个“一”，必须是能说明事物的本质、能表现主题的材料。否则，就不能“以一当十”。

（二）平中见奇法

材料典型与否，不在于事件大小，而在于能否深刻反映事物的本质。事件再小，只要抓住本质，表现了主题，也可以把事件写得生动引人。这叫平中见奇法。如有篇作文只选了这样一件事来表现一位同学遵守纪律的品质：一天早上，学校进行广播体操比赛，同学们的心情都很激动。入场的时候，一个同学的鞋被后面的同学不小心踩下了。此时，这位同学想到邱少云为了完成任务不怕烈火烧身，自己能因为提鞋而影响全班的比赛成绩吗？他想到这里，一直坚持到比赛结束才穿上鞋。这是一件很平常具体的小事，但比较典型，能突出表现这位同学严格要求自己、遵守纪律的优秀品质，所以成文后能给人以深刻的印象。

（三）弃旧图新法

有的材料从一个角度看，是旧材料了，但赋予时代精神后又有新鲜感：或联系时事，选取新颖的、有特色的材料，使文章具有时代感。这两种情况都叫弃旧图新法。例如有篇作文记叙这么一件事：一个抱小孩的中年妇女乘坐公共汽车，因车上座无虚席，便靠着椅背站着。一位60多岁的白发老大爷站起来给她让了座，接着一位解放军站起来给老大爷让了座。随之一个七八岁的“红领巾”也站起来走到这位解放军跟前说：“叔叔，您来坐吧！”话音刚落，又有一位佩戴大学校徽的女学生，上前抱了“红领巾”，两人挤在一起坐下。售票员和周围的乘客都向让座的同志投来敬佩的目光，赞叹社会风气的好转。本来“让座”算是一个旧材料，但作者赋予了它时代精神，使得这个材料新颖、别致，从一个侧面反映了人们精神面貌的变化，赞美了新人、新事、新风尚。

（四）侧面入手法

作文贪多求全，面面俱到，结果往往是什么也写不具体，写不深。选材时应选取自己熟悉的事物的一个侧面或人物活动的一个片段，深入挖掘，集中笔墨，着力描述，这叫做侧面入手法。例如有篇作文《我的母亲》，初稿从母亲的“慈祥善良”“勤劳俭朴”“老实厚道”“待人诚恳”“大公无私”“对子女要求严格”等六个方面选材，成文时显得比较抽象，母亲的形象树不起来。后来作者从想买一件春秋衫入手，只选取母亲对自己进行艰苦朴素的教育和支援经济建设的心理活动来描写，从一个侧面生动地反映了母亲勤俭爱国的崇高思想品质。

（五）以小见大法

以小见大法是指将那些看起来很平凡，很简单，实则含义深刻的小事小物，作为作文材料。这些细小事物，包括那些有助于刻画人物性格、发展情节、表达主题的细节，像一个手势、一句话、一个眼神等等。这些似乎微不足道，但把它们放在一个特定的环境里，就能产生不寻常的意义。例如有篇作文《早晨》，其中选取了这样一个细节：早上起床时，作者看到客厅里还亮着灯光，便轻轻地走过去一看，只见父亲伏在桌上睡着了，那拿惯榔头的手正放在一本《机械制图》上。他不忍打扰父亲，想让父亲多休息一会，便取来一件大衣披在父亲肩上，这时他发觉烟灰缸里还燃着一缕青烟。这一细节具体、生动地表现了作者的父亲通宵达旦刻苦钻研技术的精神。

第四节　半命题作文法

写半命题作文，关键是要拟一个恰当的题目。在拟题时，首先必须进行选材上的思考，然后根据所选材料再去拟定一个完整、恰当的题目。此后的构思写作同命题作文就没有什么两样了。

一、半命题作文的补题

半命题作文要掌握好补题的技巧。写好半命题作文，一个十分重要的环节，就是要把半命题作文变为命题作文，即要掌握好补题的技巧。半命题作文的补题，有以下几种形式。

（一）点示范围式。这种形式的补题所形成的一个完整命题，既不能表现题材，也不能表现主题，它只是一个宽泛地点示写作取材范围的文题。如文题《在______影响下》可补写为《在大伯的影响下》《在同桌的影响下》。补写后的文题是一个宽泛的题，为什么有“影响”，“影响”下的“我”怎么样，需要自选题材，进行恰切的表现。

（二）突现材料式。这种形式的补题突现了作者最为熟悉的题材，它意味着作者没有取材的困难，全篇文章将用作者选定的材料来表现一定的主题。如文题《我这个______迷》，填充后的文题可为《我这个象棋迷》《我这个足球迷》《我这个电脑迷》《我这个数学迷》《我这个航模迷》等。作者必须通过写“象棋”“足球”“电脑”“数学”“航模”等来表现自己的“迷”，来表现文章的主题。

（三）立意角度式。此种形式的补题确定了文章的立意方向，作者必须选出一定的材料来表现这种立意。如文题《我生活在______》，可补充为《我生活在春天里》《我生活在关爱之中》《我生活在向往之中》等等，这里的“春天”“关爱”“向往”就是作者所要表现的主要内容。

（四）综合因素式。这种形式的补题最为自由，因为它既能为作者确定题材，又能为作者突现立意方向。如文题《____真____》，可变为《欢乐的“五一”真令人难忘》，可选用“五一”假期中的生活片段来表现令人难忘的快乐。

拟好半命题作文的题目还可以从以下几个方面着手。①

具体事物拟题法。这种方式可以以小见大，使选材新颖、具体。如半命题作文“难忘的______”，我们可以填上“一条红丝带”，叙写关爱他人、关注生命的动人一幕。又如“当我面对______的时候”，可填上“那片绿叶”，托物言志，抒写自己愿做绿叶、无私奉献的情操；也可填上“那座荒山”，呼吁绿化荒山，爱护家园，加强环境保护。

抽象事物拟题法。这种拟题方式化具体为抽象，便于抒写自己内心复杂的情感。如“当我面对______的时候”，可以填上“虚荣”，敞开心扉抒写自己对心灵的拷问；又如“寻找心灵的伊甸园”“寻找人生的方程解”“我好想有一片蓝天”等，用的也是此种拟题法。

① 崔益林：一种不容忽视的作文题型，《语文建设》，2007（2）。

特定情境拟题法。这种拟题方式新颖、别致，能创设一种特定氛围，给人一个遐想的空间，极易引发人们丰富的联想。如“我好想再看你一眼”“我好想当一天老师的‘好学生’”“当我面对心灵的抉择的时候”“当我面对凛冽寒风的时候”“我梦见范进参加中考”“我梦见妈妈下岗”等标题采用的便是此种拟题法。前面提到的“当我面对______的时候”这一半命题作文，若一定要选有关“成功”或“失败”的作文材料，采用特定情境拟题法，将题目拟为“当我面对掌声响起的时候”“当我面对鲜红的‘58 分’的时候”等，便会获得一种奇妙的效果。

题贵新颖，半命题作文的拟题追求的同样是准确、生动而有魅力。只要平时注意积累文化知识，正确理解半命题作文的“另一半”提示、“另一半”导引的内涵，并且掌握一定的拟题技巧，就能拟出让读者击节叫好的标题。

半命题作文补题时要注重以下几个方面：

利用好题目提供的备选内容。半命题作文，往往会在提供文题的同时，提供若干备选内容。如“我站在____（世界、中国、××省、××市、××县、××家乡……）地图前”这个文题，就提供了不少备选词语，如果这些词语中有自己认为容易写好的，就不妨把它“拿来”。例如，选定了“世界”这个词，文题就变成了“我站在世界地图前”这样一个全命题文题，就可对自己平时积累的有关世界各地的各种事件进行精心选择，如战争与和平、环保与发展、过去与现在，可写的内容很多，切入的角度也很多。然后把这些事件与其发生地在地图上的位置对接起来，叙事也行，议论也可，夹叙夹议也可以。

重视省略号的提示作用。半命题作文提供的备选内容，只是命题者为考生设计的例子，往往不会穷尽要补的内容，因此会在后面加一个省略号或“等”字。如果备选内容中没有适合自己写的，可根据自己的实际情况另写。如文题“（袁隆平、华罗庚、陈景润……）的事迹鼓舞了我”，只提供了三位科学家的名字，这三个人的事迹，假如自己都不太熟悉，或者有些虽然知道，但记得不是那么准确，就可以另选一个自己所熟悉的人的事迹。这个人可以是科学家，也可以是各条战线上的英雄模范，还可以是自己身边普通的工人、农民、解放军、营业员、出租车司机、邻居等。利用好省略号，写作的范围就大了，文章自然就好写，而且也可以写好了。

有些半命题作文未提供备选内容，可以根据自己的实际情况补题。如“我渴望____”这个文题，在补题时要考虑的是“渴望”什么。一个中学生会有多种渴望，如渴望有一台电脑，渴望有一双名牌球鞋，渴望有一个供自己自由支配的星期天，渴望得到别人的理解，渴望有一次旅游的机会，渴望获奖，渴望向别人倾诉自己的心里话，等等。要把这些内容迅速在脑子里过一遍，看看哪些是有利于展开的，哪些是可能写好的，哪些最有利于抒发真情实感，哪些最能写出自己的生活体验，从中选择出最适合自己的内容补上。

半命题作文补题还要注意展示自我特长，力求突出个性风采，并做到紧扣题旨文意。文题补充完整后，要从语意、语法、语感的角度作一番检查，做到简明、生动、准确，要避免太长的文题和表意不明的文题，以及搭配有误的文题，尽量补出有趣的、独特的、有一定意义的、能吸引读者眼球的题目。

二、半命题作文的写法

半命题作文写作的步骤如下：

（一）审题。认真阅读已给出的半截题目，仔细推敲提示和要求。做这种填充式的命题作文，最重要的是看清要求。例如：一道填充作文题未作范围限制，学生可根据自己的亲身经历写一件曾为之付出努力的事情，选择范围较大；作文题“在______中成长”给出了填充处可选的四个词语（幸福、快乐、竞争、挫折），而且作文的“要求”规定填充处只能从这四个词语中选一个，不能超出这个范围。作文题“我深深感受到了______”给了七个可供选择的词组（如“成功的喜悦”“失败的痛苦”“集体的温暖”“家庭的温馨”“友谊的可贵”“诚实的可敬”“虚伪的可鄙”等），可从这七个词组中挑一个将作文题目补充完整，也可不从这七个词组中挑选，而是写自己另外一次深切体会。从这一点来看，本题的命题设计是颇具匠心的，目的是尽量给学生写作提供一个较为宽松的环境。有道作文题出了三道填充式命题作文题目（1. 读______我真______；2. 听______我真______；3. 看______我真______），任选其一，而且题目下面给了提示（情节感人的文学作品使人如醉如痴，优美动听的校园歌曲使人心旷神怡，精彩激烈的体育比赛使人激动不已，充满真情的电影、电视使人回肠荡气），从读、听、看三个方面扩大思维领域，使学生摆脱无话可说的困境，并引导学生选择兴趣范围，从而补充完成作文题目。

审定题中已有的文字。作文时要抓住两个要点：（1）确定人称，找准主体。许多半命题作文题中都出现了“我”，要求以第一人称叙写。写作时要有强烈的第一人称意识，充分发挥第一人称的作用，让自己成为叙述事件、抒发感情和生发议论的主体，其他人物或作侧面描写，或作映衬烘托，不能喧宾夺主。(2）筛选信息，找准题眼。面对半命题，要迅速捕捉隐藏于所提供文字中的题眼。例如“______终于______”“我想让______更______”这两个命题，应抓住“终于”和“更”字构思。“终于”，表示经过种种变化或等待之后出现的情况；“更”表示比较和递进，比较的方面应属程度不同的同类，而不能写与“想”相同的内容。有个学生写自己由于粗心大意而导致化学实验失败，于是有所感悟，拟题“我想让自己更细心”。这明显与题目中的“更”字不符，这样的选材可写成“我想让自己学会细心”。

（二）补题。半命题只给了半截题目，另外一半需要补充完整。需要补充的内容一般出题者都会明确给出提示。例如有一道题目是“他（她）总是那样______（横线上可填：积极、勇敢、幽默、直率、谦虚、好学、关心集体、乐于助人，等等）”，括号里的内容供补题之用。如果不想采用所提示的内容，想补充上诸如“热心”“顽皮”之类也可，因为“等等”二字已经表明提示中没有全部列举。

（三）选材。选择符合题目要求、能够表现文章中心的材料。

（四）组材。进行构思，动笔成文。

第六章　话题作文的方法

话题作文，就是要求学生写出与所提供的话题有关的内容的作文。这种命题方式较为开放，给学生提供了较充分的写作自由，是近年来流行的一种写作学习方式。

第一节　话题作文的特点与写法

话题作文的命题分为三个部分：材料或提示语、话题和写作要求。材料或提示语用来引出话题，话题提供写作范围，写作要求是对内容、文体、字数等方面的具体要求。如下面两则话题作文：

（一）

有一位登山者，在途中遇上暴风雪。他深知不尽快找到避风处，非冻死不可。他走啊走啊，腿已经迈不开了。就在这时，脚碰到一个硬邦邦的东西，扒开雪一看，竟然是个快冻僵的人。登山者犯难了：是继续向前，还是停下来援救这个陌生人？心灵深处翻江倒海之后，他毅然作出决定，脱下手套，给那人做按摩。经过一番按摩，陌生人可以活动了，而登山者也因此暖和了自己的身心。最后，两个人互相搀扶着走出了困境。

也许不是人人都会碰上这种生死的抉择，但是每个人都常常遇到、见到、听到一些能触动心灵、需要作出选择的事情。那时，我们大家是怎样选择的呢？又应该如何选择呢？请以“心灵的选择”为话题写一篇作文，所写内容必须在这个话题范围之内。

注意：①立意自定；②文体自选；③题目自拟；④不少于800字；⑤不得抄袭。

（二）

失误被悔恨征服，离正确就不远了；挫折被毅力征服，成功就会迫近；狭隘被豁达征服，胸襟就宽阔；狂热被冷静征服，思想便理性了……而这一切的征服，首先源于对自己的征服。所以，只有征服了自己，才能征服生活中的一切不幸。

请以“征服自己”为话题写一篇文章。

注意：①根据材料的提示，围绕话题可以叙说征服自己的事情，也可以发表议论，抒发情感；②除诗歌外文体不限，题目自拟；③字数要求在600至800之间。

话题作文中的提示语对材料作解释说明，或者补充介绍有关内容，帮助理解材料，拓展思维。提示语的作用有：

1. 点出选材范围。一些提示语常将话题置于一定的背景和范围之中，以此达到指明选材方向的目的。写作者如果对其中明确的提示视而不见，就会在选材上出现偏差。

2. 提供构思范例。话题作文是典型的开放型作文。一些学生特别是水平处于中低层次的学生，面对一个没有任何提示的话题，很容易出现思维凝滞、思绪纷乱而不知从何处下笔的被动局面。出于让人人都有话可说、都有内容可写的考虑，很多话题作文提示语中就提供了几种范例。

3. 拓宽写作空间。在常规思维习惯中，一些话题本身的内容较为狭窄，借助提示语能给予它全新的含义，能够激发学生从广阔的生活中选取新鲜、生动的材料，催发他们的写作灵气。这时，提示语自然而然地担负起拓宽写作空间的重任。

一、话题作文的特点

其一，内容要求宽泛，便于学生选材。如一道作文题要求以“对话”为话题，这个话题包含的内容很广泛，可以写超时空状态下，“我”与任何实在的或虚拟的人或物对话，也可以写这个状态下“我”所听到的任何实在的或虚拟的人或物的对话，可以写“对话”的性质、意义，也可以写对“对话”的看法、态度。如此，便可以得到以下构思：“我”与家人对话（包括父、母、姐、妹、兄、弟……）；“我”与同学、邻居、偶像对话；“我”与自然万物（山、川、湖、海、花、鸟、虫、鱼、地球、土地、森林、网络……）对话；“我”与孔子、孙悟空、嫦娥、外星人……对话；恒星与地球对话，生者与死者对话，愚公与智叟对话；对话是沟通的利器，对话是友谊的桥梁……题目所涉及的范围十分广泛：学校生活、家庭生活、社会生活、想象世界……包含的内容也极为丰富：关于亲情、友情、爱情，关于道德、伦理、修养，关于教育、文化，关于政治、经济，关于生态平衡，关于信息网络，关于知识经济，关于足球……只要留意自己周围的生活，便有话可说，有事可写，有情可抒，不愁没米下锅。

其二，淡化文体要求，利于学生发挥。作文时往往会出现这种情况：有的偏爱描写故事，擅长写记叙文；有的擅长析事说理，喜欢写议论文；有的长于诠释解说，热衷于写说明文。淡化文体要求客观上消除了单一文体带来的种种限制，更利于学生扬长避短，发挥正常的写作水平。如话题作文“压力”，可以写成以记叙为主的文章，具体叙述一件事对“我”的压力，如考试的压力，升学的压力，做错了某件事的压力，父母或老师关爱自己的压力等。可以通过写多件事来表现话题，如既写老师对自己的关爱，又写父母对自己的呵护，还可以写如何摆脱压力，适当的压力给自己的好处，等等。这样，写自己亲历的事容易写出真情实感。可以写成以议论为主的文章，如《谈压力》《压力也是一种爱》《青少年的压力不应过大》《响鼓也要重锤敲》等等。还可以写成以说明为主的文章，如以《压力》为题写说明文，可以介绍什么叫压力，压力的特征、分类、功用，等等。

其三，文题开放，易于学生创新。随着学生阅读面的拓展，信息来源渠道的多元化，学生的思维活跃了，死板的文题容易压制学生的思维，话题作文正好给了学生开拓创新的天地。因为不限内容，学生笔下的话题就活泛了，如前面所提到的“对话”话题，就出现了诸如《对手间的对话》《我与谭嗣同的对话》《一个生者与一个死者的对话》《我与爸爸的文学对话》《地球与人类的对话》《关于战争与和平的对话》……这些“对话”，已不是一般意义上的交谈了，包含了较量、论争、沟通、交流等多方面的意思。这些“对话”便是创新思维的体现。因为不限文体，所以笔下的体裁也表现出无限风光：剧本式、病症证明式、日记式、电影镜头式、调查报告式……精妙的构思常令人惊叹。

话题作文可以自由地选择自己熟悉的素材，从感受最深的一点出发确立主题，说出自己的心里话；可以自由地选择自己擅长的文体，可以写记叙文、议论文、书信、故事等等；话题作文写作的自由度虽大，但也有限制，要在话题的范围内写作，否则就属偏题、离题。可见，自拟题目、自定立意、自选文体是话题作文的三个基本特点。

话题作文不同于命题作文。话题作文一般只提供一个写作范围，其题目仅提示一下内容指向，而命题作文一般提供的是中心意思；话题作文要求所写的内容与之相关即可，而命题作文一般要求紧扣题目来写；话题作文的写作范围一般来说远大于某些命题作文，作者可以自拟文题，而命题作文不可以另命其他题目。

话题作文与材料作文的区别在于：从审题上说，话题作文强调的是“有关”，不在审题立意上使学生感到为难，而材料作文的主旨要与材料相吻合；从文体上说，话题作文淡化了文体意识；从结构上说，话题作文所提供的材料，仅起一个帮助理解话题的作用，写作时可以不联系材料，而材料作文中的“材料”是必须使用的。

话题作文是一种自由度较大的作文方式，可以使学生在较大范围内发挥自己的创造力，有利于培养学生的创新思维能力，有利于发挥学生写作方面的特长。

二、话题作文的写法

那么，如何写好话题作文呢？

（一）紧扣话题，精心拟题

话题作文虽然写作范围宽泛，自由发挥的空间极广，但必须紧扣话题来写文章，还要精心设计一个新颖的、独特的、表意明确的、有深刻内涵的题目。常言道：文题善，佳篇成一半。拟出一道好的作文题目就等于有了开启写作灵感之门的钥匙，同时，使人一看题目便大体知道作文的写作方向，也等于给自己的作文上了一道保险。一定要根据自己确定的写作内容及目的，紧扣话题去拟题，并且角度越小越好。例如以“音乐”为话题，写一篇文章，同学们拟题为《音乐的力量》《感受音乐》《音乐给我灵感》《心灵的变奏曲》等；以“语文课”为话题，写一篇作文，学生们拟题为《多味的语文课》《语文课剪影》《今天我来当老师》《语文课之我见》等；以“微笑”为话题作文，有的拟题为《老师的微笑》《这一次，老师微笑了》《微笑的力量》《难忘的微笑》《微笑，沟通时间的桥梁》……这些标题新颖别致，引人注目，其原因就在于把所写的内容与话题进行巧妙的组装，给文章镶嵌了生动的“眼睛”。话题不等于文题。话题作文大多有一个提示语来提示写作范围，这个写作范围的名称限定就是人们所说的“话题”，但“话题”并不是命题作文中的作文题目。如果把“话题”当作“文题”，那就可能会出现审题错误，就很难写出好文章来。

对于话题作文，要从“话题”这个大处着眼，再从其中某一小处落笔。其实，绝大多数“话题作文”，在其写作要求上往往会加上“题目自拟”四个字，它就是在告诉我们不要简单地把“话题”当作“文题”。

（二）选定切入点，立意深刻

话题作文虽然限制少，但题目大，范围大，写起来容易显得空洞。在写话题作文时，要弄清话题的含义，找准突破口，选定切入点，尽量做到“大题小作”，虚题实作，这样才能写好文章。如“希望”这个话题，如果你谈“人生的希望”，就很难下笔成文，很难把文章写得生动感人；换成“我的梦想”呢？把它写成《我希望得到“多功能电子辞典”》《我希望能与我崇拜的球星姚明合影》《我希望成为远洋航船的船长》……就好下笔了。再如“家园”这个话题，如果我们仅从本义“家”去考虑，能写的内容有限：家，宁静的港湾；家乡，生我养我的土地；地球，可爱的家园……如果我们拓开思维，将“家园”的意思引申开去，理解成“精神的家园”“灵魂的寄居地”“感情的依托点”，可写的内容就充实了、丰富了。写作时，除了要拓宽思路，找准切入点外，还要学会以小见大，学会从平凡、普通的故事中发掘闪光点，挖掘故事中蕴涵的人生哲理。有的人从下棋过程中体会到棋如人生，有的人从游戏中感悟到做事要专注投入，有的人从泡茶、倒茶中体会到为人要虚怀若谷，有的人从藏羚羊的跪拜中感受到母爱的伟大，有的人从虫蛹化蝶联想到磨难对成功的重要意义……写作时要善于从身边的小事中感悟到生活的智慧、人生的哲理。

（三）展开联想，巧妙构思

联想，就是由此想到彼，是思维上的一种连锁反应。当然，这个“此”与“彼”之间要有相似的地方。比如由妈妈的爱想到春天，是因为相似的地方是“温暖”；也有不是相似而是相反的情况，比如由冰雪而想到烈火，这是因为两者形成强烈的反差。写话题作文为什么要联想呢？一句话，是丰富内容、深化主题的需要。比如作文题是以“家”为话题，写“有家真好”方面的文章，“真好”是思想感情上的导向，只能写“好”。“家”是指什么呢？很多同学都是写自己的“家庭”，写“家庭”生活的幸福与美满。这样写，当然是可以的，但多数人都这样写，就显得内容雷同。有一位学生实话实说，写自己父母离异，没有温暖的家，所写的“家”就是学校，就是所在班级，然后写班级同学怎样关心自己，生活在班级中怎样幸福，等等，最终得到好评。这个例子告诉我们写话题作文要展开联想，巧妙构思。由“家庭”想到“班级”，相似点就是感受到幸福与欢乐。

大家都写“家庭”，哪个同学能想到“班级”，立意与选材与众不同，得到好评理所当然。还有一位学生，由“家”想到“地球村”，由“家”的和谐想到世界和平，立意很高，视野很开阔，作文也写得精彩。

（四）精心雕琢，提炼语言

话题作文和其他作文一样，语言好坏是重要的评判标准之一，它与内容、结构、书写等一起在文章中占有重要分量。

一篇好文章，首先要求用语准确、规范，还要做到语言简洁、连贯、得体。除此以外，是否形象、生动、精美，是文章生辉的重要因素。所谓形象生动，就是作文中要注意对人、事、物的刻画、描摹，将所写的人、所叙的事、所见的物记得生动形象，有现场感，给人以身临其境的感觉，通过具体而形象的刻画，达到打动人、感染人的目的。要做到这一点，可从以下几方面着手：

第一，多使用具有形象化特征的语言。形象化的语言能使语言表达有一种立体感。在作文中如果能把事物的形状、人物的外貌及内心活动、事件的情景等绘声绘色地呈现出来，在适当的地方，采用形象的字、词、短语、句子来表述，就一定能增强文章感人的色彩。

第二，给语言以一定的装饰。在写作时适当地采用比喻、拟人、排比、反复等修辞手法，适当采用口头广泛流传的成语、书面语、俗语、格言、警句、名人名言等，适当地运用表达生动的动词、形容词、拟声词、叠音词等，必能提高作文的成色，使文章富有文采。

第三，尽量做到多种表达方式综合运用，力求语言幽默风趣。叙述、描写、议论、抒情等多种表达方式的综合运用，能使语言跌宕有致、起伏变化，增强文章的生动感。在记叙文中，要善于运用描写，绘声绘色地描写人、事、物的情状，还要适当议论、抒情，使感情升华，主题深化。在议论文中也要注意叙述和抒情，增强文章的可读性。语言的幽默、风趣，也是作文文采的重要组成部分。诙谐而幽默的语言往往有讽刺性，能增强文章的表达效果。

三、话题作文写作的误区

如果对话题作文的特点和写法把握不准，常常会出现作文的误区。许清华在《中考话题作文写作的几个误区》一文中认为存在以下几个误区。

误区之一：用话题作题目。话题作文没有规定题目，大都要求学生“围绕话题，自拟题目”。有些学生误认为话题就是题目。其实，话题与题目是有根本区别的。话题只是一个写作的主题或者说是中心，一般情况下它不能直接用作题目。因为话题具有宽泛性，内涵过于丰富，在同一内容中几乎包罗万象。如有一道作文题，没明确要求学生自拟题目，只是写道："请以'水'为话题写一篇文章。"结果有一部分学生直接用"水"作题目，题目的范围显然大了些，不易把握，只得泛泛而谈，东拉西扯，结果内容空洞，写得不好。

误区之二：用提示作材料。话题作文都有一段较长的提示语，但它不同于材料作文给的"材料"。提示语是对话题所作的形象的解说，是帮助正确认识话题、开拓思路、激活思维的必要提示。有些学生误认为作文时要在文中提到这段话题材料。如有的学生把提示语当成了写议论文的论据，或是把提示语当成了写记叙文的情境等。如一道作文题的提示语是这样的："读了《萌芽》，你一定有很多联想。成长的道路上，你也有过美好的期望，也有过奇妙的幻想，也有过大胆的追求……这些都是令人回味的经历。请你任选一个角度，写一篇文章。"有些作文开篇就引用了阅读题的原文，然后写自己读后的感想，这样的写作思路是违背话题作文的原则的。

误区之三：提示当成范围。有人误把提示语当成写作范围，不敢越雷池半步，提示语中提到的内容成了确立中心的选择范围。这其实是完全不必要的，作文只要跟提示语引发的思维有关，就都是符合题意要求的。无论编故事、发议论，还是抒情感、作说明，只要跟话题有关即可，写作时不可完全囿于提示语。如有道作文题目："有人说：'有两种东西，一旦失去后才知道可贵：一是青春，二是健康。'其实，失去后才知道可贵的又何止于此。请以'失去后才知道可贵'为话题，写一篇不少于600字的文章。"有些学生写来写去离不开提示语中的"青春"与"健康"，就是没有注意到另一条更重要的提示"失去后才知道可贵的又何止于此"，就算没有这句话，也不可能只是在"青春"与"健康"中选择写作范围。

误区之四："不限"认作"不要"。话题作文的写作要求大都有"文体不限"这一条。之所以不限文体，是为了便于学生选择适当的文体，充分表达所要写的内容，并不是不要文体。考生要选择自己最擅长的文体来写：形象思维比较发达，善于记叙描写的学生，可以写记叙文；逻辑思维比较强，善于议论说理的学生，可以写议论文；感情丰富、视野开阔的学生，可以选择散文来写。但是，如果误认为"不限"就是文体不用明确，随意写，只要是文章就行，结果就会出现一些"四不像"的文章，如有的学生在文章中表达方式杂乱无章，成了一锅大杂烩。这种现象的出现，原因就在于对“文体不限”产生的认识误区。

误区之五：“围绕”成了“无限”。话题作文最大的优点是利于学生的个性张扬。它明确要求“围绕话题”写文章，有的命题所作限制更加明确。如有一道作文题这样要求：“请以‘责任’为话题，写一篇600字以上的文章。可以编故事，也可以发表见解，抒写感受，内容只要与‘责任’有关就行。”这个话题是比较宽泛的。但有的写成了“感激”，有的写成了“关心”，这些作文都是不符合话题要求的，严格说来是跑题了，所以失分自然难免。话题作文自身的特性降低了审题的难度，不等于不用审题。话题范围再大也有一定限度，出了这个限度也就“跑题”了。

有人曾经概括出写作话题作文“六不要”：不要把话题作文当作命题作文；不要把话题当作文题或不拟文题；不要以为文体不限就是不要文体；不要漫无边际，泛泛而谈；不要以为话题作文就是“完全自由作文”，游离话题；不要以为字数越多越好。

第二节　记叙类话题作文法

话题作文可以适当“淡化文体”，但不是不要文体，写作学习中仍然应对所写文体有所侧重。记叙类话题作文写法基本同于记叙文。记叙文是通过对具体、真实的人和事的记叙来反映现实、表达思想的文体。在一般情况下，记叙文作者都是凭借记人、叙事、写景、状物等手段来表达自己的思想观点。

一、记叙文的类型

情节比较简单的记叙文为一般记叙文。比如题为“妈妈教我做家务”的作文，是一篇一般记叙文，可以按照事情发展的过程来写，但事情的叙述要具体、细致，要写得有起伏，有生活气息，真实、自然，给人们一些启发。

记叙的事件比较复杂，即情节比较曲折，头绪比较多，时间的变化和场地的变换比较频繁，这样的记叙文为复杂记叙文。其特点如下：

一是记叙比较复杂的事件。

在复杂记叙文的写作中，应注意行文的线索、顺序、过渡和照应，应抓住主要人物和主要事件，围绕一个中心展开故事情节。

二是在记叙的基础上议论、抒情。

在记叙文写作中，还要掌握复杂记叙文的写法。其中重要的一点，就是综合运用多种表达方式。以记叙为主，做到记叙与议论、抒情相结合，这样能较好地对人和事作生动具体的描绘，突出中心思想，使文章富有感染力。

在记叙的基础上议论，要与记叙有机地结合起来。议论的内容要贴切精当，切不可无的放矢、空发议论或与记叙的内容脱节。恰当的议论，在文中起着画龙点睛的作用。

在记叙的基础上抒情，目的在于教育人，感染人。应注意抒情是以记叙的人和事为前提；如果抒情与所记叙内容关联不紧，记叙在此，而抒情在彼，则达不到抒情的目的。

在记叙的基础上议论、抒情，所用的笔墨不宜过多，因为从记叙文来讲，其主要表达方式是记叙和描写，不可喧宾夺主。

二、记叙文的写作学习方法

要想写好记叙文，必须明确记叙文的六要素，即时间、空间（地点）、人物、起因、经过、结果。其实，在每一篇文章中，抓住其中三个要素就可以完成一篇文章。最主要的是时间和地点（空间）这两个要素。因为世间万事万物都是在一定的时间、地点内发生、发展的，由于时间和地点的不同才能显示出事物的差异与特点。如鲁迅先生的《一件小事》，时间是民国六年冬，地点是北京城、街道。魏巍的《谁是最可爱的人》，时间是1950年，地点是朝鲜战场。朱自清的《背影》，时间是“那年冬天”，地点是徐州、南京、车站。在一篇文章中，只要抓住不同的时间和地点的变化，就能突出典型环境和典型人物，就能又快又好地写出有特色的记叙文来。要想加快写记叙文的速度，提高写记叙文的质量必须从以下四方面入手：

（一）定要素

就是确定在一篇文章中，最主要写哪一部分，也就是确定侧重点。如：写人=时间+地点+人；记事=时间+地点+事（始末或因果）；绘景=时间+地点+景（过去、现在或未来）；状物=时间+地点+物；抒情=时间+地点+情（触景生情、睹物思人）。不难看出，迅速选准、确定所写文章的时间和地点，是写记叙文所必备的，再加上所写侧重点，或人，或事，或物，或景，或情，均可立即拟题、构思。

写作时应注意，在记叙文中往往是人不离事，事不离人，见物思人，触景生情……人、事、物、景、情常常交叉组合在一起，不能截然分开。所谓写人记叙文、记事记叙文、状物记叙文、绘景记叙文、抒情记叙文，只是表示在一篇文章中有所侧重罢了。

（二）“搭架子”

从四种基本结构（即三段式结构、纵式结构、横式结构、纵横式结构）入手，安排好层次、段落、主次、详略。先用最佳结构——三段式：开头要简明、点题。中间部分可分几个自然段。可记一件完整的事，也可记三件事（一详两略，或两详一略）；也可简写一个人或几个人；还可以记叙为主，兼有议论和抒情等等。安排好过渡、伏笔、照应，使文章有曲折、有波澜。内容要丰富、充实，不能离题。结尾扣题，不拖沓，力求收束有力，发人深省，令人回味。

如写人的成长过程、传记、自传之类的文章，从纵式结构入手较快；如写游记、参观记、访问记等，从横式结构入手较快；如写时间、空间结合紧密的文章，从纵横式结构入手较快。总之，四种基本结构就是四把钥匙，写作时结合自己的实际，哪个熟练就用哪个。

（三）线索

记叙的线索要清楚。在事情的叙述中，我们要将繁多的材料串起来，组成有机的整体，所以，确定线索是至关重要的。线索要体现篇章结构的内在联系，这样有利于突出文章的中心思想。在记叙中，可以事件、实物、时间、感情等为线索。

要使记叙的线索清楚，关键是要有清楚的思路。文章不是文字的堆砌，不是杂乱无章的。可以采用列提纲的方法，帮助自己理清思路，明确先写什么，后写什么，哪里详写，哪里略写。要求学生在写作之前精心安排文章的结构，然后动笔成文。

（四）详略

在记叙文写作中，要根据中心思想表达上的需要，仔细考虑哪些地方要详写，哪些地方要略写。比如记叙某一件事，往往要涉及许多方面。有的地方最能反映文章的中心思想，是主要的，这些地方要多用些笔墨；有些地方同表现文章的中心思想有些联系，但是次要的，这些地方可以少写，或者一笔带过。如果详写了次要的方面，会使文章的中心思想不突出；而完全不写次要的方面，也会使文章的主要方面受到影响和干扰。比如写“学校生活二三事”，必须写学校生活中的两三件事情，而不能只写一件事。在写作中应注意详写与略写相结合。所写的事情，可以详写一件，其余两件事略写，切不可平均用力。

第三节　说明类话题作文法

说明类话题作文的写作学习方法基本上同于说明文。说明文是一种应用范围十分广泛的文体，是以说明为主要表达方式的文章，而说明则是对事物或事理所作的解说或阐释。

说明文的写作意图或目的就是使人有所知，即把作者所掌握的知识或道理准确地告诉读者；说明文的有关内容就是被说明对象的方方面面，即事物的形态、性质、构造、功用、关系等，事理的概念、特征、来源、种类、关系、变化等。当然，从比较的角度来看，说明文一般主要采用“说明”这一表达方式。

一、说明文的写作学习方法

要提高说明文的写作速度和质量，应注意掌握以下写作学习方法：

（一）辨题目。说明文题目的标志也比较明显，遇到带有以下字样的，一般可写成说明文。如“漫话”“对话”“自述”“性质”“作用”“介绍”“自白”“用途”等等。有的干脆就直接写“说明”“××使用方法”“××注意事项”“××保养法”“××维修”“怎样制作××”“怎样种××”“如何管理××”等等，这些题目写成说明文是肯定无疑的。

（二）抓特点。凡事物都有特点，每种事物的特点又可认为都是信息点。根据写作意图，每篇说明文中都应侧重说明某几点（几方面），如性质、用法、成因、状态、功用、形状、构造、制作、使用、程序、色泽、维修、保养、效果等。一篇中写出三四个信息点，连缀起来即可。如某种事物的性质、种类、构造、用途等，或某种物体的形状、制作、材料、保养等。总之，要明确说明什么事物、什么事理，从哪方面说明有利，就要抓住哪类事物、事理的有代表性的特征（信息点），概括写明几个或几种，即可将事物、事理说清道明。

（三）掌握说明方法。熟练地掌握几种说明的方法，不但落笔快，写来定会顺畅自然，得心应手。常见的有：

1. 定义法。开头就要给说明的事物下定义，让不知此事物的人，第一眼就看明白，或者有个大概的了解，也有利于下文的展开。如《统筹方法》一文，开头写道："统筹方法，是一种安排工作进程的数学方法。"特别是说明人们不熟悉的事物时，必须下个定义才好。

2. 分类法。事物都分类，将被说明的事物分门别类地介绍，这样条理会更清楚。如《杨树》一文说："杨树，在植物分类中属杨树科……植物学家把杨属植物分为白杨派、黑杨派、青杨派、胡杨派、大叶杨派等五大派。"分类的顺序以先总说后分说、先大类后小类、先粗分后细分为宜。

3. 比较法。各种事物都具有两面性，如阴阳、表里、优劣、长短、大小、高低、利弊等等。通过比较、鉴别才能鲜明地突出其特点。如《石油的用途》一文："石油是液体，比重小于水，比其他燃料容易开采，并且占有的容积小，容易运输。同时，和一般燃料比较，它的可燃性好，发热量高，比如燃烧一公斤煤只有五千到六千五百大卡的热量，燃烧一公斤汽油可以产生一万大卡热量，燃烧一公斤木柴只有二千到二千五百大卡的热量。"比较法可收到"不比不知道，一比吓一跳"的效果。

4. 引证法。分两种：

①引资料。因为古今中外的史料是专家、学者或"过来人"的经验总结，最有说服力。如《人类的出现》一文写道："拉马克在1809年出版的《动物哲学》这本书里，指出人类是起源于猿类……达尔文在1871年出版的《人类的起源与性的选择》一书中，指出人类和现在的人猿有着共同的祖先……"

②列数字。可使说明更严密、更科学。如《死海不死》一文写道："据统计，死海水里含有多种矿物质：有一百三十五亿四千六百万吨氯化钠（食盐）；有六十三亿七千万吨氯化钙；有二十亿吨氯化钾……"科学数据往往最能说明问题。

二、说明文的写作学习要点

经常观察事物，明辨事理，思考问题，这是写作说明文的先决条件；心中装一个拟题构思框架，这是写作说明文的思路。

说明文构思成文从三段式、纵式、横式、纵横式几种基本结构入手均可。如果从三段式入手，第一部分的信息必须切题。如说明某种事物，应先指出该事物是什么，也就是说先释题或先作一番概括介绍，使读者有个大概了解，有个整体的印象，然后再进一步说明，之后再清楚明白地写下去。

说明文的中间部分，必须用几种说明方法贯穿，如定义法、比喻（打比方）法、对比法、数字法等，灵活穿插使用。另外，必须按一定顺序一一说明，或从外到里，或从里到外；或从上到下，或从下到上；或写几个步骤，或几种方法。均应有条不紊，一一写来。

结尾部分，应照应开头，紧扣题目，还可对事物的用途、保养、维修、作用、发展前景等进行总结或说明；笔墨一定要清楚、简练。

说明文的要素是主旨、材料和说明。

说明文有全文的主旨和意义段（逻辑段）的主旨，而主旨指的是主要内容、用意或目的。说明文的任务，就是把被说明对象的全部或某些方面告诉读者，因此，必须根据写作的用意或目的，根据读者情况，选定主要内容，这就是确立说明文的主旨。为此，要抓住被说明对象的本质或内在联系，这是确立说明文全文主旨的关键。此外，被说明对象总是有多方面、多层次的特点，即有多方面的内容，而一篇说明文往往需要写出几个方面，所以，确立说明文意义段（逻辑段）的主旨，还必须顾及某一方面说明的主要内容。

说明文的材料是用以揭示被说明对象的本质或内在联系的素材，是展示说明文主旨的事实、资料、根据。原始素材，有的是直接获得的，比如靠感知和观察获得的；有的是间接获取的，比如靠调查访问和检索阅读资料而获取的。没有原始素材，不能确立主旨。主旨确立后，不选好一定的材料，就不能准确无误地表现主旨。

说明作为一种能力，指的是对事物的解说术或阐释术；作为说明文的要素，说明指的是用材料揭示主旨的过程和方法。说明过程主要是解说或阐释，它靠一定的说明顺序得以表达。根据不同对象，可以使用时间顺序（如说明生产的流程、动植物生长变化）、空间顺序（如说明产品和建筑的结构）、逻辑顺序（如说明抽象的事物或理论）进行说明。说明方法是为了说明对象而采用的手段、方式和途径，包括概括、定义、诠释、分类、举例、引用、比较、数字、比喻、图表等说明方法。

在说明的写作学习中要明确并掌握说明性语言的特点。说明文有以科技语体为主的平实的说明文，还有普及科学知识的说明文（一般称“科普文章”或“科学小品”)。前者的语言十分注意准确性和科学性，有时多用一些科学术语；后者除了讲究语言的准确性和科学性，还采用灵活多样的表现手法，把科学知识说得通俗而又生动、形象，如引入谚语、俗语、传说故事、优美的诗句、科学家的轶事，运用拟人写法，适当地加以叙述、描写、抒情、议论，采用多种修辞方法，以增加趣味，令人爱读。但是，不论哪一种说明文，必须注意语言的准确性和科学性，否则不但起不到说明的作用，甚至会产生误导，造成不良影响或结果。因此，使用词语要准确，科学术语要严谨，如实揭示被说明的对象，用词造句以及行文一定以准确、科学地揭示被说明对象为前提。

第四节　议论类话题作文法

议论类话题作文的写作学习方法基本上同于议论文。议论指有条理、有次序的说理。从人的行为角度来看，它是一种言说或书写行为；从人的能力角度来看，它是说理术。与叙述、描写、抒情、说明等方式比较，它是用来阐述观点或主张、表明态度的一种表达方式。因此，以议论统摄全文的文章就是议论文。也就是说，凡是剖析事物，明辨是非、美丑、善恶，目的在于阐述观点或主张、表明态度的文章，都可以称之为议论文。

一、议论文写作学习方法

议论文的写作学习应注意以下几方面：

（一）辨题目。议论文的题目比较容易识别，一般带有明显的标记。如带有“谈”（试谈、浅谈、略谈）、“论”（试论、浅论、略论）、“说”（浅说、略说、试说）、“析”（简析、浅析、析疑）、“……有感”、“……的启示”等等字样，均可写成议论文。作文自拟题目时，即可根据要论述的论点、论题、中心，恰到好处地拟题目，这些字样是非常必要的。

（二）抓特点。议论文本身具有说理性、论述性。它是运用判断、推理等逻辑形式来阐明作者观点、主张的一种文体。

议论文可分两类：竭力阐明道理，并无对立面，这就是立论；相反，在有对立面的情况下，驳斥对方的观点和主张，这叫驳论。这两类议论文首先均应以实实在在的事实说话，“有理讲倒人”“事实胜于雄辩”。明白、可靠、确凿的事实是议论文的根基。

其次，要熟练地掌握几种常用的论证方法。用时可信手拈来，节省时间。如例证法——准备些翔实、具体、典型的事例，事实是最有说服力的；引证法——少而精地引用名言、格言、公理、常理等等，作为论据，既有权威性，又易于被读者接受；对比法——将两种对立的事物拿来比较、鉴别，就会产生鲜明的效果：一则使论点突出，二则可使论证有力量；层进法——对一种事物或现象，由表及里、由浅入深地层层剖析、论证，可逐步揭示出事物的本质。在一篇议论文中选用一至三种论证方法，就能使文章迅速“立”起来。无论是立论还是驳论，将上述几种论证方法熟练掌握，交替使用，就可写出论点鲜明、论据充分、论证清楚、有条有理的议论文来。

（三）明结构。一篇议论文的结构方式是：引论（绪论）—本论—结论；论点—论据—论证；提出问题—分析问题—解决问题。其过程也可看作是回答三个问题的过程，即“是什么”—“为什么”—“怎么办”，大体如此。

开头——一般是先提出问题，交代“提出论点”的原因、由来。这一部分要说清这篇文章所说的“是什么”。要求短小精悍，点到为止。

中间——文章的中心部分，可分几小段来写，主要是“分析问题”。要摆事实，讲道理。综合运用论证方法论证论点的正确性。这一部分要说清楚本文“为什么”要这样讲。要求内容充实、丰富，理据俱全。

结尾——“解决问题”的部分。或得出结论，或提出解决问题的方法，或二者兼顾。这一部分主要是告诉人们“怎么办”，要求干脆利落，不拖泥带水。

（四）储论据。写好议论文，需要扩大知识面，了解社会、熟悉生活，开阔眼界。这要靠平时注意对论据的积累，分门别类地储存论据，议论、说理时就不会无话可写。

二、议论文写作学习的要点

写作议论文应从基本结构入手，其基本结构为“引论—本论—结论”。关键是，开头要提出论点；中间进行论证，运用论证方法——归纳法、例证法、引证法、层进法、比喻法、对比法等，每一篇文章选取二至三种论证方法即可；结尾，提出结论或解决问题的方法。

议论文写作学习方法要点是：开头提出论点，要简练，点到为止；中间本论的论证部分，选用适当的论证法，二至三个即可；结尾部分，结论确切，照应开头或论点等等。

议论包括论点、论据和论证这三个要素。

论点，又叫论断，是作者对自己论述的问题所提出的判断、见解、观点、看法、主张。

一篇议论文，往往不止一个论点，因而把统摄全文的总论点称之为中心论点，而把从属于中心论点或为中心论点服务的小论点称之为分论点。中心论点可以出现在文章的开头，也可以出现在文中或文末。分论点可放在段首、段中或段末，有时兼放在段首与段末。

论点是基于对一些事实或现象认识的结果，而在写作过程中则是选择和组织材料的依据，是论证的出发点和落脚点。因此，论点在议论文中是灵魂，非常重要。为此，论点要正确，鲜明，深刻，有针对性，即不能讲歪理，不能模棱两可，不能肤浅，不能无的放矢。其中深刻、有针对性是较高的要求。因为有深刻的见解或独到的认识才能给人以新的启发，有针对性才能解决实际问题，具有现实意义。

论据，即证明论点的理由和根据。

论据一般分为两类：（1）事实论据，包括具体事例、历史事实、经验和统计资料等；（2）理论论据，包括科学基本原理（规律、法则、定义），公认的或符合事理的谚语、格言、名言等。

论据是议论的基础，是为论点服务的，因此要真实、充分、典型，即不是虚假的，要有足够的数量，能反映事物的本质，具有代表性。

论证，即运用论据证明论点的过程和方法。

论证的方式有两类：（1）立论，即用应有的论据从正面证明自己的论点，让人信服；（2）驳论，即用一定的论据批驳他人的观点，从而证明他人的观点是错误的，不可信的。在具体展开论证时，可以用立论，也可以用驳论，还可以兼而用之。

在论证过程中，要找出论据与论点之间的逻辑关系，显示其内在联系，达到观点与材料的统一，因此，论证的过程也是运用论证方法的过程。

论证正面观点的方法主要有归纳、演绎、因果、例证、引证、类比、比喻、正反对照（即对比）等。还有些不直接起证明作用的辅助方法，如介绍、交代、诠释等。驳斥对立的论点有反驳论点、反驳论据、反驳论证三种。驳斥的方法包括直接驳斥和间接驳斥，间接驳斥包括排除法与归谬法（后面有说明）。

在议论文的写作学习中要注意：

（一）确立论点

论点是议论的统帅、灵魂，因此，训练学生写议论文，确立论点就成了重要的一环。

（二）选用论据

没有论据支撑的论点是无力的，因此要训练学生学会选用真实、典型、充分、新颖的论据，并且在援用理论论据时注意原文或原话的正确含义，了解其普遍意义，引用时不要断章取义。

（三）组织论证

要把论据与论点的逻辑关系显示出来，必须善于组织论证。训练学生组织论证是写好议论文的关键。

在议论文的写作学习中，要合理安排议论的条理与结构，写好引论、正论（正文）、结论，可先掌握简单的“四段论”布局：先提总论点，再正面说明和论证“为什么要这样”，接着从反面说明和论证“不这样为什么不行”，最后总结全文并揭示论点的意义。又如，在掌握了最简单的议论布局方法之后，训练学生学会几种安排正文结构的方法：（1）“剥笋式”，即由浅到深、由表及里地组织论证，一层进一层地使论证步步深入；（2）“梳齿式”，即按一定的先后顺序安排好并列的分论点，分别论述，使中心论点得到多方面或多侧面的证明；（3）“对照式”，即把正反两个方面的论点或论据加以对照，在对照中证明自己论点的正确性。

一篇议论文章，常常要综合运用几种论证方法；究竟选用哪些方法，主要取决于论点与论据之间的关系。

在立论中，由于论据与论点之间的逻辑关系不同，选用的论证方法当然不一样。例如，论点是小道理，论据是大道理，那么由大道理推出小道理，即由一般到特殊或个别，自然要用演绎法。同理，从结果探索原因或从原因寻求结果，要用因果推理方法；由若干性质相同的事例引出一般的或普遍的结论，要用归纳法；用典型事例来证明某一观点，要用例证法；用已被认可的理论材料论证某一看法，要用引证法；用相同或相似的一般道理或某一具体事物论证一般道理或特殊结论，要用类比法；要证明比较复杂或抽象的通理，要用比喻法；用正反两个方面的论据证明某一观点的正确性，要用正反对照法。

在驳论中，首先要选定“靶子”——或驳论点，或驳论据，或驳论证，或兼而驳之。选什么驳斥的方法，由“靶子”的具体情况而定。例如针对驳斥对象，能找出相反的事实或道理，那么就用直接反驳法；如果能提出一个针锋相对的论点，这一论点与对方的论点势不两立，处于“非此即彼”的矛盾关系(形式逻辑上的)，那么可以证明自己的观点是正确的，从而否定对方的论点，这自然要用排除法；如果看出对方的论点禁不住推敲，那么可以假定对方论点是正确的，按其推论，得出荒谬的结果，从而证明对方论点是错误的，这自然要用归谬法。

为了加深对论点与论据之间逻辑关系的认识，应当加强对事物或现象之间的辩证关系的认识，如加强对一般与个别、原因与结果、必然性与偶然性、本质与现象、内容与形式、现实性与可能性等方面辩证关系的认识，这可以提高逻辑思维能力，更好地把握与运用论证方法。

议论文的语言要求明确、鲜明、严谨，就是说：阐述观点主张必须明确，不能造成歧义；表明态度必须鲜明，不能模棱两可；剖析事理，明辨是非、美丑、善恶，必须严谨，不能有破绽或漏洞。

第七章　条件作文的方法

条件作文，是指没有给出作文题目，只是提供了某些可用来作文的条件，要求根据这些条件来作文；它是介于命题作文与自由作文之间的一种作文训练方式，兼具命题作文与自由作文的一些优点，近些年运用得也十分广泛。近年流行的材料作文就是一种条件作文，其条件为所提供的材料和写作要求。想象作文和情景作文也是根据一定的条件来作文，这里也把它们归入条件作文。

第一节　条件作文的类型

条件作文的最大优点是为学生作文提供了条件，降低了作文的难度，使学生能在一定条件下充分发挥自己的创造性。虽然学生作文也要受到条件的一些限制，但不如命题作文那样严格，自由驰骋、独立创造的天地十分广阔。

条件作文的另一个优点，就是能增强作文的针对性，使学生逐渐养成有的放矢的写作态度，克服为作文而作文的倾向。命题作文是遵教师之命而作文，因而学生不易产生作文的实际需要。条件作文虽然也带有遵命作文的若干心理因素，但由于教师为学生提供了一定的条件，创设了写作的背景，就能使学生作文有一个“假想”的目标，产生一种为实际需要而作文的意愿；这对调动学生作文的积极性、增强作文的针对性是大有益处的。

按提供的条件来区分，条件作文有下列一些类型：

一、材料作文

材料作文，指根据提供的材料，按照一定的要求来写作的一种训练方式。这种方式，过去往往把它视为一种过渡性的练习，介于单项写作学习和综合性写作学习之间，提供的条件多是“写作提纲”“内容梗概”等，让学生扩展成文。但随着对写作训练方式的探索和拓展，材料作文也发生了变化：一是提供的条件变了，或一段、几段以至成篇的文字材料，或一幅、数幅寓意深刻的图画；二是要求提高了，根据提供材料的内容直接构思成文，有时拟好题，有时让学生自拟题，并提出若干要求，作为提示、限制。

材料作文有其优点。它既有明确的限定性，又有较大的灵活性。它的限定性，是必须根据提供材料的范围和要求写文章；它的灵活性，是对同一材料可进行多角度写作练习，允许多种构思，使学生能在一定条件下充分发挥自己的创造性。它能增强写作的针对性。作文，虽是练习性写作，但也应有明确的目的性。材料作文所提出的要求，或对主旨，或对体裁，或对对象等有明确的限定，创设了写作的背景，使学生形成一个“假想”的目标，产生一种为实际需要而写作的愿望。这对激发学生的写作兴趣，培养有的放矢的写作态度，是有益处的。

材料作文一般要求学生先阅读提供的文字材料（或图画），并要根据规定的要求去分析材料。如：

阅读下面材料，按要求作文。

你不能改变容貌，但你可以展现笑容。你不能左右天气，但你可以改变心情。你不能预知明天，但你可以把握今天。你不能样样顺利，但你可以事事尽力。你不能决定生命的长度，但可以拓展它的宽度。

这段话对你有什么启发？能引发你怎样的联想？请依据材料中的一句话或几句话，确定中心，写一篇文章，不少于500字。要求：(1) 可以记叙经历、抒发感情、发表见解等等。(2) 角度自选，文体自定（诗歌除外），题目自拟。

二、想象作文

近年来出现的想象作文，即让学生运用想象描述自己未曾经历的事或虚构故事的写作训练方式。这种写作训练方式，其中一部分也属材料作文。如下面一则想象作文：

读李白《早发白帝城》及相关资料，然后按要求作文。

早发白帝城

朝辞白帝彩云间，千里江陵一日还。

两岸猿声啼不住，轻舟已过万重山。

唐肃宗乾元二年（759 年）李白遭贬，流放夜郎。行至白帝，忽遇大赦，惊喜交加，旋即放舟东下，速返江陵。诗中寓情于景，流露出了作者重获自由的心情。

亲爱的同学，当你重读这首诗的时候，你是否仍为作者欢快的心情和笔下的美景而深深感动呢？现在，假若时间已经倒流，假若你就是当时的李白，请把这首诗改写成一篇 500 字左右的故事，题目自拟。要求：（1）必须采用第一人称；（2）可以合理想象，补充相关人物和情景；（3）可以参考并运用其他资料。

三、情景作文

情景作文，也称情境作文，指在特意安排的真实情景中，让学生身临其境去体验，并写出自己观察、体验的结果。情景作文能让学生触景生情，激发写作动机；能给学生提供具体的材料，解决学生写作“无米之炊”的问题；能增强学生写作的感受和体验；还能培养学生适应不同情境写作的应变能力。这种写作的特点是：“快”——要抓住时机，迅速捕捉观察对象，快速记下自己的认识、感受；“实”——写实实在在的人或事，要写出真情实感；“新”——内容新颖，形式新颖，要写出新鲜感；“短”——篇幅短小，不拘一格。

情景作文的关键在于要创设好写作情境。写作情境的创设可以通过摄取生活展现情境、运用实物展示情境、扮演角色体会情境、借助图画再现情境、播放音乐渲染情境和运用语言描绘情境等方式进行。如情景作文：

夏日的夜空是那么美，那么遥远，触景生情，人们往往由宇宙无穷、人生有限的感慨而产生种种思索，请以“遥望星空”为题写一篇短文。

第二节　材料作文法

材料作文，是指根据提供的材料，按照一定要求进行写作的一种作文方式。在探究学习材料作文写作学习方法之前，先比较一下话题作文与材料作文的异同。

从审题上说，话题作文强调的是相关，材料可用可不用，审题难度较小。材料作文所提供的材料在文中必须使用，并且审题难度较大，不只是要理解文字表面的意思，而且更要准确提炼材料中所蕴涵的独特寓意。

从文体上来说，话题作文淡化了文体意识，学生可自由选择自己熟悉的文体，甚至可选择剧本、病历、实验报告等新颖的实用文体。材料作文在文体上有严格限制，往往只能写议论文或记叙文，没有选择文体的自由。

从思维方式来说，话题作文是发散性思维，学生对话题进行联想、想象，头脑中的写作材料，只要符合话题内涵，便可自由发挥，更便于学生创新。而材料作文是线性思维，材料、观点往往雷同，不易显现出学生的个性与写作特长。

材料作文和话题作文在构思上也有区别。材料作文的构思大致有两个方面：1. 析—评—结；2. 引—析—联—结（针对议论文而言）。第一种适于上面所说的评论型（或称阐释型）材料作文，第二种适于愿望型的材料作文，当然也可以有其他的构思。总之，材料作文在构思时，离不开对材料的分析，由此引发某个结论。而话题作文的构思，受“立意自定，文体不限”的影响，思路自然可以开阔些。同样以议论文为例，话题作文的立意不受限制，所以确立中心的可能性多种多样，导致构思方式多种多样，这正是话题作文所具有的可让考生展示写作水平的巨大空间。

掌握材料作文的写作学习方法，必须先了解材料的类型，针对不同类型材料，再来看应该如何选择立意、文体、构思。

一、材料的类型

从材料作用来看，可以把所供材料分为以下几类：

（一）铺叙式材料

这种材料是供写作记叙文用的，也就是利用所供材料的人物、事件写一篇记叙文，如命题者要求根据材料描写“小新背小牧上学”的情景。

（二）感点式材料

这种材料是供写作读后感用的。

（三）立论式材料

这种材料一般用来写议论文，材料可作为论据来使用。话题作文出现以前的材料作文的材料一般都是这种类型。

（四）情景式材料

这类材料的作用是为写作内容提供一个情境或背景，为写作设置一个限制。作文内容必须符合这个情境或背景。

二、材料作文的命题形式

材料作文提供一定的材料，如一篇文章（或片段）、一首诗、一则寓言、一个故事、一条新闻、一个或若干典故、几则名言警句、几个语段、一幅或数幅图画，是对现实生活中某种现象的介绍、社会上某些看法的概述、一个特定情境的设计等等，要求基于所提供的材料，根据题目的要求和规定的思路导向进行写作。

材料作文的命题形式较多，大概有以下几种：

（一）提供材料，规定题目（一题或多题）。如：

甲：（气喘吁吁地）“这爬山可真费劲，差点儿没把命要了。刚才在平地走了五六里，一点儿也不吃力，这会儿才爬了200米的山，已累得够呛，离山顶还有一半呢！算了，不上去了。”

乙：“爬山虽吃力，可也很有意思，会给人不少启示呢！走，爬上山顶去！”

请根据以上两人的对话，写一篇题为《走路·爬山·攀登山峰》的作文。

（二）提供材料，指定写作范围和文体。如：

××中学高二学生叶华，三年如一日地帮助常年卧病的军属王大妈打扫卫生，料理家务。今年秋天，大妈的儿子王炜复员回沪，了解到情况，感激万分。请你以王炜的名义，写一封表扬信给他的学校，以表彰叶华这种关心他人、助人为乐的崇高精神。

（三）提供材料，自拟题目。如：

有个船夫在激流中驾驶小船，船上坐着一位要渡河的哲学家，于是发生了下面的对话。哲学家：“船夫，你懂历史吗？”船夫：“不懂。”哲学家：“那你就失去了一半生命。”哲学家又问：“你研究过数学吗？”船夫：“没有。”哲学家：“那你就失去了一半以上的生命。”这时一股巨浪扑来，击翻了小船，哲学家和船夫都落入了水中，于是船夫喊道：“你会游泳吗？”哲学家：“不会。”船夫：“那你就失去了整个生命！”

根据材料写一篇议论文，题目自拟。

三、材料作文的类型

由于提供材料的方式不同，材料作文的类型有以下几种①。

（一）看图作文

教师为学生作文提供的图画，就是条件。这是一种形象化的给条件作文方式。图画具有很强的直观性，能引起学生生动的感知、丰富的想象、深刻的思考，可以激发学生的感情。看图作文既带有很大的再现性，又带有一定的创造性。看图作文的过程是感知、思维、想象、言语活动统一的过程，先是通过视觉器官感知、观察画面，然后在头脑中通过再造性想象再现画面，进一步则以积极思维去分析画面，领会图画的中心思想和丰富内容，最后用书面语言写成文章。看图作文由于有图画作为凭借，这就大大降低了作文的难度，有可能收到良好的训练效果。

看图作文，应当选择好图画。这是最重要的前提条件。图画的线条要清楚，色彩要鲜明，画面要能被学生所理解，并给学生留下想象的余地。图画可以是人物画，也可以是风景画；可以是现代生活图画，也可以是有关历史的图画；可以是单幅画，也可以是连环画。某些讽刺漫画也可作看图作文的材料。从图画中搜集材料，是学生作文材料来源之一。

看图作文可以进行多种文体的写作训练。第一种，看图叙事。这是看图作文的主要形式。多就几幅情节连贯的图画进行记叙，写成记叙文。第二种，看图说明。多就建筑物图片、物体图样进行说明，写成说明文。第三种，看图抒情。多抒发看图的感受，具有比较浓烈的抒情色彩。第四种，看图议论。多就图画提供的形象和情节发表议论，写成议论文。为看图议论提供的图画，可以是漫画。如提供一幅华君武的讽刺漫画《从“三突出”到“十突出”》，要求学生看图生议，写一篇议论文。这些训练，有时可以结合起来进行。例如，有一作文题提供了一幅图画，要求先写一篇300字的说明文，再写一篇800字的议论文，同时检验看图说明、看图议论的能力。

看图作文成功的关键是进行有效的智力开发。应当把看图作文过程变成智力开发过程。首先要学习观察，培养观察能力。观察图画是看图作文的智力基础。

① 杨成章著：《作文教学原理》，福建人民出版社1987年版，第142～149页。

不会观察图画，抓不住画面的特征，对画面的生动细节缺乏具体感知，就不可能在头脑中展开再造想象，获得鲜明的印象。其次要学习思维，通过认真思索，深入理解画面的内容，体会作品的主要意思。再次要学习想象。在看图作文过程中，不仅要把对画面的观察转化为头脑中的再造性想象，而且还要进行创造性想象，即用合理的想象去扩展画面，补充情节。只有展开想象的翅膀，才能使看图作文富于创造性。

看图作文的效果与语言训练有直接关系。看图的结果要用语言表达出来，定型为书面文字。看图作文的语言训练最好采用先说后写的方法，把说和写结合起来。

（二）给提纲作文

教师为学生提供的作文提纲就是条件。学生则按照提纲的内容、顺序、要求作文。这种作文方式能增强学生思维的条理性、严密性，对作文内容的具体和充实有积极的作用。

为学生作文提供的提纲是多种多样的，大体有三大类：第一类，记叙、描写提纲。要求学生按提纲写成记叙文。如人物提纲、景物提纲、故事情节提纲。第二类，说明提纲。用提纲反映说明的内容、顺序，要求学生写成说明文。第三类，议论提纲。把论点、论据、论证列成纲要的形式，要求学生写成议论文。

给提纲作文的有效条件是把提纲的要求与学生积蓄的材料联系起来，用具体的生活经验、感性形象和实际内容去充实提纲，使作文结构严谨，血肉饱满。提纲对学生作文有一定的限制，不宜拟得太细，规定得太死。为了发挥学生作文的创造性，教师宜提供一般性的提纲，不必把细目拟出来。给提纲作文这种训练方式不可滥用，一般是在学习结构时采用。

（三）供材料作文

广义地说，前面讲的看图作文、给提纲作文，也可叫供材料作文，因为它们也提供了材料——图画、提纲。这里说的供材料作文是狭义的，指提供一定的生活素材、情节、客观现象和实际问题，这些材料可以口头提供，也可书面提供，学生则针对提供的材料，按一定的要求来作文。

供给的材料可以是生活素材。要求学生把素材加以选择，连缀成文。例如，要求学生写一位三好学生的事迹，就可发动学生搜集、找出若干条素材，然后介绍给全班学生，让他们根据真实材料写成记叙文。

供给的材料可以是特定的情节，让学生通过合理想象写成生动的故事。例如，一位教师在一次作文课上给学生提供了如下情节：

小学四年级学生李松，活泼聪明，但贪玩好耍，常常因此影响功课，多次考试成绩不及格。

李松家有奶奶、爸爸、妈妈。他们对李松的教育有分歧：奶奶疼爱孙子，主张搞物质刺激；爸爸对李松恨铁不成钢，动不动就打；妈妈循循善诱，强调说服教育。

一天下午，李松逃学，班主任到李松家进行家访。班主任走后，李松家会发生怎样的情况呢？

要求学生按照以上提示，写一篇以“李松逃学以后”为题的记叙文。

学生要写这样的作文，就要根据提示的基本精神，想象出班主任老师走后李松家将要发生的种种情况，把各种人物的性格特点表现出来。

供给的材料可以是一些社会生活现象和问题。这主要是用来练习议论文。指导学生写供给材料的议论文，最重要的是让学生认真分析材料，抓住矛盾，积极思考，唤起自己的生活经验，诱发自己的认识体会。

（四）供文章作文

这与上一类不同，它提供的不是零散的材料，而是已经成文的文章。这种类型的给条件作文主要要求学生在阅读原文的基础上按一定要求作文。

供文章作文有许多具体形式：

1. 缩写。这是缩简原文的作文。目的是训练学生把握原文的主要内容，并用简约的文字加以概括的能力。

2. 扩写。这是拓展原文的作文。目的在于训练学生的想象能力，使学生能合理地扩充原文的内容，使原文的情节、材料更加充实。

3. 续写。这是延伸、接续原文的作文。它与扩写不同，扩写可以对原文各个部分加以扩充，而续写则只接续原文未写完的部分，或让原文的意思继续向前延伸。续写的作用主要是培养学生的想象能力，使文章完整，别具新意。

4. 改写。这是改变原文的作文。可以改变原文的人称，也可以改变原文的体裁，还可以把原文重新组合，专门突出其某些因素。它有助于发展学生的想象能力和再创造能力。

5. 写读后感。这是侧重写阅读体会的作文。感想从阅读中来，理解原文是写好读后感的基础。感想要紧扣原文的某些具体内容，特别是与原文中心和主要精神有关的那些内容，但又不能限制得太死，允许学生从原文的各个侧面去展开联想，作合理的发挥，以便发展学生的求异思维，培养学生的创造性。感想要联系实际，可联系社会生活实际，如可能的话，还应联系个人实际。

6. 写回信。提供一封来信，针对信中提出的问题，以回信的方式作出答复。它是针对对方来信而发的，要体现出有的放矢的特点。

7. 写评论。这是就原文进行评论的作文，可以培养学生的评论能力。

不管哪种供文章作文，都应贯彻读写结合的要求。要指导学生认真阅读、思索提供的文章，把握原文的主要内容和基本精神，按要求写作。如果不在读上下工夫，没有准确理解原文，不但写不好，甚至会闹出一些笑话来。例如，作文题《陈伊玲的故事》要求对何为的《第二次考试》进行改写，属于改组原文的给条件作文。但一些学生没有认真读原文，信笔乱写，有的说“陈伊玲两次都没有被录取”，有的说“陈伊玲第一次被录取了，第二次没有被录取”，有的甚至说“苏林教授被录取了”，就背离了题目所给的条件。

不管哪种供文章作文，都应重视智力开发。供文章作文是一种再创造，读懂原文仅仅是再创造的前提。只有启发学生思考，激发学生想象，发挥学生智力活动的积极性，才可能进行有效的再创造，把文章写好。

四、材料作文的写法

材料作文，顾名思义，即指命题者为写作者提供一定的材料（包括文字或其他语言形式），要求写作者按照材料的内涵来立意作文。既然材料从某个角度上决定着文章的立意，那么在具体写作实践时，应该如何运用好这些材料呢？

（一）读懂材料

既然给材料作文的材料本身包含着深刻道理，并成为写作者的立意指向，那么读懂材料就是写好作文的关键，审题变为审材料。这个环节的任务是了解材料内容，理解其含义，要用慢读的方法，仔细地、全面地阅读材料，做到心中有数。

一般来说，材料的文字并不难懂，问题在于是否准确地分析出材料所表达的深刻道理是什么，从而确定自己对这个道理的正确态度。

（二）析透材料

读完材料之后要分析材料，这个过程要认真咀嚼、品味、联想、提炼。

首先，要明确材料的作用。其主要作用如：1. 供扩写用。2. 供续写用。3. 供引论用。4. 供提炼论点用。5. 供评论用。6. 供考查应用文格式用。7. 供说明文材料用。析题时要认真判定，以正确运用材料。

其次，把握材料类型，其主要类型如：1. 故事梗概型。2. 故事片段型。3. 寓言故事型。4. 正反对照型。5. 参考资料型。6. 设置情景型。7. 立论导向型。8. 论据论点型。析题时要准确把握，以便有针对性地作文。

最后，分析材料的含义。尤其是对于要求写议论文的材料要特别注意。可运用诸如抽象概括法、联想引申法、类比推理法、对比提炼法、评析立论法等方法对材料进行理解挖掘，把握其深刻含义，提炼出正确观点。更具体一点说，就是通过探求原因、分析关系、辨明是非、求同存异、综合互补等方法从材料中提炼观点。

（三）处理材料

材料作文对材料的处理一般有以下几种方式：

1. 就材料谈自己的感想、心得和体会，尤其是看材料写读后感。写作这种类型的材料作文，一定要充分领悟所提供材料的内涵，从中找出感受点，由此引发出自己的感想，心得体会。一则材料往往可以从不同的角度进行议论，写作时可抓住某一个重点，深入地展开议论，将感想、心得和体会谈深刻，谈透彻。

2. 对材料本身进行评价性的议论。如一道作文题要求对两幅漫画进行比较，谈谈你为什么更喜欢其中一幅画的原因。其实这两幅漫画的构思立意各有巧妙，在思想内容和构思技巧方面都各有成功之处，那么你为什么对其中的某一幅画更喜欢一些？这里有漫画本身的问题，也有欣赏者艺术审美观的问题。要写好这篇作文，就必须对这两幅漫画作比较性鉴赏，并发表评价性意见，这就要求对所提供的材料作认真的研读。如果对材料理解不透，是写不出评论精到的好文章来的。

3. 对材料进行变通和改进。看材料写变通作文的形式很多，譬如改写、缩写、扩写、续写等等。这就需要对现有材料作一番艺术加工。这类作文往往并不需要另起炉灶，而是在原材料的基础上进行一番调整和修正；因此写作时，要正确体悟原材料的写作思路、语言风格。这样，对材料的变通才能顺理成章。

（四）保持一致

这里的“一致”有两个方面：一方面是指写作者确定的主题要同材料的立意指向一致；另一方面指写作者所选择的材料应与主题保持一致，这样才能做到读后有感，有感而发。

（五）紧扣要求

给材料作文都提出了具体要求，例如对作文的内容、文体、题目、字数等的要求。写作者必须遵循这些要求作文。

（六）谨防失误

主要防止以下四个方面的失误：

1. 偏离材料主旨。材料作文，首先必须读懂材料，正确理解材料的主旨，从总体上把握材料的精髓，才能进入写作程序。切不可断章取义，执其一端，或把枝叶当主干，或只见树木不见森林，造成审题失误，行文偏离题意。

如有一道作文题，所给材料为寓言诗《鸟的评说》，要求写议论文。有些考生在分析材料时，没有从整体上理解诗歌的寓意，抓住只言片语便匆匆下笔，得出了“鼠目寸光与现实主义”“要纠正‘踢皮球’现象”之类严重偏离材料主旨的中心，或写出了“燕子最美”“要保护鸟类”之类完全脱离题意的文字。这类作文，无论其内容如何充实、结构如何完整、语言如何规范，都达不到作文的基本标准和要求。根据材料中心准确立意，是学生语文综合素质的体现。“读懂”材料是材料作文的写作前提。一定要结合全部材料，分清主次，抓住精髓，多角度联想，选准最佳角度，确立中心后，方可动笔。

2. 材料使用不当。试题是提供的材料，是写作的话题、“引子”，全文的中心、观点、论据都是由材料生发而来的。写议论文，切忌开头不引述材料，其他文体也不能整篇脱离材料。开头不引述材料而在论证过程中使用，就把“材料”当成了论据，使读者不明白你的中心是根据什么提出来的；如果整篇文章不见所给材料，作文与文题提供的材料和写作要求就无法直接联系起来，使人产生一种另起炉灶的感觉。因此，材料作文一定要正确使用材料，议论文一开头即要引述材料，论证时还要回扣材料。也不可在文章一开头即用“读了这则材料”“看了这幅漫画”之类的话代替对材料的引述，把作文与一般的回答问题等同起来。

3. 对材料的理解不深，因而提炼不出深刻要点，文章立意过偏过浅。

4. 不按指令写作。材料作文的试题，一般包括两个部分：一部分是材料，另一部分是写作要求。写作要求或以提示语出现，或另列出“要求”“注意”。审题时，不仅要吃透材料，还必须看清写作的具体要求，按照题目的要求写作。切忌不看要求，或未看清要求，匆匆下笔，往往不合题目要求。

因此，正确运用好材料作文中的材料，是此类作文成功的关键环节和重要保证，应该慎重对待，认真揣摩。

有人将材料作文的写作学习归为“五步”：

第一步是"读"。即读懂材料。这是写好材料作文的硬道理，读时一定要仔细，体会出题者提供材料的用心，提炼出主题。

第二步是"引"。把要引用的材料勾画出来，与中心观点无关的、重复的材料要坚决舍去。

第三步是"揭"。一定要把自己的观点亮出来，揭示主题。否则只是一大堆材料的堆积，画龙而未点睛。

第四步是"议"。要联系实际，发表议论，深化主题。议论就好比是水泥，把观点和材料结合到了一起。否则只有一个观点，一堆材料，文章还是显得散乱。

第五步是"结"。即总结全文，回到中心。这样文章才有放有收，有头有尾。

如材料作文《蛹》:

一个小孩在草地上发现了一个蛹，把它带回了家。过了几天，蛹上出现了一道小裂缝，里面的蝴蝶挣扎了好几个小时，身体似乎卡住了。小孩看着于心不忍，用剪刀剪开蛹壳，帮助蝴蝶脱壳而出。可是这只蝴蝶身躯臃肿，翅膀干瘪，根本飞不起来。小孩内疚地把它捧回草地。(《蛹》)

其审题步骤如下:

1. 读懂材料意思，抓住材料的主要方面和关键语句，并由此切入。如果没有关键语句，可自己概括材料的中心意思。

一则材料，有主要方面，有次要方面；事件有施动者，有受动者。那么，从不同的角度切入，可找到不同的关键句，概括出不同的中心。审题时，要分析一下哪个角度最好，能否从其他角度分析。

从材料《蛹》来看，从施动者小孩的角度分析，可概括出中心意思："小孩帮蛹出壳造成蝴蝶飞不起来的悲剧。"从蛹的角度分析，可概括成："一只蛹由于得到小孩的帮助，没有经历脱壳的必要过程而飞不起来。"哪一角度好呢？从下面的分析就可看出。

2. 作出评判。

从关键语句或材料的中心所反映的问题、看法、做法等是否正确，作出明确的判断。

《蛹》无论从哪个角度切入，都可作出评判。从小孩角度看，他的行为导致蝴蝶飞不起来，肯定是错的；从蛹的角度看，它由于得到帮助，没有经历脱壳的过程，以致造成悲剧，肯定也是错的。

3. 初步分析错误或正确的直接原因。

对材料的关键句或中心意思反映的问题、看法、做法作出明确的评判后，再对其分析为什么对，为什么错，要从直接原因入手，分析原因要准确。

材料《蛹》从小孩的角度分析，可以分析出小孩的错误在于方法不当，好心办坏事，或者没有按客观规律办事，急于求成。那么，哪个原因是直接的、根本的原因呢？对这两点原因进行比较，就会发现，小孩的错误在于不知道蛹变蝴蝶要经过一个必要的脱壳过程，这是一个客观规律。正是因为不懂这个规律，才导致方法不当。通过比较看，第二个原因才是最直接、最根本的原因。

从蛹的角度分析，它的悲剧就在于没有经历脱壳的痛苦挣扎，没有经历脱壳的磨难，才失去飞翔的快乐。这个原因是否正确呢？细细分析一下，蛹脱壳是其本身生理自然变化，顺其自然而已，不是什么磨难，不是有意的磨砺。因此，从蛹这个角度切入审题，角度选错了。选择的审题切入角度还是以施动者小孩的角度为最佳。

4. 从直接原因上升到普通意义。

分析出正确或错误的直接、根本原因之后，再从这个原因升华一下，使它带有一种普遍意义、哲学意义，能指导我们的工作、学习。

材料《蛹》从小孩的角度切入，分析出他的错误在于不知道蝴蝶脱壳的规律，再把这个原因升华一下，使它带有一种普遍意义，可以提出“要按客观规律办事”，“要尊重客观规律’，等等。

5. 自选角度，确定论点，联系实际。

分析出普遍意义之后，选定正面或反面的角度确定论点，并调动自己的生活积累和知识积累，看有哪些事情、哪些名人名言可作为论点的论据。

材料《蛹》从正面我们可以确定“要按客观规律办事”“要尊重客观规律”等论点，从反面可以确定“忽视规律必定导致错误”“不要忽视客观规律”等论点。再调动一下记忆和生活，有许多事例可为佐证，如“拔苗助长”“大跃进”、毛泽东的名言“一个正确的认识往往经过由实践到认识，由认识到实践的多次反复才能完成”，这是关于认知规律的客观规律。

经过以上五个步骤，就可以进行写作，只要把握好这五个步骤，作文就不会出现偏差。

第三节　想象作文法

想象是科学进步的先导，是人类创造的源泉。在作文中赋予想象的内容，是展示学生创新能力和综合素质的最佳途径。想象作文就是为学生提供最广泛的想象空间，最大限度地发挥学生想象力的一种作文方式。命题者往往提供一个未来时间或未来事物，启发你去想象未来的科技水平、社会趋势、人类进步和个人的发展前景，借此检测你的创新思维能力和写作能力。想象作文的写作要注意：想象一定要大胆，也要合乎情理。

想象与创造的联系特别紧密。抽象思维与想象的结合是创造性思维的重要特征。在作文能力中，想象与联想相比，更是一种创造性因素。这主要是因为想象不仅要复活记忆表象，而且还要在记忆表象的基础上进行新的组合，建立新的形象。作文能力的创造性主要是通过想象与思维来实现的。想象可以使思维长上翅膀，开拓作文的思路；想象可以使思维与形象相联系，进行形象思维，创造新形象；想象还可由已知推测未知，提出各种各样的预测、设想。作文的抽象思维，特别是议论的形象化，也是离不开想象的。

一、想象作文的形式

（一）看图想象

图画是一种现成的描绘，可以根据它进行想象、虚构，写成文章。如根据风景图画来描写风景，根据历史图画来描写历史斗争场面，根据连环图画来描写人物故事。这当中既有再造想象，又有创造想象。前者表现为再现画面，后者表现为合理地补充情节。拘泥于画面，没有必要的虚构，就不可能发展创造想象能力，看图作文也写不好。

（二）扩充想象

扩写中有丰富的想象。可根据主导词作文，如：“村庄—日寇—儿童团—送信上山—夜袭—小八路”，可将某一情节、画面扩充，使之描绘得更具体、更形象。还可将故事梗概扩充为生动的故事，使之更富于感染力。这些扩充都要依靠想象，都要作必要的虚构。学习扩充想象，要注意选择原型，提供材料，使学生有想象的余地，或均衡扩展，或重点补充，描绘出具体、生动的形象。

（三）接续想象

接续想象的主要成分是推测。续写能训练带推测性的接续想象。可以只提供开头，用想象写出完整的故事。也可以提供故事的主要情节，包括高潮在内，推测出结局。也可以提供完整的故事，推测后续的情节。例如，有的教师教《我的叔叔于勒》之后，让学生设想于勒回家的情节；有的教师教《项链》之后，让学生写出故事的延伸发展部分。这种续写包括更多的虚构成分，能有效地学习创造性想象，写出有趣的作文。

（四）自由想象

这是指不凭借已有的图画、材料、文章而进行的虚构全文的想象，它不受所提供的条件的限制，最有创造性。例如，虚构童话、寓言故事，虚构场面和人物形象。这种虚构全文的想象学习，可由学生自由命题。这种练习难度较大，关键是在生活真实的基础上展开创造性想象，避免瞎编乱造。为了减轻学习的难度，可在虚构全文前学习一些虚构的故事，以便借鉴。但要注意，这种借鉴只是方法上启示，而不是对自由想象的限制。虚构全文的学习，不受任何限制，最能锻炼想象能力，应是想象学习的重点。如果能自由进行想象，便是想象学习的成功。

想象作文的写作学习要注重观察，注意积累。生活中蕴藏着丰富的、生动的、新颖的材料，取之不尽，用之不竭。生活中处处包含着真善美，它们都为想象学习提供了广阔的空间。此外要把握方向，勇于创新。文章中的想象，要注意有明确的目的，切不可漫无边际跑野马。有些学生想象丰富了，但忘记了表达中心的需要，离题万里。所以要切记所写对象，把握好想象方向，不能因循于传统，在认真分析的基础上，敢于写出有特点的东西。

二、想象的种类

写好想象作文必须学会想象。想象的种类依据不同的角度，可以有不同的分法。根据想象内容的新颖性和独创性程度，可分为再造想象与创造想象。再造想象是在某个有关事物的触发下，在头脑中让过去的事物以新形象的形式再现的过程。例如，苏轼来到了湖北赤鼻矶，看到“乱石穿空，惊涛拍岸，卷起千堆雪”的景色，加之“人道是，三国周郎赤壁”，于是在眼前再现了三国时赤壁之战中周瑜“羽扇纶巾，谈笑间，樯橹灰飞烟灭”的战争情景。另一种是创造想象，即依据一定的目的、意图，在头脑中创造出新形象的过程。如：《我的空中楼阁》

出于对喧嚣浑浊、纸醉金迷的社会现实的厌弃，对超然物外的“独立的、安静的”生活的向往，通过丰富的想象，虚构了一个并不存在的小屋，并从假想的各个角度，围绕小屋进行多侧面的描摹，使小屋的形象活灵活现，给人以丰富的立体感，逼真到让人觉得小屋就在那一座山上，有机会可以去看看，这是“无中生有”。

再造想象是根据对事物的描绘（言语描绘，文字描绘，图画、图样、符号描绘）而在头脑中形成这种事物的形象的心理过程。它以对事物的描绘为依据，以回忆的有关事物的表象为材料，经过加工改造，想象出自己没有直接感知过的某种事物的形象。这种想象对发展、提高学生的作文能力有重要的作用。学生对事物不能事事“亲知”，直接感知的范围是有限的；还必须利用间接经验，根据别人对事物的描绘调动自己的记忆储备，来进行再造想象，建立自己所未直接感知过的事物的新形象。这就扩大了作文的题材范围，可以超越时间空间的限制，把自己没有直接感知的事物描绘得栩栩如生。例如，未经历过红军长征的生活，却可以根据老红军的描述写出红军长征的故事，这有赖于再造性想象。

创造想象与再造想象有区别。它不是根据现成描绘来建立新形象，而是人们在头脑中独立创造新形象。因此，创造想象具有独立性、新颖性、创造性，需要更多的独立思考来组合、创建新的形象，是创造性思维的有机组成部分。作家在文学作品中创造典型形象，有赖于创造性想象。学生作文也需要创造性想象。编写童话、寓言故事，把诗歌改写成散文，将简单的故事梗概扩展为生动、曲折的故事情节，按写作要求虚构生动的场面、情节和人物形象，这些都离不开创造性想象。如武汉市初中三年级学生傅洁的作文《乔迁之喜》，获得联合国举办的《空间活动将如何改变我国和世界》征文比赛亚洲第一名。这位14岁的女生在谈到自己的构思时说：“我的思绪插上了理想的翅膀，飞到了遥远的地方，飞到了我想象中的空间城市。我眼前仿佛出现了一幅神奇的画面：深蓝色的天空中，一座硕大无比的城市，上面有八条街，一座研究室，一座航空港，中间一个圆壳似的中心研究室，还有红黄相间的大房子，还有……呀，这城市真像个螃蟹城——八条腿、两个大夹夹、一个红圆壳。我急忙握起笔，在梦幻般的想象中，我写完了《乔迁之喜》。”这充分说明，创造性想象是创造性作文的极重要的心理条件，没有创造性想象的参加是不可能写出创造性作文的。

从想象的时空角度分类，可将想象分为追述、预言（幻想）、悬想三种：追述想象是把过去的物、景、人、事写得仿佛在眼前一样。这些过去的物、景、人、事，不管是亲身经历的，还是听说、看书读报得来的，把它们用想象加以推想，再把推想的结果写出来，让人感觉如在眼前。如《阿房宫赋》中的阿房宫及宫中人物，都是追述想象的产物。预言想象是将未来的物、景、人、事设想得好像已经摆在眼前一样。这些设想应给人以“应该如此”的感受，即使今天还不是事实，将来也可能成为事实。如毛泽东在《水调歌头·游泳》中由当时建筑长江大桥的规划，想象到“一桥飞架南北，天堑变通途”，进而想象到“高峡出平湖”，神女“当惊世界殊”。悬想想象所想象的物、景、人、事是现实中所不存在的。如《西游记》中的孙悟空、猪八戒就是这类形象。

从其触发点来看，想象有以下几种：

1. 因境想象。如要求根据所提供的材料发挥想象，为一对小姑娘作肖像描写。写作时可通过材料中提供的有效信息（情境）——夏季、公园、孪生姐妹等，再回忆自已所熟悉的与材料中小姑娘相仿的形象，就不难写好。这种学习全面细致地研究特定的“境”，因为它是生发想象的信息源。

2. 因景想象。如要求把一个圆形想象成一个具体的物体，从而写出一个画面、镜头或场景。它要求必须抓住图形的具体特征，化虚为实，从而想象到生活中有关画面的景象。

3. 因理想象。如要求根据《候车亭前》所提供的情节加以想象，写一篇记叙文，描述他们中“谁又回来清理这个地方”，所供材料在字里行间隐含了出场人物都有可能回来清扫的心理依据。研读时只要敏锐地捕捉住这些信息点加以合理想象，就不难完成。

4. 因人想象。如作文题“梧桐树下”，要求描写父亲与子女对话的环境、气氛、神态与话语内容。时间、地点以及每人的心态信息源都已提供，只要能进入角色，设身处地，发挥再造想象与创造想象，并辅以联想，就可写好。

5. 因情想象。如有的作文题，主要因情而发。例如“‘而立’之年回校”之类的文题也基本属于此类想象。

当然，一篇成功的想象型作文往往要综合采用多种想象，只不过以一种为主罢了。为此，对想象必须在单项定向学习的基础上加强综合学习。

三、想象的方法

想象的方法有多种，主要有象形、象征、分合、夸张、推测、幻想、虚拟、假设等方法。

1. 象形法。就是把一切无形的、抽象的东西化成具体的、可感可触的、形象的想象。如马克·吐温的《竞选州长》说主人公“提心吊胆——很像一个人睡觉的时候去揭开床毯，可脑子里却担心那底下会有一条响尾蛇似的”，这句话把主人公当时那种担心害怕的感觉写得十分生动、形象。

2. 象征法。借助某一具体事物的形象，来表现与之相似、相近或相关的事物、思想和感情的想象方法。例如，“当天空中出现乌云的时候，我们就指出：这不过是暂时的现象。黑暗即将过去，曙光即在前头”这句话中，“乌云”象征只能猖獗一时的反动势力、“黑暗”象征腐朽没落的社会制度、“曙光”象征中国人民革命即将胜利以及胜利后的美好前景。

3. 分合法。分合想象其实是相对立的两种想象，一是分化想象，二是合成想象。由于二者是思路相反的想象方法，成对并提较为合理。把一个事物分化成两个以上的新个体的思维方法就是分化想象。《西游记》中，孙悟空从身上拔几根毫毛放在嘴里一吹，立即化成了许多孙悟空，作者塑造这一形象用的就是分化想象。

与分化想象对应的是合成想象，即选择同类事物的局部融成新个体的方法。它的思路是从群体到个体，是合众为一。鲁迅说的塑造小说人物的方法“杂取种种人，合成一个”就是这个意思。合成想象在写作方面应用极广，这是一种塑造典型的方法。小说中的典型人物、典型环境、典型情节往往是运用合成想象塑造的。

4. 夸张法。夸张想象又叫伸缩想象，它是将事物放大或缩小的一种想象，一般把从小到大的想象叫宏向想象，而把从大到小的想象叫微向想象。《西游记》中写牛魔王能变为顶天立地的庞然大物，就是从小到大的宏向想象的思路；而写孙悟空变作飞虫钻进铁扇公主的肚子里，则是微向想象的思路；孙悟空手里的如意金箍棒，能大能小，大能顶天立地，小能藏在耳朵里，便是伸与缩双向想象的思路。

有时，将事物缩小，也能更真切地显示事物的本质。《镜花缘》写小人国里的人，都是“身长不满一尺”，说话“处处与人相反”，他们行路时，“恐为大鸟所害，无论老少，都是三五成群，手执器械防身”。作者将世间那些无情无义、心口不一、狡诈多端的道德小人，通过夸张想象，缩小为“身长不满一尺”的小人形象，聚之为“小人国”。人们通过这夸张的想象，更能见道德小人渺小的实质和害人害己的下场。

5. 推测法。从已知的事物推断出与此有必然联系的未知的事物的方法，就是推测想象。有则故事说：有个人丢了一头骆驼，寻找时问一位过路人。过路人问他的骆驼是不是跛足，瞎了一只眼，牙齿掉了两个。那人以为过路人看见了骆驼并把骆驼藏起来了。过路人告诉他，他是根据有关情况推测的：骆驼的足迹一边深一边浅，可知是跛子；路上的草被骆驼吃了半边，可知骆驼有只眼看不见；路上的小树叶被吃掉留下两个牙齿印，可知骆驼掉了两颗牙。丢骆驼的人这才明白，赶紧寻着骆驼足迹去找。过路人运用的就是推测想象。

6. 幻想法。实际上就是幻想，它以社会或个人的愿望为依据，是对还没有实现的事物及未来活动的一种想象。朱自清的《春》写到桃树、杏树、梨树都开满了花时说："花里带着甜味儿，闭了眼，树上仿佛已经满是桃儿、杏儿、梨儿。"由花想到果实，这是对美景的想象。

幻想想象是创造性想象的一种特殊形式，是一种与生活愿望相结合并指向未来的想象。幻想有积极的和消极的两种：凡是在正确的世界观的指导下，符合自然、社会发展规律并有可能实现的幻想，就是积极的幻想。这种幻想大一点就叫理想。方志敏在《可爱的中国》中描写了他的幻想："到处都是活跃的创造，到处是日新月异的进步，欢歌将代替了悲叹，笑脸将代替了哭脸，富裕将代替了贫穷，健康将代替了疾苦，智慧将代替了愚昧，友爱将代替了仇杀，生之欢乐将代替了死之悲哀，明媚的花园将代替了凄凉的荒地！"这就是美好的理想。

另一类是科学幻想，它是人们对科学技术发展远景的一种想象。这种幻想建立在今天的科学成就的基础之上，这是它的科学性的一面；另一面，在不违背基本科学原理的前提下，可以充分地加进自己的猜想和预测，这就是幻想性。作家叶永烈写的《小灵通漫游未来》一文，就幻想了空中飞艇、五用车（会飞、会跑、会爬、会游、会潜水）、声音锁、抽屉大楼、立体电视、牛鱼、人工冬眠等许多未来的新事物，它们并不是对未来的精确的预见，但有着较强的科学性。

虚拟想象。又称虚幻想象，幻化想象。将现实虚化为一种实际不存在的虚幻之物，用以曲折地反映现实、表达思想，是其基本特征。变换自己的身份、性别等，将自己幻化成为某一种人物或事物，进行设身处地、推情度理的想象也是虚拟想象。

也有人根据想象的科学原理，提出以下几种想象的方法。

1. 再造法

这是训练再造想象的基本方法。再造不是简单的再现，里面有旧表象的改组，新形象的建立。可以根据提供的图画、图表、图样以及生动的书面或口头材料，在头脑中再造客观事物的形象，写成作文。如看图想象，就必须运用再造法。

2. 夸张法

夸张的特点是用丰富的想象来扩大或缩小事物。例如，李白描绘庐山瀑布“飞流直下三千尺，疑是银河落九天”，《西游记》描写孙悟空一个筋斗十万八千里，又如讽刺发财观念极重的人，“他们看见那些受人尊敬的小财东，往往垂着一尺长的涎水”，都是用夸张进行扩大的范例。也可用夸张来进行缩小，如鲁迅在《药》中的描写：“一个浑身黑色的人，站在老栓面前，眼光正像两把刀，刺得老栓缩小了一半。”这种扩大或缩小，不是重在写实，而是重在写意。运用夸张的方法学习想象，发展和提高创造想象能力。作文中的新颖而又合乎情理的夸张，正是创造想象的生动体现。

3. 比拟法

不管拟人还是拟物，都必须借助于想象。在记叙性、说明性、议论性的文章或作品里，都可通过创造性想象来拟人或拟物，以便把文意表达得生动具体，把感情表现得深刻又动人。在写作学习中，可通过比拟来发展想象能力，特别是在童话、寓言一类作文中，更要重视比拟，如童话习作《公鸡为什么会“喔喔”叫》，通篇用拟人的方法，想象十分丰富，便是成功的例子。

4. 杂取法

这种方法又称拼凑法。创造新形象，特别是创造典型形象，可用杂取法。鲁迅在谈到他怎样做小说时指出：“所写的事迹，大抵有一点见过或听到过的缘由，但决不全用这事实，只是采取一端，加以改造，或生发开去，到足以几乎完全发表我的意思为止。人物的模特儿也一样，没有专用一个人，往往嘴在浙江，脸在北京，衣服在山西，是一个拼凑起来的角色。”又说：“模特儿不用一个一定的人，看得多了，凑合起来的。”这种“杂取”“合成”，有对旧东西的改造，有新东西的“生发”，有角色的“拼凑”，有典型的概括，“静观默察”，“凝神结想”，自始至终都有想象特别是创造性想象的参加。可以这样说，“杂取”的过程，就是创造想象的过程。作文不是文学创作，不要求创造典型形象。但为了提高想象能力，可用“杂取”法形成新形象，使作文具有创造性。在写作学习中也可以学习用“杂取”“拼凑”的方法来创造新形象。

5. 畅想法

畅想是指敞开思路、毫无拘束地进行想象。用畅想的方法学习写作，能发展创造想象，特别有助于发展幻想能力。幻想是创造想象的特殊形式，是向往未来的想象，指向自己所渴望的未来远景是幻想的基本特征。儿童头脑里充满奇特的想象，尤其富于幻想。学生的幻想不仅奇丽，而且常与科学的追求联系在一起。针对这种特点，在写作学习中，可自由地进行畅想，如写《未来学校畅想曲》《游览太空城》《我在二十一世纪》，就能发展想象能力。傅洁的得奖作文《乔迁之喜》写的“螃蟹城”就是对太空城的畅想，既有神奇的幻想，又有科学的追求，把幻想与科学、空间与地上联系了起来。学习畅想，要注意幻想与科学的联系，不要陷入毫无科学根据的臆想。

四、学习想象要注意的点

在想象的学习中要注意以下几方面。

1. 提供有关的知识经验

想象是在旧表象的基础上建立新形象的过程，它的实质是对旧表象的改造。因此，学生的感性经验、感性表象愈丰富，在作文中就愈能有效地发挥想象作用，改造旧的表象，建立新的形象。例如，指导学生写参观记，就不仅要实地去观察，而且还要讲述一些有关的历史知识，特别要讲述一些有关人物的故事，使他们以参观的实际见闻为基础，通过想象的作用，描绘出历史的画面，写出生动感人的文章。

2. 防止歪曲事物的形象

根据旧表象来建立新形象时，很容易把新形象歪曲成自己所熟悉的东西。例如，有的学生把世界闻名的瀑布想象成墙壁一样高，把古代人物的肖像想象成跟现代人差不多。在想象训练中，如不注意区分新东西与个人已知的、熟悉的东西的不同点，想象就会歪曲事物的形象，建立起不正确的形象。

3. 正确处理真实与虚构的关系

写作学习，强调写真实的东西，这是很必要的。但也应当在真实的基础上作必要的虚构，甚至专门做一点虚构练习。虚构能培养、发展创造想象能力。一些好作文，就是靠虚构写成的。

五、联想的类型与方法

有人把联想归为联想想象，可见想象与联想是分不开的，虽然联想并不能产生新形象，但它是想象的基础和桥梁，它生发于观察而归于想象。联想是一种由此及彼的思维过程，它是眼前的事物与以往曾经接触过的相似、相反或相关的各种事物之间的一座桥梁。通过它，作者的笔触可以从眼前的事物生发开去，纵横驰骋，把所要表现的思想和感情充分地表现出来。因此，要提高想象能力，须从培养联想能力入手。

关于联想，可从以下几方面着手：

1. 由“物”引“忆”。由眼前某一事物自然联想到与此有关的一连串事物。眼前事物（信息源）可以是一个因由，也可以是贯穿全文的线索。如《小雨中的回忆》《雪地情思》之类的文章就常用这种联想；有些文题中常有明显的词语标志，如“想到”“回忆起”等。

2. 由“景”生“情”。即所谓“触景生情”，抓住景物的精神、气质、情调诸方面因素，以象征手法生发联想。如中学课本中的《白杨礼赞》《松树的风格》《井冈翠竹》《雄关赋》等篇都属于此类联想的范例。

3. 由“事”明“理”。某些事物常寓含较深的哲理，要善于引导学生联想到现实生活中的某些事物，引发新的思考。比如由蚂蚁运物、蜘蛛结网联想到齐心协力、锲而不舍等哲理。有些议论文，如“由……想到的”“……的启示”之类的文题都需这类联想。

4. 由“象”抽“义”。表象只是人们感知的肤浅认识，而透过表象挖掘事物的本质内涵则需要合理联想，由表象升华到义理，给人们以深刻启迪。例如由“滴水穿石”的表象联想到“目标始终如一”与“意志坚定不移”的哲理就是一例。

5. 由“点”到“面”。它要求紧紧围绕一个中心事物，由同一感点出发把思维向四周扩散开来，从表现形式上叫辐射联想，如秦牧的《土地》一文就是这样的联想方式。

6. 由“正”到“反”。从事物的一面联想到事物的另一面，或有些事物属性相反，存在对比关系，可由它们之间的相反属性形成联想。这种对比联想能从相反的方面反映事物的特点，揭示事物的本质。在写作学习中，运用对比能形成丰富的联想。例如，由光明联想到黑暗，由人民胜利联想到敌人失败，由真善美联想到假恶丑，等等。通过这样的对比联想，可以开拓思路，深化文意。学习议论文写作，尤其要重视对比联想的作用，使学生看到问题的正面和反面，看到事物之间的矛盾冲突，做到认识全面，议论深刻。

联想的方法也有多种：

1. 形似法。小孩看到雪会想到它是米面、柳絮，看到冰块说它是玻璃，这是因为雪和米面、柳絮，冰块与玻璃形体（颜色）相似。比如称纵横交叉的街为“十”字街，见到体形曲线突出的女性说是S形，称人嘴唇两边留的胡子叫“八”字胡，也是形体相似。《记一辆纺车》写大家“从锭子上取下穗子也像从果树上摘下果实”，是因为纱团与果实形体相似。《长江三峡》中一句“深灰色石岩从高空垂直而下，浸入江中，令人想起一个巨大的惊叹号”，当然也是形似联想。

2. 神似法。即此物与彼物在某些内在本质方面有相似处而产生联想。比如由松树的遒劲联想到志士，由芭蕉的柔美联想到美女，由大槐的威武联想到将军，就是神似联想。《白杨礼赞》由生长在黄土高原上的白杨树及其团结向上的特征，想到在中国共产党领导下的抗日军民紧密团结、力争上游、坚强不屈的革命精神和斗争意志（白杨成了象征物）。通感修辞也是由于声音、颜色、气味、温度、形体等的某些相似而产生的感官沟通，即把一种感觉印象转化为另一种感觉印象的过程。例如，看电视可以说“看得津津有味”，形容某人歌喉可以说“甜美圆润”。

3. 同物法。即因相同的事物而产生的跳跃性的联想。看到别人放风筝，可能想到自己曾经扎过的一只风筝。看到人家桌上一部与自己家里品牌、款式、颜色都相同的电话，也许立即会想到家里的电话。《故乡的榕树》写“我”看到住所附近的两棵榕树，思维飞越了几千里，跨过了30年，想起了家乡的两棵大榕树和有关大榕树的故事。这都是由同物引起的联想。

4. 同字法。就某一事物，利用汉字的多义性来产生联想。有人见到当年的英雄人物王杰的名字，就想到了歌星王杰。杨朔的《茶花赋》由“童子面”茶花想到一群“童子面”——儿童的面孔。杂文《“推事”略考》由旧时官职名“推事”，联想到当前某些干部办事“一推了事”的作风，再引申到我们每个人都应当努力工作，推动经济建设事业发展。这些都是由字面相同而引起的联想。

5. 谐音法。地理教师教学生记住珠穆朗玛峰的高度海拔8848米，可联想到登山不易，要“爬——爬——死爬”才能上去。有个数学教师要求他的学生背出圆周率小数点后22位小数——3.1415926535897932384626，学生记不住，老师就不授新课。后来，那位老师丢下学生跑到山顶的寺庙里与一个和尚喝酒。有位聪明的学生根据谐音编出这么一段话：“山顶一寺一壶酒，尔乐苦杀吾。把酒吃，酒杀尔；杀不死，乐而乐。”很巧妙地记住了这个恼人的数字。

6. 拟人法。即把某一物想象为人的联想。小孩看到有人用刀刻树皮，他会说

“树好痛”；看到两辆汽车面对面停着，他会说那两个车子在谈心。甚至有的汽车尾部就赫然写着“不要吻我”。这些都把物联想成了人。《紫藤萝瀑布》一文写紫藤萝花一串挨着一串，一朵接着一朵，便想到它们“彼此推着挤着，好不活泼热闹，‘我在开花’，它们在笑。‘我在开花！’它们嚷嚷”。这也是以人度物的联想。

7. 关联法。以某一事物为触发点，超越时空限制，联想与之有关的事物。古人常见明月而思念故乡，这是因为习惯上正月十五元宵节又叫团圆节，是一家人团聚的日子。旅居异地的游子见到天上月圆，自然会想到在家乡与亲人团聚的情形。《荷塘月色》写作者见荷塘美景，想起采莲的事，又因“采莲是江南的旧俗”，进而“到底惦着江南”。

8. 对比法（相反法）。即由对立关系而产生的联想。杜甫遇到“朱门酒肉臭”的情形，立即想起“路有冻死骨”的悲惨情景。鲁迅在《一件小事》中由车夫的高尚品质，想到一切文治武力、子曰诗云都不值得记诵，这是由“小事”联想到所谓的“大事”。文学作品中，常用这种对比联想来展示人物的性格。《巴黎圣母院》中的加西莫多貌丑心美，副主教的貌俊心恶，《守财奴》中的葛朗台自私、虚伪、贪婪，葛朗台太太的温顺、隐忍，都是作者运用对比联想构设的对立人物。

值得注意的是，联想往往不是一步结束，而有多向和多层次，所以，联想一般还要分为两种基本方式。一种是辐射式（或称发散式），即以某个事物为中心和起点，向各个不同的方面进行多角度的、多种方式的联想。如朱自清在《春》中，把春天联想成“刚落地的娃娃”“花枝招展的小姑娘”和“健壮的青年”即是。如作文要求就“圆”写想象作文，也须用辐射式联想。如：可以将圆想象成太阳、足球、雷达天线、石碾、救生圈、圆木盆、蘑菇圈、日华、月晕……然后再在其中选择一个新奇、别致的联想去构思短文。

“全国中学生新概念作文大赛”的复赛题是展示一个咬过一口的苹果，要求展开想象写作文。参赛者发散思维：有的由此想到被老师踩瘪的一个排球；有的想到地球被小行星撞击的情景；有的想到了共和国独臂、独腿将军或登山运动员的缺臂少腿；有的联想到女孩情感上的缺口；有的联想到每一个生命都是被上帝咬过一口的苹果；有的由苹果想到人类的智慧和对智慧的探索是无穷尽的，但能日趋完美或完整。

另一种是联串式。有个推测说“大风过后木桶贵”，因为：刮大风卷起沙石会迷瞎不少人的眼，瞎子都去当算命的人，算命的人多了就需要大量的琵琶，多做琵琶就要多用猫毛（作弦），猫被大量捕杀老鼠会大量繁殖，老鼠多了会咬坏木桶，所以，木桶会贵起来。

六、想象力和联想力的培养

爱因斯坦曾经说过：“想象力比知识更重要，因为知识是有限的，而想象力概括着世界上的一切，推动着进步，并且是知识进化的源泉。”想象力要以敏锐的观察力和较强的记忆力为基础，而原有的表象信息的改组与新表象信息的组合又需要较强的分析力、综合力、判断力、推测力以及注意力、选择力等等。

想象力是进行创新写作不可缺少的一个重要条件。正如康德在《判断力批判》中所说：“想象是一种创造性的认识功能，它的本领能在真正的自然界所提供的素材里创造出另一个相似的自然界。”写作从本质上说是一种创造性活动，就像任何一种创造一样，也同样离不开想象。在思维过程中活跃在写作者头脑中的正是客观的、原始的表象信息。这些表象信息的再现是认识客观事物本质的基础，而表象信息的重新组合则可以创造出更能集中事物本质的表象信息。想象内容越丰富，越生动，想象中的创造性成分越多。一位学生在自编的歌词《十四岁，你在想什么?》中写道：“晚风轻轻从耳边吹过，月儿弯弯洒下轻波，多像问号在问我：十四岁，你在想什么？……让我拉响青春的汽笛，乘上时代的列车，快快迎接新生活。”诗中想象丰富，富有创造性。可见，想象力是衡量写作者创造力的重要标志。一切写作者都应致力于培养自己的想象力。那么，如何培养自己的想象力呢?

首先，扩大知识领域，丰富表象贮备。

人的想象不能凭空产生，而是以知识、经验为基础，以表象为材料。一个人想象水平的高低，想象的多样性和正确性，是随着大脑贮备的表象的数量与质量情况为转移的。可以说，没有知识的想象，往往是空想、胡思乱想；有了知识的想象，才能展开翱翔的翅膀，迸发出耀眼的火花。写作者要始终把现实生活当作自己开掘想象力的源泉。一般说来，生活基础越厚实，大脑中贮备的表象信息就越丰富，这样就可以帮助写作者在写作活动中选择信息。茅盾说过：“没有类似的经验基础，要想象也难以想象。北方人有一生没有到过南方的，如果有人告诉他江南一带河道之多，前门是河，后门又是河，甚至拿一个水桶也可以在后门吊水，他是无论如何想象不出来的。勉强要他‘想象’出来，一定弄成四不像。”

所以，想象应该以现实为出发点，才可能从眼前之事想到更远更深的东西。

其次，重视阅读，提高语言素养，充分发挥语言在激发想象力中的中介作用。

苏联心理学家捷普洛夫说过：“阅读文艺作品——这是想象的最好的学校，这是培养想象的最有力的手段。”文学作品中形象的语言能激发再造想象在头脑中活跃起来。当你读到“在又冷又黑的晚上，一个光着头赤着脚的卖火柴的小女孩在街上走着，一双小脚冻得红一块青一块，艰难地边走边叫卖。这一整天，谁也没有买过她一根火柴，谁也没有给过她一个钱。她又冷又饿，只好在一座房子的墙角里坐下来，蜷着腿缩成一团，雪花落在她的金黄色的头发上，越来越多……手里还捏着一把烧过的火柴梗……可怜的小女孩，在大年深夜冻死了。”这时，你就会展开联想，如听其声，如见其人，或许还会洒下同情的热泪。形象的文学作品能为我们提供广阔的想象空间，经常阅读文学作品就能激发想象力。

最后，通过创造性实践，发展创造想象力。

人的一切创造性实践活动离不开创造想象，而一切创造性想象也离不开创造性实践活动。一个人只有在客观实践的要求下才能产生创造新事物的动机和兴趣，推动他从事创造性实践活动，才能发展创造想象。

此外，还应该看到，写作是一种感情的外射，想象活动必须倾注写作者炽热的感情。丰富的原始表象信息只有在感情的作用下才能点燃，才能放射出巨大的光和热。感情触发想象，渗透在创新写作过程中。

联想就是利用事物之间具有相同、相似、相对、相反等特点，由近及远、由此及彼、由点及面、由因及果地把事物联结起来，再现出来。联想，可以由眼前所见所闻的“此物”，联想到不在眼前的“彼物”；可以由自然景象联想到社会生活，可以从日常习见的事物想到深刻的道理；可以从现实斗争想到历史……总之，联想可以超越时间和空间的限制，过去、现在、未来、天上、人间，上下数千年，纵横几万里，都是联想之翼所到之处。

所谓巧妙联想，就是运用联想的方法，根据事物内部联系和外部特征的联系，由一个事物联想到另一个事物，或两个以上的事物，并将它们有机地组合起来。譬如，著名作家秦牧的散文《土地》写道：“望着莽莽的大地，骑着思想的野马奔驰到很远很远的地方。”他想起了晋公子重耳拜土的故事；想起了古代帝王分封诸侯时赠土的故事；想到了殖民主义强盗强迫土著民族跪在地上，用砂土撒到头顶的故事；想起了旧中国漂泊海外的华侨怀土的故事；想到了历史上多少英雄志士为了保卫土地而英勇斗争的故事；想起了在这块广阔的土地上人类文明的进化史；想起了社会主义建设初期为修筑水电站大坝工程，建设者挑灯夜战的情景；想起了雷州半岛的运河；想起了潮州平原的田野；想起了美丽富饶的珠江三角洲……

联想构思，又可分为纵向联想、横向联想、因果联想、假设联想等。如果按照事物的产生、发展、结局的顺序进行联想，就是纵向联想；从一种事物推及与其相似又同时存在的另一些事物的联想方法，就是横向联想；从事物的原因想到结果，或从结果想到原因，就是因果联想；如果以事实或科学理论为根据，联想到从未见过的已知或未知事物，并判断这些事物可能存在或必然产生，在这样的基础上进行的联想就是假设联想。我们构思的时候，思维十分活跃，应该充分运用上述联想方法快速进行构思。下面这篇文章，就是运用联想进行构思的。

飘动着的两片云

赵宏宏

云，真的很美。我喜欢云，也崇拜云。云，有时像草原上缓缓蠕动的绵羊，有时又似悠悠飘落的柳絮，总使我涌起无限的遐思……

我不会忘记北京颐和园以及十七孔桥旁的那一片青草地。那一年，我和我的同学们在这里度过了小学时代最后一次春游。汪老师——我们的班主任，带领我们在草地上嬉戏。我斜靠在石狮上，观赏昆明湖的胜景。碧蓝的湖水，倒映着桥身，阳光斜射，春风吹过，湖面掀起金色涟漪。忽地两片云映入我的眼帘，从水中经过，飘飘然如雪花，悠悠然似柳絮。我不禁仰头寻找那两片云。

“这云很美，是吗?”我回过头，汪老师已站在我的眼前。

“你说它像什么?”

“像柳絮。”我愣了一下，回答说。

“是的。每一片云都像柳絮那样白。这两片云的形态更像少女的侧面像。你看！那长长的头发……”汪老师高兴地指着那两片云。

我不以为然地耸耸肩，指着前面的万寿山说：“要不论颜色，我看它倒像万寿山。”

“啊，不错，像万寿山，不过，它比万寿山美多了。”我们一起抬头看去。那片云已飘远了。

那次看云之后，汪老师和我说起诗歌。她好像很偏爱白话诗。她向我提起现代诗人徐志摩，我知道得不多。于是，汪老师念了徐志摩的一首关于云的诗：

我是天空的一朵白云，

偶尔投影在人们的波心，

你不必惊异，更无须欢喜，

在转瞬间就消失了踪影。

我说，我对白话诗没有太大的兴趣，却喜欢古人的诗词，像苏轼的“明月几时有？把酒问青天，……起舞弄清影，何似在人间！”多有气魄！记得那时，汪老师很兴奋，脸都红了，眼睛闪烁着光芒，两道淡淡的眉毛挑起。我的思绪不知到了哪里，只觉得眼前那两道眉毛浮上飘下，我忽然兴奋了，那两道眉毛不正像那两片云吗？我笑了……

汪老师慈祥，也很健谈，有渊博的知识。她时常和我们一起，谈昨天、今天、明天，也谈那广阔的世界。我常常会有些幼稚的小牢骚向她诉说，她总是微笑着，两道淡眉闪动着，显得那么慈爱，像个宽容的妈妈。每当此时，我心中便会涌起一种莫可名状的感情，接受她，尊敬她，爱她。

时迁物移，从北京转学到温州，上了初中，我还是忘不了汪老师的形象，尤其是她那始终微笑着的脸，那两道挑起的淡淡眉毛，那美丽的两片云。

这篇文章联想的触发点是“云”。文章的思路是这样的：云—湖中的云—天上的云—诗中的云—教师的眉毛好像美丽的云。文章中的联想是建立在对“汪老师”的热爱基础之上的。因此，这种联想使文章更真实感人。

可见，运用联想构思文章，应注意以下几点：

一要确定好联想的起点。起点是联想的基础，是联想的第一步，犹如唱歌的起音，起音不准，后面的歌难以唱好。

二要选择好联想的线索，有了好的线索作引导，联想就能顺利展开，并把联想到的种种事物巧妙地串联起来，成为有机的整体。

三要把握事物之间的内在联系。联想可以漫无边际，但真正写进文章之中的事物，不具有任意性，而要受文章的主题和作者意图制约。出现在文章中所联想到的事物，应与文章主题和作者的意图具有内在联系，从而才能更好地体现其目的。

四是要储备丰富的知识信息。头脑贫乏的作者，是不善于联想的。知识丰富，就有许许多多可触发的联想题旨的机遇。所以，学习写作应努力丰富自己的知识仓库，为发挥联想储备充足的“原料”和“能源”。

想象和联想是创新的重要途径。学习写作，要求具有想象力。学生要在想象力开发的黄金时期，抓住宝贵时机，培养想象力，这不仅对作文极为重要，而且对提高智力素质，尤其对提高创造素质有着重要意义。

第四节　情景作文法

情景作文，也叫“情境作文”，就是作文题提供一则材料，这则材料的作用是描述或说明一个场景、一件事情、一个意境，要求作者融入材料中的场景、事情、意境，把自己当成其中的人物，设身处地去感受、思考。情景作文是根据学生生理结构及其相应的认知特点，知识掌握的准确程度及其与周围环境的关系，通过实物、图片、电视、录像、电影、计算机、社会环境等创设情景，把学生带入到一个崭新的、环境优美的、气氛清新的氛围中去，从而激发学生的写作欲望，使之情感自然流露，真正做到文章有感而发，使学生在欢快的气氛中学习写作。

在开展情景创设研究中，可以有三种情景创设：

第一，问题情景。“学起于思，思源于疑”。为了创设问题情景，首先要设疑。没有疑，就不会产生思，就不会产生创新的欲望。其次要藏疑。疑不要太露，即问题要有一定的隐蔽性，有一定难度，这样才能引发探索的兴趣。最后要激疑。问题出来了，有些人懒得思索，就要想办法激发他们去探疑解疑。

第二，生活情景。生活是作文创新的活水源头。为了创设生活情景，要求在开展情景创设中做到：首先，要联系学生生活、学习、生理、心理实际，才能引起他们的关注。其次，要联系国际国内大事，把作文置于国际、国内的大背景、大舞台之上，才能开拓学生视野。最后，要联系社会热点、焦点，才能引起学生兴趣。

第三，情感情景。这是创设情景的最便捷、最有效的途径。为了创设情感情景，要求在开展情景创设时做到：情感要充沛，语言要抑扬顿挫，表情要丰富多样，动作要协调配合。

情景作文的体裁主要以记叙文为主，还可以书信体、记叙体来评论，还可以在具体场景中谈一下自己的设想。这几种体裁都要用第一人称，把自己置于故事中或作为评论者发表意见。

一、记叙型情景作文

首先要分析材料所提供的场景、事件、意境，分析其中的人和物，有时要对人物的行为作出评价，确定文章的主题。

比如这样的情景材料：

“母爱”，这是多么温馨的字眼，给了我们多少关怀、多少激励。在你即将和母亲告别赴远方求学的时候，有多少往事涌上心头，有多少话语要对母亲倾诉……假如你处在此时，将要对母亲说些什么呢？

选材方面，关于“母爱”的材料实在太多，多少母亲为儿女深夜盖被，为儿女生病痛苦不眠，无微不至地关心儿女，付出所有心血哺育儿女健康成长。应该选什么材料反映母爱才能“以小见大”，“有创新”呢？母爱题材的选材无非三种：一是对儿女物质生活上的关心，二是对儿女精神生活上的关怀、激励，三是母亲对儿女精神上的磨砺。比较这三种选材，第一种是人们常选用的材料，不新鲜；第二种人们也常常选用，新意不够，比第一种稍强；而第三种选材，一反“慈爱型”的母亲形象，写母亲对儿女精神上的磨砺，刻画“严厉型”的母亲形象，这就有新意、有创见。如写自己挨母亲的打，可以通过几次挨打，写出母亲对自己的严格要求，反映母亲在儿女面临人生重要路口时用严厉的态度教育、启迪儿女。这一方面的“母爱”材料才是常人写得少的、有创新意识的材料。

确定主题、选好材料之后，就是写作了。写作时，要安排好材料，详略得当、重点突出。几件材料不必一一按顺序铺开，大可采用灵活的叙述方式。比如上面“母爱”的材料，可以写自己的几次挨打，但不需要按时间顺序铺开，可以重点写一次挨打，用插叙手法补充其他几次挨打，这样有详有略，笔法较灵活。另外，既然是记叙文，那么语言就要求生动、形象，人物要有血有肉，不要空发议论、空谈道理，更不能空唱赞歌或大发牢骚。记叙文要通过事情、人物反映主题，人物有语言、动作、心理，这些都要注重描写，刻画一个活生生的人，要通过这些记叙、描写来表现自己真挚的情感。比如上面关于“母爱”的材料，母亲痛打子女时是怎样的情景？表情、动作、语言各是怎样的？我想，“母子连心”，打在儿身痛在娘心，母亲一定是噙着眼泪不忍下手，但为了儿子成长却又不得不忍痛下手。

二、评论型情景作文

就是要分析材料中人物的言行，评论其对错，指出其危害。这种评论，实际就是思想评论，一事一议，就事论事。它不同于一般材料性议论文需要引申，它只需要对这件事进行分析，分析人物言行错在哪里、有什么危害、有什么解决的办法。比如这样一个场景：

李雄在水塘边看到三名儿童落水，奋不顾身跳下水塘，艰难地救起三名儿童。当救起第三名儿童时，李雄已精疲力竭，危在旦夕。岸上围观者不仅不伸手相救，而且还在议论："这李雄在学校调皮打架，被学校开除，成天在街上混。下去救他如果有事实在划不来……"就这样，李雄失去了年轻的生命。假如你是现场的一个没有能力救人的小孩，你该怎样去劝说这些大人下去救人呢？

这些大人的言行无疑是非常错误的。世界上生命是最宝贵的，即使是一个罪犯，有生命危险时警察也有责任去救，因为那是一个人，一条生命，更何况一个涉世未深、可塑性很强、偶犯错误的少年呢？这些人其实是漠视生命，对别人缺乏爱心，只顾自己不顾别人，还极力为自己解脱。如果任由这股风刮下去，会有损社会道德。所以劝说时既要指出其错误，又要鼓励他们以救人为先，为后人、为少年儿童树一个榜样，为维护社会风气尽自己的一份心力。

评论型的情景作文同样要求以第一人称，把自己置于所提供的场景中来评论对错、发表意见。具体场景要具体分析，指出别人的错误态度要鲜明，要义正词严，劝说别人要"动之以情，晓之以理"，态度要温和，语气不要太激动，要委婉、随和。文体可用记叙文，以自己的劝说语言为主。有时，还可用书信体形式，这样更随和。

三、设想型情景作文

也就是设想一下自己处在材料所提供的情景中，对某一问题谈自己的看法或做法，并说一说自己这样看或这样做的理由。这种情景型作文一要有自己的真知灼见，谈出自己独到的看法、建议，或与众不同的做法；二要有充足、合理的理由来支撑自己的看法与做法。

如下面一则作文题目：

世界博览会的历史源远流长。埃菲尔铁塔就是1889年世博会的主题塔，它至今仍是法国巴黎的象征；1970年在日本大阪举行的世博会主题是"人类的进步与和谐"；1993年韩国大田世博会的主题是"新的起飞之路"；1998年葡萄牙里斯本世博会的主题是"海洋：未来的财富"；新千年第一届世博会今年在德国的汉诺威举行，主题是"人类—自然—技术"，我国也将参加。

最近，我国政府宣布支持上海市申办2010年世博会。请你为2010年上海世博会确立一个主题，加以论证，并说说你的设想，写一篇1000字左右的文章（诗歌除外），题目自拟。

这篇作文对学生来说有一定难度，如果阅读面不广，视野狭窄，对社会、政治、大自然漠视，只知待在教室里，是写不出有创见的文章的。一般来说，每一个时期，全世界、全人类都有关注的重点。那么，在2010年，你认为到那时人们关注的焦点是什么？是大自然的环境问题？是对太空的探索与开发？是愈演愈烈的遍及世界的恐怖主义问题？你对这些问题又是怎样看的？这些问题就是审读材料、设身处地设想的基础。找准那时全人类关注的焦点及自己对这个焦点的看法后，再谈一下自己为什么要这样看，并摆出理由。

情景作文的这三种题型都是以“我”为主，采用第一人称，将自己置于所提供的场景之中，为材料中所提出的问题想出解决之道。这就需要多观察、多阅读、多积累。有了丰富的生活积累与深厚的知识积累，无论什么样的情景材料，都有话可说、有法可想，这样，作文才有真实的材料与情感。

四、情景作文的写法

写好情景作文应注意以下几方面。

读懂情景。文题所设置的情景，有的清楚明了，有的委婉含蓄。因此要认真阅读情景材料，特别是要读懂其中隐含的要求。

融情入景。在审题时，必须满怀情感地去阅读材料，体味情景氛围，并设想自己是个中之人。只有这样，才能“身处其境、心领其情”，进而产生共鸣，才能很快地入题写作。

自创情景。情景作文提供了一个写作时的假设环境，因此在审题运思时，不仅要“设身处境”，使自己的文章合情合理，更要展开想象的翅膀，飞出境外，创设新的情景。

衔接自然。情景作文，不论是在情景材料中插入一段人物描写或场面描写，还是在情景材料后续写故事的结果，或是将情景材料作为记叙、议论的铺垫，都存在着所供情景与自创情景之间的衔接问题。因此，写作时一定要衔接自然，结构合理，使文章前后浑然一体，不可前后脱节，漏洞百出。

第八章　自由作文的方法

自由作文也叫学生拟题作文，它是相对命题作文而言的。自由作文，指不由教师出题目、给材料、设情境，而由学生自己拟题、选材、定体的写作学习方式。它给学生更大的主动权，由他们写自己熟悉的东西，放胆写作。日记、随笔是自由作文的常见形式，也可进行不同文学体裁的写作。

第一节　自由作文的类型

自由作文是与命题作文相对而言的，即教师不拟题目，而由学生自拟题目作文。它与命题作文相比较，具有特殊的价值：一是有利于锻炼学生的思维能力和创造精神。这种方式能与学生的生活实际相结合，便于他们自由倾吐心中所想。它可以打破命题作文的严格限制，为学生自由表达提供条件，充分发挥学生的创造性，并在提炼主题、选择题材和安排结构等方面得到锻炼。二是更能适应未来工作、学习和生活的实际需要。这种写作及其形成的写作能力，更富有实用价值。

自由作文主要有三种类型：

一、确定写作范围，文体不限

训练时，给学生提供某一具体内容，或某一事件，或某一社会现象等，以免学生大海捞针、搜肠刮肚，不知写什么，但写作体裁不限，题目自拟，仍然给学生有较大的自由度，学生仍然能够积极、主动地发挥自己的创造性。

二、确定写作文体，但写作内容不限

为了写作训练的需要，教师确定训练的文体，或者某种写法、某种表现方式，但内容不限，题目自拟。这种方式给学生一种大致的限制，学生尽可自由发挥。

三、完全由学生自由命题

对学生作文的题目、写作内容、文体、表现方法等不作任何限制，完全由学生自由发表、放胆为文。这种作文，学生的自由性最高，创造性也最大，对未来社会需求的适应性也更强。因此，也应是写作学习追求的最佳境界。鉴于学生的年龄特征和写作学习的规律，这种完全自由的写作学习形式比较适用于高年级学生，需有计划地进行，防止写作学习中的随意性。好像学走路一样，教师指导学生作文，应是扶着走、牵着走，最终放手走。由命题作文到自由作文，这是学生作文的必由之路。

第二节　评论的写作学习方法

评论是叙议结合、评论是非的议论性文体，包括社会评论、思想评论、文艺评论等，学生的评论写作主要是学习写短评。短评，就是对人和事物进行简短的评论，其形式大都短小精悍，内容相对集中，往往抓住一个问题或问题的一个方面，深入分析，讲清道理。

一、生活评论的写法

生活评论是日常生活中对话的一个重要内容。我们在日常对话中不会要求自己有严格的结构和严密的辨析，但是一旦形成文字，就必须合乎相关文体的基本要求。

首先，是论点的形成和表述。论点是一篇评论文的灵魂，文章的写作目的就在于表达自己对某一个事物的观点。如果你的观点和别人一样，没有什么新的见解，也就意味着你的文章没有新意。学生学习写作，有些题目可能是不能够选择

的，所以在写作的时候要对题目的内容进行分析，尽可能找到对该内容的个性理解。

对一个题目或一个事件的分析，不是无迹可寻的，有前人提供的思路。可以对一件事物的前景进行合理的设想：如果它在将来给我们带来有益的作用，那就意味着它可能是正确的；如果它在将来带来的是有害的作用，那就意味着它是错误的。可以通过与历史中同类事物的比较，通过分析现实各种条件与过去的异同，来判断一件事的正误。可以通过对一件事物在现实社会中与现实的关系的分析，比如是否违反法律、道德等来评判它的正误。当然事实上不是每一件事物都可以简单地给出一个对或错的判断，对许多事物要进行辩证的分析，也就是说有些事物在主体上是正确的，但在某些方面并不完善，反之亦然。这样我们对事物就有了合理的判断。

有了自己的看法后，就要考虑怎样正确地表达自己的意图，在议论文的写作中对自己的思想有一个正确的表述很重要。简单地说就是要在自己的文章中，鲜明地赞成什么或反对什么，不要对社会问题、生活现象做模棱两可的认定。还要注意论点的出现要有一个好的语言形式，比如感情色彩明确的句子、借用警句格言来表达等。

其次，是论据的选择和组织，要说明自己观点的依据并且说服别人同意自己的观点，这是议论文的写作目的。为了证明自己的观点，通常可以选择和组织一些事例来证明。一般而言，作为对社会现象、生活的评论，选择比较多的事例是社会现实和历史故事。要提醒的是：所选的事例应该是真实的、典型的，而不是众所周知的老生常谈，对事例中与论点密切相关的那一部分内容尤其要注意准确。因为这一部分内容是我们在文章中所要陈述的事例的主体。

在选择事例之后还要注意组织，不能随意地将想到的事例无序堆积在文章中，而应根据事例的逻辑关系来组织。可以按照认识规律——由表及里组织，也可以根据事例的类别，将相同的并列，相反的对比，也可以按主次关系组织，来论述自己的观点。用什么样的方式来组织事例，既有主观选择的原因，也有客观存在于事例自身的理由。在分析的时候要注意拓展对事例的评判角度，要适当地对事理进行引申，就事论事的分析会使文章在论述的时候欠缺深度。

最后，是应该怎样使事例成为文章的有机组成部分。事例和评论的对象之间有着各种各样的联系，通过分析选择的事例就可以证明论点。在分析事例的时候，首先应该清楚，事例在事理上的哪一方面和我们的看法是一致的，多数事例在因果上与论点有共通的地方，在分析的时候要充分地利用其中的一致性，来使读者通过对事例的理解来认可我们的判断，这样文章的内容才具有整体感。

当然在写一篇生活评论的时候不能忘记，写评论的目的是让更多的人理解并且接受我们的观点，提出的问题能够引起读者注意，从而使更多的人去改变生活，有更好的未来，因此在写作的时候，还要注意写作的目的不是为了发泄对生活的不满和愤怒，因此，在表达自己对生活中某些不良现象的看法时，要注意控制好自己的情绪，首先要“晓之以理”，其次要“动之以情”。

二、小说评论的写法

小说评论是写作者在对小说深入解读的基础上，对小说做出评论、分析、鉴赏和研究的文章。要想使自己获得对小说深刻而独特的见解，切中小说的要害，真正评到点子上，必须从以下方面着力：

阅读，多方占有材料。熟读和读懂所要评论的小说，是获取信息和占有材料的重要途径，是获得评论权的基本条件。反复读，钻研透，收获大，那么写出来的小说评论质量也必然会高一些。对小说要多读、深读，也要精读。对其中的重点部分，还要反复吟诵，直到能产生真知灼见。有了感触，写出来的文章才是“自己的”，而不是人云亦云。不仅要读所评论的小说，同时也要读该小说的背景材料，了解小说作者的经历和创作道路。阅读过程中，要随时把感受、体验记录下来，做好笔记以备选用。

选题，恰当确定内容。所谓“选题”是指确定、选择评论的中心和范围。小说的人物形象、故事情节、背景环境、艺术技巧、语言表达等，都可以作为评论重点。对于初学者来说，选择评论重点，宜少不宜多，宜小不宜大。到底把什么作为评论的中心和范围，取决于我们的感受——你对人物形象感触更深，心得更多，就不妨评论小说的人物形象，比如人物语言、人物性格、人物心理等。当然，也取决于该小说的特点和价值——哪方面更有特点和价值，就可以考虑评论这方面的内容。

评论，坚持以理服人。写作时先要提炼观点，然后运用小说中的具体内容来印证观点，做到以理服人。比如，你要评论人物形象的塑造，就应该把人物放到特定的社会环境中，看看小说中的人物“做了什么”“怎样做的”，要举出实例，并作具体分析，从而评价这个人物形象的典型意义。为了使说理条理化、透彻化，可以按人物性格形成发展的线索来评，也可以抓住人物性格特征中不同的侧面来评，还可以抓住表现人物性格的一些生动细节和场景来评。总之，谁好谁坏，谁美谁丑，评论时必须坚持以理服人的原则，该复述的要复述，该举例的要举例，该联系生活的还要联系生活，这样才能令人信服。

三、读后感的写法

读后感，也叫心得体会，就是在你阅读完一本书或者一篇文章之后，针对其内容发表自己的看法、想法、感想、感受、心得、收获、反省、思考、议论、评价等等。

读后感的题目的写法很多，比如《读××××有感》《××××给我的启示》《谈××××的语言特色》《由××××所想到的》《××××浅析》《××××告诉我》《生活中的××××》等。有时也常使用双标题，如《生活告诉我——读××××有感》《不可多得的好书——××××读后》等。

写读后感，利于培养分析和联想能力，提高综合问题并把自己观点表达清楚的修养，同时，它也能反过来促进阅读和理解水平。

读后感，是读书笔记的进一步深化。比起读书笔记，它的形式和思路、内容更为灵活多样，没有什么固定的模式。你可以围绕一个主题、一句话、一个词，放开去写，使你所有的知识和学问在一篇读后感当中得到尽情的发挥。

读后感这种体裁的弹性很大，形式多样、可长可短，如叙述与议论、分析与归纳、对比与联想、反问与解答等等。

读后感的“感”是在读书的基础上产生的，因此写作之前要认真读好原作。读出内涵，读出滋味，才能有感而发。在内容上一般要注意写好引、议、联、结四部分。

“引”就是引用原作，目的是使读者明确了解作者是就何著作、何情节、何人物有感而发的，“感”是否真实、正确。它可以出现在文章开头，以引出观点，可以出现在文中作为“感”的论据，但无论位于何处都要注意“引”的概括性、精炼性、从属性；因为它是为议论设置的记叙。如果不注意这一点，频繁、大量地引用，就会喧宾夺主，失去读后感的议论性，而导致写作失败。“引”就是引述原文内容，加以联想发挥。读完一篇文章后，如果很有感触，你便可以在简述原文主要内容和中心思想的基础上，借题发挥，展开讨论、评说，阐明自己的看法。但要注意的是，一定要紧紧围绕原文的精神，不能“离题”“跑题”。对原文的叙述，你可以先议后叙，也可以先叙后议，或者夹叙夹议，只要便于发挥你的

"感"、展开你的"思"。有时也可以只引用原文的某个段落，针对它的写作特点与思想内涵展开论述。

"议"是读后感的主体部分，就是就原作中的人、事、物、情节、中心等某一方面或几方面（通常就一方面）提出观点并论证观点。这与议论文的论证是相同的。只是在论证时不仅要处处服务于论点，还要心中时时想着原著，也就是说注意观点的根源。"议"要列举同类事物，做出综合结论。由原文中心内容切入，再举一些事例、名人名言，归纳总结这些事例之间的内在联系，进一步揭示原文的思想意义。这种方法，强调了原文的思想，丰富了读后感的含量，可以加强"感"的说服力。"议"可以逐层分析原文，透彻了解内涵。在做原文结构提纲的基础上，丰富"枝叶"，深入分析原文精神内涵。针对的可以是原文的思想方法，也可以是它的语言色彩，或者是它的结构特点。

"联"是读后感在原作基础上的联想，就是联系实际。联系实际的范围比较广泛，可以是社会实际，也可以是个人实际。它是体现原作教育意义及读后感本身思想意义的重点之处。"联"意味着要照应原文中心，联系生活实际。联系自己在生活中亲身经历或者耳闻目睹的事情，可大可小，可新可旧。但要注意，不能与原文思想有出入，应该保持一致，而且，要言之有物，戒假话、大话、空话、套话等华而不实的语言风气。通过一些生活实例，挖掘它们背后的思想根源，发现某些规律性的东西。提出问题、解决问题、总结经验，用这种方法，写出理论联系实际、读书联系生活的读后感。

"结"就是结论，像一般议论文一样，可以是观点的再度阐发、总结，也可以提出倡议。

写读后感要注意角度灵活多样，形式丰富多彩 。这种方法比较难掌握，但运用好了以后，会起到"出奇制胜"的效果。这既需要深刻领会原文的思想精华，又要具备丰富的读书经验和知识，善于抓住一点，寻找突破口，由点及面，由浅入深，由简单到复杂，由现象到本质，由特殊到一般。还可以针对原文利用反问、对话等形式，谈古论今，发人深省。

当然，读后感的写法不是固定的，要根据不同的写作需要加以确定。可先叙后议，可边议边叙，也可先议后叙，还可议论、抒情并重。内容上除了以评价为主体的评论型读后感外，还可以阐发开来，由此及彼，展开联想，发表见解，讲明道理，写成随感。也可以以原作作为议论的依据，旁征博引，写成杂谈。但不管采取哪种写法都要围绕自己的观点，以原作为附着点，写出新意，不老生常谈。

读后感是读完作品之后的有感而发，它既要承载作者的感情、感想，同时又要再感染读者，所以在表达作者情感的过程中，要提炼观点、论证观点。因此，读后感是以议论为主的文章，一般归入议论文一类。这就要求读后感的写作既要符合读后感的独有特点，又要有议论文的论证。

第三节　小说的写作学习方法

小说是叙事性虚构作品，时空处理极为自由，语言灵活多样，各种艺术技巧可以得到充分的运用。在展示生活的丰富性和多样性方面，小说具有多方面的功能和特点。小说的写作要能多方面、细致地刻画人物，能自由、灵活地展开情节，能具体、真切地描写环境。

学生作文中的小说写作一般只要求写小小说。小小说，又名微型小说、千字小说等。它是一种篇幅短小、情节单一、人物刻画单纯、环境描写简明、语言简洁含蓄、单一中求精美、单纯中见丰富的小说样式。它对生活的把握是“化整为零”，对生活的反映是“以点取胜”。它把握生活不像中长篇小说那样“全面出击”，也不像短篇小说那样“烛照某一个局部”，而是将复杂、纷繁的事件“净化”为比较单纯、比较单一的事件；将纷繁、复杂的人物“净化”为性格比较单纯、单一的人物；将纷繁、复杂的场面、环境“净化”为比较纯净、简明的环境。它写人、写事、写环境也不把它们全“抖”出来，而是通过某一点、某一瞬间，一下子烛照生活的全部底蕴，通过某一特定的瞬间，使推到幕后的社会生活全“活”过来。① 可见小小说的最重要特点是：用较少的文字表现深刻的内涵，表现社会生活的真、假、美、丑。因此要写好小小说就要篇幅小而容量力求丰富，人物少而力求典型，情节简而力求精练，要以最经济的笔墨反映出最深刻的主题，句句抓到痒处，字字击中要害。下面就介绍小小说写作学习方法。

一、取材要准，联想要丰富

鲁迅论及短篇小说时指出：“只顷刻间，而仍可借一斑略知全豹，以一目尽

① 赵炎秋、毛宣国主编：《文学理论教程》，岳麓书社2000年版，第226页。

传精神。”写作大师们都强调抓住“顷刻”，这顷刻就是生活中富于表现力的一件小事、一个场景、一个画面、一个闪光点。换句话说，就是生活的一个小小断面。因此，小小说写作要善于捕捉生活中的闪光点，并且能运用联想挖掘其实质。有感而发，艺术化地再现生活。或切中时弊，或惩恶扬善，或寓含哲理。

二、构思要巧，情节要动人

“文似看山不喜平”，任何小说，要想吸引读者，都离不开曲折、动人的故事，但小小说由于篇幅短，不能进行层层铺垫、渲染而达到高潮，由此，小小说选用某种技法巧妙构思很关键，切忌平铺直叙。或层层设悬一波三折，或倒叙开头引人入胜等。为了避免感情表现没有跌宕变化的“直线式”，小小说常用“逆转构思”，就是从反面下手，一路逆行，当这种逆行达到顶点的时候，突然笔锋一转，人物的“庐山真面目”才显现无遗。如《春风沉醉的晚上》中便灵活使用了这一技法。

三、开头、结尾要简洁巧妙，富有个性

这是由小小说的短篇幅、大容量特点决定的。小小说的开头讲究快、巧、新。快，就是单刀直入地进入故事，尽快推出主人公，尽快展开矛盾，不拖泥带水，最好开头即有情节；巧，就是找到小说情节的最恰当切入点；新，就是没有固定模式的限制，做到新颖、出奇、多样化。如小小说《烈女》的开头：“她曾壮怀激烈地死去，如今又悄悄地回来了。”这便紧紧吸引了读者，原来这位烈女揭发城运局长贪污巨款，几次上访无结果，她想以死醒世。但后来打消了这一念头，而人们却以为她死了，对她高度评价。这篇小说开头是多么快、巧、新啊！确实可称得上小小说开头的典范之一。如何做到快、巧、新呢？具体办法是多种多样的。有的小说一开头便提出一个问题，攫住读者的心；有的迅速把主人公推到台前，以独特的个性或遭遇吸引人；有的几句话设下悬念，像投放鱼钩一样紧紧钩住了读者；有的迅速展开矛盾，用尖锐的冲突将读者卷入漩涡；有的用诗歌开头，揭示全篇要目；有的用对话，揭示人物独特神态；有的用名言开头，揭示哲理，发人深省，等等。

小小说的结尾要短小精悍，戛然而止，又要让人玩味无穷。也就是说要含蓄，留足余地，达到言已尽，而意无穷。或暗示其趋势，使读者得到鼓舞或教育；或束之以哲理性警句，使读者猛然醒悟；或画龙点睛，在结尾处突然峰回路转、

柳暗花明，手法可灵活多样。著名作家冯骥才在《谈创作思维的习惯》中说："我喜欢这样的结尾，把话留下半句，把感情推出去，作品终结时，能将作品的思想推进一层，这一层又完全交给读者去想象。"这几句话用作小小说结尾创作的名言，可以说再恰当不过了。

四、人物形象塑造要灵活

小说以塑造人物形象为中心，通过完整的故事情节和具体的环境描写反映社会生活。小小说的情节可以只是某一片段，其人物形象也不必强求，但人物典型言行的细节描写在写作中却是十分必要的。

第四节　诗歌的写作学习方法

诗歌，是最为集中地反映社会生活的一种文学形式，它被誉为"文学中的文学"。它是作者向人们奉献的美酒佳肴，被誉为"陈情的载体"。因此，诗所记录的内容应是真情、真理、真美。写诗要用真情去体验生活，记录生活，要善于从司空见惯的事物中发现美，要善于从看似不起眼的东西上发现耀眼的光辉。法国著名雕塑家罗丹曾经说过："美是到处都有的。对于我们的眼睛，不是缺少美，而是缺少发现。"作为诗的创作者应该用有准备的头脑去主动切入生活，熟悉生活。观察事物要细致，以提高自己对生活的理解力、感悟力，切忌走马观花。要勤于思考，善于思考，要清醒地洞察社会，洞察现实世界，洞察人的灵魂。只有这样，才能抓住生活中稍纵即逝的灵感，写出好的诗篇来。否则，硬挤出的诗作，也只能是无病呻吟。

要巧于构思。构思的好坏，决定着诗作的优劣。构思贵在独创性。只有对生活有独特的发现、独特的感受和见解，捕捉到具有新意的形象，开掘出新鲜而深刻的思想内涵，运用有艺术特色的形式加以表现，才能写出好的诗篇来。

要通过鲜明的形象创设诗的意境。诗的意境是诗人借助于艺术手法把他心灵的声音附着于具体可感的物象上而产生的。那么怎样创设意境呢？创设意境的基础是情切景真，要把强烈的感情与具体生动的客观事物有机交融。具体的方式可多种多样。如：有的在诗句中运用象征、比喻、暗示手法赋具体事物以言外的意境，引发读者的想象；有的采用虚实结合、动静结合，使读者体会到实境与幻境结合的艺术效果；有的寄情于景，使读者触景生情。总之，意境总是要求诗人把自己的喜怒哀乐融入具体、生动的生活图画中，使生活图景因自己的情思而留有或大或小的余势，使读者产生一种回味无穷之感。

要用含蓄、凝练的语言使诗充满丰富的意味。诗歌不能像散文那样铺陈语言，语言要力求含蓄、凝练，尽可能用少量笔墨而达到形神兼备、含义无穷的艺术效果。要想写出含蓄、凝练的诗篇，首先就要看自己对生活是否有深刻而独到的认识和正确而中肯的评价，是否抓住了本质，捕捉住了内在含义。只有做好了这些，诗作才可言简而意丰，一语中的。其次，还要在形象化上多下工夫。一字一句，都要注意为刻画生动、典型的艺术形象服务，为描绘出优美动人的生活画面服务，为丰富而真实的感情服务，从而点染出美妙无比的意境，让读者可视可感，如身临其境，进而产生联想，产生情感共鸣，体会到诗体的美。另外，要含蓄、凝练，还要注意把握住诗歌的表现特征而大胆剪裁，反复锤炼，去芜存菁。在修改上要有“吟安一个字，捻断数茎须”的态度，这样才能成就优秀的文字。总之，既然是写诗就要力求将生活中无比丰富的内容加以锤炼浓缩，注入精巧的诗行中，尽可能以小形体表现大内涵。

要用多种表现手法增强诗歌语言的形象性。自由诗同样可以吸取古诗词中一些常用的表现手法，如比兴、夸张、反复、拟人、对比、衬托等；也可以运用现代常用的表现手法，如象征、联想、暗示等。这些手法不仅增强了诗歌的形象性和表现力度，同时对语言含蓄、凝练也起到很重要的作用。

新诗也要讲究音乐美。新诗尽管对押韵的要求并不十分严格，但也要注意其节奏上的美感。所以在新诗的修改上，要学会用同义词调整好韵脚，争取读来上口。

第五节　散文的写作学习方法

散文是一种文学体裁，一般是指用凝练、生动、鲜明、优美的文学语言写成的叙事、记人、状物、写景的文章。其主要特点是“形散而神不散”。根据表达方式侧重点的不同，可以分为叙事散文和抒情散文两类。散文抒发作者的真情实感，体现着鲜明的时代特色，在文学园地里占有重要地位。

散文的写作要特别注意对题材的开掘，要提炼出一个积极、健康的主题。散文能摭拾生活中的零星小事、松散片段，于细微之处见精神，给人以美的享受和智慧的启迪。好的散文往往是题材虽小，却能因小见大，见微知著，从平凡中挖掘出不平凡的思想意义。以小见大已经成为散文写作中选材立意普遍采用的方法，常见的有：（1）透过平凡的现象挖出不平凡的本质；（2）以细小的局部显示宏大的整体；（3）用生活琐事讲述深刻的哲理；（4）用象征的手法。① 散文写作常用的技巧包括借景抒怀、托物言志、因事传情、意境经营等。

借景抒怀。即在描写风景的基础上生发或寄托作者的思想感情。比如范仲淹的《岳阳楼记》，作者先写了洞庭湖“朝晖夕阴，气象万千”的大景观，接着分别描绘了洞庭湖在“阴风怒号，浊浪排空”与“春和景明，波澜不惊”两种情形下的景致，最后由写景进入抒情：“居庙堂之高，则忧其民；处江湖之远，则忧其君。”“先天下之忧而忧，后天下之乐而乐。”文中的情因景生，而景亦因作者所抒发的高远之情而更美。

托物言志。即作者的思想感情建立在某一物体（包括动物、植物等一切除人以外的客观物体）之上。它可以通过对某一物体的具体、正面的描写来抒情，如贾平凹的《丑石》；可以通过交代这一物体的来源、与写作者的关系传达感情，如孙犁的《山地回忆》；还可以由该物体串联起一系列的事件、人物来表达感情，如萧乾的《鼓声》。

因事传情。即以某一事件作为感情的“触点”或载体表达感情。比如叶圣陶的《五月卅一日急雨中》，对“五卅”惨案这一事件的过程并没有具体的描写，通篇仅以“五卅”惨案作为情感之“源”，凭借着它，作者大肆宣泄对一切反动派的愤怒、痛恨之情。

意境经营。即作者营造一个美好的艺术空间，为读者的灵魂提供一个安居、栖息的精神家园。所谓意境，并不是简单的“意”加“境”，或“主观思想感情”加上相应的“客观景物”，而是主体于个人的实践中所形成的富有个体特色的“精神空间”，是借助一定的艺术符号外化出来的一种美好的艺术天地。比如张谷的《湖心亭看雪》，文本给我们提供了一个地老天荒的境界；读着这样的文本，读者仿佛也和作者一起融入了某种永恒的时空。②

---

① 朱伯石主编：《写作概论》，湖北教育出版社 1983 年版，第 222～224 页。

② 何永康主编：《写作学》，江苏古籍出版社 2002 年版，第 242 页。

写好散文对提高文学素养是大有裨益的。那么，学习散文写作应注意哪些方面呢？

第一，要做到“形散”。所谓“形散”，一方面指题材广泛，内容多样，不受时间、空间限制，可以从一点一滴事物写起，古今中外，上下千年，纵横万里，通过写作者所见所闻，来抒发作者所思所感。另一方面是指形式自由，灵活多变，笔法纵横，挥洒自如。可应用记叙、议论、描写、抒情等多种表达方式和顺叙、倒叙、插叙、补叙等多种顺序。也就是说在写作时，要真正放得开。

第二，要做到“神不散”。所谓“神不散”是指立意深远，主题集中，结构严谨，线索明朗，一脉贯穿。抓住表面看来似乎不关联的人、事、景、物的内在联系，经过严谨的构思和精巧的布局，用一条明晰的主线，把它们贯穿成一个有机的整体，突出文章的中心。散文的线索多种多样，常见的有：以物为线索，如《记一辆纺车》中的“纺车”；以“题眼”为线索，如《听潮》；以人物活动为线索，如《藤野先生》；以感情变化为线索，如《荔枝蜜》等。有了一条明朗的线索，便于理清写作思路，形成独特的艺术构思。也就是说，在写作时要收得拢。

第三，要做到以真取胜，以情动人。散文一般写真人真事，借用丰富的联想，准确的议论，形象的描写，恰当的抒情，进行艺术加工，发掘深刻的含义，让山水含情，草木知意。同时散文还是一种偏重于抒情的文学体裁，一篇优秀的散文都是以情动人，总有它潜隐的感情流程，或高昂激越，或挚语缠绵，或热烈明快，或沉郁婉转，可以说抒情是散文的内在线索。因而在写作时，要写出真情实感，让情自然地涌动在字里行间，充溢于文章中，达到真、善、美的境界。

第四，贵在“有我”。散文要求作者对笔下所反映的人生与自然，确确实实是“我”之所见，“我”之所闻，“我”之所思，“我”之所得，其所抒之情实际上是作者身心所渗透的一种性情与魂魄。把自我的情感、意念和思想灌注于作品，是散文感染读者的关键所在。离开了自我体验，散文便落入浮泛与空洞；表达矫饰的自我感受，散文便蒙上虚假的尘垢。因此写散文贵在“处处皆有我在”，但又忌“处处表现自我”。

第五，在写作散文时还应有开阔的意境，精练优美、朴素自然的语言，丰富、深刻的寓意，多姿多彩的修辞方法，巧妙、准确的联想，等等。

第六节　剧本的写作方法

戏剧是一种综合的舞台艺术。它借助文学、音乐、舞蹈、美术等艺术手段塑造舞台形象，揭示社会矛盾，反映现实生活。戏剧的种类很多，根据不同的艺术形式和表现手法，可以分为话剧、歌剧、舞剧和各种地方戏。话剧以对话为主。独幕话剧，只有一幕。这类话剧需要的场景少（往往只需一次布景），人物少（往往整场话剧只需 2 ~ 3 人），演出时间短（往往只需半小时左右），因此很受广大观众欢迎。备受观众青睐的小品，就是独幕话剧的一种。剧本是舞台演出的依据和基础，是戏剧的主要组成部分，它直接决定着戏剧的思想性和艺术性。学习剧本的写作，必须注意以下几点：

1. 剧本必须适合舞台演出。剧本不能像小说、散文那样，不受时间和空间的限制，连贯地叙述人物的行动和事件的过程，而必须把发生在不同时间和较长时间里的事情，集中在有限的舞台和两三小时的演出中表现出来。因此它的篇幅不能太长，人物不能太多，场景也不能过多地变换。

2. 剧本必须有集中、尖锐的矛盾冲突。戏剧是反映现实生活中的矛盾冲突的，没有矛盾冲突就没有戏剧。而戏剧又受时间和空间的限制，因此，戏剧要求矛盾冲突更集中，更突出。戏剧冲突的发展变化过程构成了剧本的情节结构。剧本的情节结构和小说一样可分为开端、发展、高潮和结局四个部分。独幕话剧，一般包括场景布置、人物简介、动作感情提示和故事情节几部分。在故事情节安排上要注意悬念、误会和矛盾的穿插，不要只平铺直叙。

3. 人物的语言和动作必须符合各自的身份和性格特征。人物的语言是现实生活语言的提炼和加工，现实生活中人说什么话，剧本里也要求什么人说什么话，人物的语言要求能充分表现人物的性格、身份和思想感情。一般地说，要通俗、自然，简练、明确，响亮、动听，并且适于舞台表演。

写剧本时还要有一些说明性的文字。它一般写在每一幕（场）的开端、结尾和对话中间，内容包括人物表、时间、地点、服装、道具、布景以及人物的表情、动作、上下场等。

第九章　写作学习方法的指导

学法指导即教育者通过一定的途径对学习者进行学习方法的传授、引导、诊治，使学习者了解学习规律，掌握科学的学习方法并能灵活运用于学习之中，形成较强的自学能力。通俗地说，学法指导就是教学生学会学习，或者说是教育者对学习者的学习方法信息进行的一种反馈控制。写作学法指导就是指导学生如何学习写作，其目标在于为学生创设良好的学习条件，使学生掌握科学的写作学习方法，逐步形成独立写作的技能。

第一节　写作学习方法指导的意义与要求

随着学法指导研究和实践的不断深入，已有越来越多的教育工作者认识到加强中小学生学法指导的重要意义。

一、写作学习方法指导的意义

学法指导是转变教学观念的突破口。从近几年教学改革成效大、效果好的教师那儿，可以得到一条重要经验，就是找到了教与学的结合点——学法指导。他们认真研究学生的学习，并把教会学生学习作为突破口，使教师的主导作用与学生的主体地位有机地结合起来。学法指导一方面要求教师不只是知识的引路人，另一方面要求学生不仅要学会，而且要会学，起着“承教启学”的作用。在教学中指导学生学习，标志着教学思想由以往的单一传授知识向传授知识与传授学习方法二者结合上转变。

学法指导是培养学生学习能力的重要手段。学习方法的知识，是学生知识体系的重要组成部分，也是能力结构的重要组成部分。如果学法掌握得好，学生的自学能力就能日益增强。正因为如此，古人才说，“学贵有方”。法国科学家贝尔纳说：“良好的方法能使我们更好地发挥运用天赋的才能，而拙劣的方法则可能阻碍才能的发挥。”① 学法指导，就是要最大限度地调动学生学习的主动性和积极性，激发学生的思维，帮助学生掌握学习的方法，培养学生的学习能力，为学生发挥自己的聪明才智提供和创造必要的条件。

学法指导是发挥学生内因作用的有力措施。在教学过程中，学生要接收信息，理解、消化知识，而教师的学法指导，只不过是重在充分发挥学生这个学习内因的作用罢了。学生学习能力的形成和发展的规律大致是：由模仿性学习到独立性学习再到创造性学习，由被动地学习到主动地学习再到积极探索，由不会学到会学，即掌握了学习的方法，形成了学习的能力，养成了学习的习惯。学习能力的形成和发展，正是教师调动学生的学习积极性，在规律和方法方面予以指导，在理想、意志方面予以磨炼的结果，而起决定性作用的当然是学生自己这个内因。

学法指导是实施素质教育的重要途径。首先，学法指导可以提高学生的能力素质。它通过指导学生培养自己的观察力、思维力、想象力、注意力等，教给学生科学的学习方法，使学生不仅掌握写作学习的基本方法，而且培养写作能力。其次，学法指导还可以提高学生的道德思想素质。它通过指导学生形成正确的学习动机，引起浓厚的学习兴趣，增强学习毅力，调动非智力因素的积极性，培养学生明辨是非的能力；通过使学生由厌学、弃学到愿学、会学的参与教育过程，提高学生的道德思想素质，使学生按教育方针要求成长，达到教书育人的目的。最后，从学法指导的双重职能上来说，它是教育思想转变的一个标志，也正是因为如此，学法指导是实施素质教育的重要途径。

我们正处在科技迅猛发展的时代，人们只有具备获取新知识和新能力的自学能力，不断更新头脑中的知识结构，才能促进社会的发展。因此，世界各国为了培养开拓型、创造型的人才，都在进行教育教学改革，都在注意培养学生的学习能力；学法指导已经成为国内外教学改革的发展趋势。

① 谢得民主编：《论学习》，人民出版社 1992 年版，第 350 页。

二、写作学习方法指导的要求

学习指导是一种新的教育改革，是反映教育发展趋势的实践活动。如果没有现代的教育思想和教育理念，就不会认识到学习指导的意义，不会积极地投入到这项教育改革实践中去。具体到写作学习方法的指导，如果没有现代的教育理念，其方法及指导很可能是陈旧而不是先进的，也不会产生切实的效果。凡是在指导学生学习方面卓有成效的优秀教师，都注意现代教育理论的学习，具有先进的教育理念。

（一）要有新的教育理念

从学习指导的需要考虑，要求教师具备哪些新的教育理念？

1. 教育就是帮助学生主动发展。

既然教育的关键在学生，在于学生内部的矛盾运动，那么，教师的主要任务就是建构学生主动发展的机制。学生具备这种机制后，就能够主动地发展。学生主动发展的机制主要有：目标引导机制，方法自动机制，反馈控制机制。所以，教师应当改变观念，相信学生；敢于放手，解放学生，解放学生的头脑、手、口、时间、空间，建立自主学习的教学模式（尤其在网络的条件下）和自主教育的德育模式。

2. 教育要引导和促进人的发展。

教育是一种有目的的价值性活动，引导人朝着有利于自身和社会进步的方向发展。具体说，即追求真善美。或者说，教育的价值就在于使人为善，使人成功，使人幸福。教育应该使所有学生都获得发展和好处，“不求人人升学，但求个个成才”。当然，教师怎样理解善、成功、幸福这些价值概念，就会怎样引导学生。因此，要求教师有正确的人生观、道德观，这样才能树立正确的教育价值观，才能达到教育的目的。

3. 树立终身教育观和开放教育观。

现代社会是一个信息社会，科技迅猛发展，知识更新加剧，对人的素质提升与更新能力提出了挑战，要求人具有可持续发展的能力，即终身学习的本领。因此，教师的任务不在于给学生传授多少知识经验，而在于使学生具备终身学习和可持续发展的能力。

由于科学技术的发展，国家之间的联系日益密切，社会的开放程度大大提高。在教育方面，国际交流更加频繁，大家经常探讨一些共同的话题。另外，学校和社会的联系也更加密切，学生不仅从学校受教育，而且更多地受到社会环境尤其是各种媒体的影响，学生的知识和信息来源更加多样化。在这种背景下，教师的教学就不能再局限于学校、课堂和书本，而应该利用多种渠道对学生进行教育。

（二）要研究学生

学习指导就是要研究学生的学习和心理，如果不会研究学生，学习指导仍然是盲目的和无效的。因此我们要了解、研究学生在学习上存在的问题。要熟悉和研究学生在学习上的问题，教师要掌握研究的方法。一方面，我们在平时的教学活动中，可以通过观察、分析学生的作业、试卷等方式了解；另一方面，还需要通过更加科学的手段来进行研究，比如调查、测试、个案研究等。

（三）要掌握学习方法和学习规律

为了指导学生的学习，教师必须熟悉学习理论和学习方法，在自己的学习中使用科学的方法，获得直接的经验和切身的体会。学习理论和学习方法（策略）是教师的专业知识，必须学好。如果不懂得学习理论，那么我们介绍学习方法时，就不清楚其中的规律和道理。如果我们自己不熟悉各种学习方法，没有掌握和运用过这些方法，如果我们自己都没有这种体验和经验，也是很难给学生讲清楚的。许多教师都是善于学习的人，尤其一些自学成才的教师，他们在自学中积累了很多学习方法，对学习方法的好处有深入的体会。他们把自己的这种学习经验运用到教学中，重视指导学习方法，取得了良好的教学效果。

（四）要善于进行指导型教学

日本很早就将“教学”改为“学习指导”，认为这是在以儿童为中心的思想的影响下教育观念的重要变化，也体现了教师作用的变化。美国的教学模式，更是多样化，尤其重视发展学生的能力。我国的教学，由于强调知识的系统性，加上考试制度的强化，教师关注的重点是如何让学生把所有知识都理解并记牢，考试时都能够回答上来，因此，教师大多以系统讲授和灌输为主要的教学模式，学生处于被动接受的状态，能力和素质也得不到充分的发展。将讲授式的教学改为指导型教学，应当是教学改革的趋势。指导型教学是以学生的学习为中心，教师起指导、帮助的作用，目的是促进学生能力和素质的发展。要实施指导型教学，重要的是教师改变教学模式，提高学习指导能力，实现教学的转型。

学习指导是一项探索性的教改课题，尽管在这方面心理学家、教育学家进行了很多研究，也形成了一些理论和方法，广大教师在这方面也积累了许多好的经验，但是如何在各级各类学校，针对各种不同情况的学生，在写作学习中有效地进行学习指导，仍然存在着大量的问题，有待于进一步研究和探索。

第二节　写作学习方法指导的方式

通过什么渠道来进行学习指导？我国教育实际工作者创造了多种指导模式，写作学习方法的指导可参照以下几种模式。①

一、课程式

课程式是在中学起始年级（初一、高一）开设学习方法课或学习指导课，由教师向学生系统传授一般学习方法的模式。这种模式是我国学习指导的主要形式，美国一些学校开设了这方面的课程和训练计划，俄罗斯一些中学的共青团组织也开设“学会学习”讲习班或实习课。

课程式的优点是能够引起学生对学习方法的高度重视，有比较充足的时间，对学生进行系统的学习指导，全面地介绍有关理论和方法，有利于学生比较系统地形成学习观点，增强学习动力，掌握学习方法。而在其他形式中，由于时间和方式的局限，往往不能进行系统全面的指导。但它也有不足，一是容易和各门学科的学习脱节，学生不能很好地将一般学习方法灵活迁移到各科学习中去；二是往往容易陷入“讲授—听讲”的旧模式中去，忽视技能训练，不能达到真正掌握学习方法的目的。

要提高这种方式的效果和解决好教法的问题，除了努力同各门学科的学习以及学生学习中的实际问题结合起来以外，还要解决训练的问题。应当把测试、诊断、座谈、讨论、实验、练习、参观（图书馆）、讲授、个别辅导等多种教学形式结合起来；这样去做，容易从学生的实际出发，容易落实训练，容易使形式生动、活泼。

教师在学习指导课中可采用的教学方式：

① 钟祖荣著：《学习指导概论》，华文出版社、教育科学出版社2001年版，第183～188页。

（1）调查、测试。可以利用《中学生学习指导读本》中的自测题、调查表，也可以利用其他心理量表，让学生填写，帮助学生认识自我。

（2）引导反思、总结。教师可以提出“你是怎样……”的问题，让学生反思，并写出来或者说出来。比如“我的优点缺点”“我的预习方法”“我是怎样复习的”等。有的学习指导课教师让学生把这些情况写在课堂笔记上，其好处一是便于教师了解，二是便于学生认识自我。

（3）讲解、示范。教师运用具体的材料，讲解学习的规律和方法，并进行示范，帮助学生理解，引导学生模仿。比如，讲解了复习方法后，教师结合学科知识，进行示范，然后要求学生进行练习。

（4）交流、讨论。可以利用教材中的讨论题，或者学生中普遍存在的问题，让学生讨论问题、交流心得。

（5）实验。有些心理学实验，不一定讲，而是让学生亲自实验。这样做，往往印象深刻，又比较符合学生喜好活动的心理，能够激发学生的学习兴趣。比如，把学生分成两组，各组采用不同的学习方法，然后比较学习的效果。

（6）练习、训练。利用教材上的练习题，让学生在课堂上或课后进行练习。教师要对学生练习的结果进行分析、评价，指出好的方面和不足的地方，帮助学生提高学习技能的水平。另外，一种学习技能并非一次练习就可以掌握，所以，教师要在学习的过程中，自然地、有机地布置多次练习。

（7）组织参观、调查、访问等活动。参观、调查、访问的对象，包括贫困地区的学校和学生的学习情况、大学、公司、企业、图书馆等。通过这些活动，可以激发学生的学习动力，学习好的学习经验和榜样，了解多种学习途径，掌握实际活动的方法。为了取得良好的效果，需要事先联系好，做好活动内容的设计，活动中让学生积极参与，活动后认真总结。

（8）作品展示。运用学生的学习作品，进行学习方法指导。学生的作品有课堂笔记、作业本、试卷、摘抄本、课本、创作的作品等。教师可以在展示过程中，进行分析评价，指出其优点与不足，还可以让学生（作者）具体说明情况，以便相互学习。一般展示好的作品，给学生树立正面的榜样；适当时候也可以展示一些问题突出的作品，但是应采用匿名的形式，防止伤害学生的自尊心。

（9）自学。有些内容可以让学生自己阅读教材，在书上做批语，自己归纳总结，培养自学的能力。也可以布置一些小的题目，让学生搜集资料，经过整理后，到讲台上去讲，充分发挥学生的主体性。

（10）开展咨询。教师可以设咨询信箱、咨询电话，或者开辟专门的咨询室，设定咨询时间，对个别学生的学习进行诊断咨询。一般可以让学生填写咨询问题单，确定时间后，教师做一些准备；咨询过程中，首先听学生的陈述，教师帮助进行分析，找出问题的原因，然后提出改进的方案；咨询后，教师对咨询过程以及学生改进的效果进行跟踪记录。

二、讲座式

讲座式，即是不定期地举行学习方法讲座，请专家、教师、优秀学生介绍写作学习的方法和经验。这种形式，有时是一个班的范围。这种形式的优点，是比较灵活，易于安排，但往往不系统，也不易落实训练，因此效果较小。如果能较经常地举行，一次一个专题，讲完能通过其他方式配合进行训练，或组织讨论，则效果会更大些。

三、规程式

所谓规程式，即是学校将学生在学习中应遵循的要求和基本方法，印发给学生遵照执行。学习规程一般是学校用来进行常规的教学管理的文件，同时也对学生学习起一定规范、导向作用。把写作程序以及写作学习方法作为一种规程，让学生按此实践，可以起到一定的指导作用。这种方式如不抓紧，容易流于形式、不能落实，因此关键是在平时的教学中，靠师生双方贯彻落实。另外，这种规程是一般性的共同要求，在落实和贯彻过程中，既要要求学生执行，又不能过于机械，搞一刀切，应当有一定的灵活性，使共同的要求变成适合于学生个性特点的方法。

四、渗透式

所谓渗透式，即教师在各科教学中，在传授学科知识的同时渗透各门学科的特殊学习方法。这种指导形式，应当说历史最悠久，实施得最普遍、最常见。教师一般都能在教学中渗透一些写作学习方法。凡在教学中取得良好效果的教师，都是注意调动学生学习积极性，教给学习方法的。这种形式的优点是同知识的学习结合紧密，介绍的方法具体、实用，易于反复训练，形成习惯。由于得到的训练机会多、时间长，因而效果一般是最好的。但是，如果教师不注意研究总结，则指导往往是不自觉、不系统的。

要使这种形式产生良好实效，也需解决两个问题：一是渗透什么，即写作学习方法都包含哪些内容？二是怎样渗透？前一个问题是目前正在系统研究的问题，后一个问题也需要把老师们的经验进行归纳总结。学法的渗透，形式也是多种多样的。例如：

（1）上导言课专门讲；

（2）给出一个学习方法范例，先训练，后让学生按照此方法的程序练习；

（3）教师在讲知识时，同时点拨学习方法；

（4）在对学生提学习要求时，渗透学法；

（5）在对作业、试卷作讲评分析时渗透学法；

（6）让学生自己反思、谈出自己解决问题时的思维过程，总结学习时的方法。

五、交流式

所谓交流式，即以班队会、展览、出板报等形式，组织同学进行学习方法、学习经验的交流、讨论，展览笔记、作业等。其特点是以学生为核心，由学生来讲。它往往符合学生的口味，学生听了别人的经验感到比较亲切、接近、实用、可借鉴，对于激发学生的学习积极性、竞争意识、创造良好的班级学习气氛均有益处。但学生由于知识、经验的局限，对学习方法的总结不一定很系统、科学，因此还需要老师给予一定的引导、归纳。

六、诊治式

所谓诊治式，是指对学生学习方法中的问题进行诊断，帮助学生分析问题的性质和产生的原因，然后为学生提出解决的对策和周期。如可以定期举行“学习门诊或咨询”，进行学习方法的咨询和辅导。诊断的形式主要有谈话、测试、分析作业或笔记。治疗一般需要一定的周期即疗程，在治疗期间，教师或学生应做一些记录，看所采取的措施有无效果。这种方式针对性强，适宜于对差生或某方面问题突出的学生。但要有较好的效果，一是需要教师有较高的分析水平，能系统了解学生的各种学习病症，寻找学习方法的不当之处，能精辟分析，提出有效对策；二是要求学生有矫治的意志力。

上述六种形式，各有自己的优点与局限，因此，学校在开展学习指导的工作中，应努力把各种形式结合起来，形成整体优势。目前，较理想的是以“课程式+渗透式”作为学习指导的主渠道，而其他形式作为辅助。

第三节　写作学习方法指导的实施

搞好写作学习方法的指导应当在了解学生的基础上，做好充分准备，把握一定的原则，同时，结合学生写作学习问题和难点进行指导。

一、学法指导的环节

学法指导过程实际上是师生之间学习方法信息的交换过程。它包括以下几个环节：

（一）了解学生的学法（或学情）

了解学生学习方法的情况，是搞好学法指导的重要前提，否则学法指导就是盲目的、无效的。了解学法情况，最简单的办法可通过让学生叙述自己的学习方法和学习过程来直接了解。也可以通过调查问卷、检查作业、考试检查、平时观察等途径侧面了解。了解情况后要进行根源分析，可通过谈话、家访、观察等方法来分析。

（二）制订计划，做好准备

制订计划就是根据学情，选择学法指导的途径、方法、时机，明确指导目标和方法，并做好相应的准备。在学法指导中，教师一定要注意探索和积累科学的学习方法，既要学习传统学法的精华，也要学习国内外新鲜学法的经验，在积累中广见多闻，然后根据实际教学的需要，择善而施。比如，培养学生口头表达能力的方法有答问、解说、复述、致辞、交谈、口述见闻观感等。拟写提纲的方法有按段落结构拟提纲、按情节发挥拟提纲、按论点论据拟提纲、按人物分析拟提纲等。在培养学生的口头表达能力和拟写提纲能力时，就要根据实际情况指导学生采用适当的方法，不能单纯使用一种方法。

（三）实施指导

实施指导是把指导计划机动、灵活地付诸实施。指导时必须贯彻指导的一系列原则（或原理）。如在学法指导中，要注意根据实际情况，进行分类指导。众所周知，不同的学生在知识、能力和非智力因素等方面，均存在着差异；不同年级的学生对学法的重要性以及探索和总结学法的能力也有所不同。因此，教师要兼顾这些差异，有针对性地进行辅导，对不同条件、不同年级的学生提出不同的要求。如对刚入学的初中学生，应先指导他们了解初中学生的特点，继而对他们进行树立正确的学习动机、培养良好学习习惯和学习态度的教育，再指导他们制订学习计划，掌握预习、听课、复习、做作业的方法；而在初二、初三年级就要侧重指导学生掌握一定的培养能力的方法。对具体的学生，也应针对其薄弱之处有针对性地给予指导；听课效率不高的，就导之以科学的听课方法；完成作业不得法的，就应寻其不得法之处，加以纠正；如果是思维方面的原因，就应侧重于思维方面的训练，开其思维之窍。

二、学法指导的原则

学法指导原则是指导学习方法规律的主要反映，是指导学生学习方法必须遵循的基本要求。

（一）针对性原则。所谓针对性原则就是对学生的年龄差异、心理特征、学生类型、学习条件和实际问题进行对症下药式的指导。这是学法指导最根本的原则。

1. 针对学生的年龄特征

一般来说，小学生、初中生知识面较窄，思维能力较差，注意力不持久，学习技能不太熟练。因此，对初中生的指导要具体、生动、形象，多举典型事例，侧重于具体学习技能的培养，使学生养成良好的学习习惯。高中生则不同，知识面较广，理解力较强，学习技能比较熟练，思维能力较强，因此，可向学生介绍一些学习科学知识、心理科学知识，侧重于学习能力的培养。开设学法课的学校，应在选择讲课内容时就考虑到这一点。

2. 针对学生的心理特点

学生的心理发展水平是进行学法指导的依据。实践证明，学习方法能否发挥应有的作用，学习能力能否提高，与学生的心理倾向，即学生的需要、动机、兴趣、情感、意志、理想、信念、世界观等方面有密切关系。一方面学生的心理倾向制约着学生的学习目的、学习习惯、学习态度、学习作风和学习精神，另一方面掌握和运用良好的学法，又必然增强学生的学习信心，激发他们的学习热情，两者相辅相成。如果学法指导脱离学生的生理特征的实际，再好的学法也难以发挥作用。因此，在学法指导中必须充分考虑到学生的心理发展水平。要贯彻这一原则，首先，必须开展心理调查，了解学生心理发展现状，摸准学法指导的依据，这是进行学法指导的前提。其次，学法指导应当从简单的、基本的、具体的而且易掌握的学习方法入手，逐步加深，循序渐进。最后，学法指导要积极适应学生的心理发展。既不能落后于学生的心理发展，也不能操之过急，急于求成，拔苗助长；而应该既看学生心理发展水平的现状，又考虑到学生心理的“最近发展区”。

3. 针对学生的类型差异

学生学习的类型大致有四种：第一种，全优型。双基扎实，学风踏实，学习有法，智力较高，成绩稳定在优秀水平。第二种，松散型。学习能力强，但不能主动发挥，学风不够踏实，双基不够扎实，学习成绩不稳定。第三种，认真型。学习很刻苦认真，但方法较死，能力较差，基础不够扎实，成绩上不去。第四种，双差型。学无兴趣，不下工夫，底子差，方法死，能力弱，学习成绩差，处于“学习脱轨”和“恶性循环状态”。对不同类型的学生，指导方法重点不同：对第一种侧重于帮助优生进行总结并自觉运用学习方法；对第二种主要解决学习态度问题；对第三种主要解决方法问题；对第四种主要解决兴趣、自信心和具体方法问题。

4. 针对学生的学习环境和条件

学法指导一方面要努力为学生创设良好的物质环境和条件，另一方面又不能过分强调物质条件的作用，而应从实际出发。对条件好的学生，要激励他们珍惜优势条件，充分利用条件，发挥更大的主观能动性。对条件差的学生，要激励他们克服困难，在逆境中前进。

（二）操作性原则。学习方法实际上是一种操作技能，具有明显的外部特征。要使学生真正掌握学习方法，就必须进行方法训练（即操作），使之达到自动化、技巧化的程度。有的学校每堂课都有定量的练习思考题，让学生做，效果不错。因此，指导中切忌讲一些知识，讲一些理论，学而不用。因为尽管学法的理论指导可以使学生知道有关学习方法的知识，对学习方法产生感性认识，但这不是学法指导的目的，学法指导更体现在实践上，通过实践达到由感性认识到理性认识的飞跃，从而真正掌握学习方法，达到学习的目的。贯彻这一原则应遵循以下要求：

1. 理论指导必须符合学生的实际

学法的理论指导应突出应用性特点，强调实际可行和具体的方法，具有可操作性，适合学生的特点和需要，便于学生接受和掌握。在理论指导的过程中，要做到深入浅出，有理有据，学以致用，具有一定的立竿见影的功效。另外，在阐述一般规律性的同时，还要对不同学科学习方法的特殊性进行必要的提示或渗透，以便引导学生结合不同学科具体的特点，进行有效的拓展和深化。

2. 理论与实践应同步

从某种意义上说，学法指导实际上是在教与学的实践中指导。

3. 理论与实践的结合点是应用

要贯彻理论与实践统一的原则就必须强调运用，理论在运用中掌握，方法在运用中熟练，认识在运用中升华。进行方法训练时，最好能和各科的具体内容结合起来，使学生在具体运用中掌握学习方法。

4. 重视学法操作程序的设计

学法操作程序的设计是教师根据学生学习的规律和年龄特点，把有关学习方法的概念和理论，科学地变为学习过程中可供学生实际操作的具体步骤。让学生在学习过程中一步一步按程序进行学习。

（三）系统性原则。系统性原则是指不仅要对学生进行系统的学法知识传授，而且要对学生学习和全过程、各方面都要进行指导，并且和家庭相互配合，全体教师协调一致地共同进行指导，以达到学法指导的目标。贯彻这一原则的要求如下。

1. 对学生进行系统的学法知识传授

学法指导是一门有其自身规律和特点的科学，因此，学法指导的安排，应该包括学习规律、学习原则、学习过程、学习心理、学习修养、学习环境和学习方法等相对完整的内容。学生只有在较完整地掌握系列的具体内容之后，才能对其要点和精髓心领神会，运用自如。在学法指导中，既要突出宏观上学习修养、学习环节、发展智力等内容的系统性，又要注意微观上的学习计划、预习、上课、复习等内容的系统性，从而使学法指导本身达到完整的系统性。学法指导实践证明：系统性的学法指导，优于局部的、零散的指导。

2. 对学习的全过程进行指导

学习的各环节是相互制约的，所以，每个环节都要加强指导。学习活动涉及态度、基础、能力、身心因素、环境因素诸方面，对这诸多方面也要同时指导。影响学习成绩的因素是多元的、相关的，所以指导也应渗透到各环节、各方面。

3. 各方面相互配合协调一致

学校和家庭要相互配合，班主任和各科教师要协调一致。尤其要利用各种机会向家长传授有关知识，以便学生在家庭学习中获得有效指导。学习方法既是一门独立的学科，又是和具体的学习内容不可分割的，所以，开展这一活动，真正广阔的天地，在于全体教师都在自己的教学中有意识、有目的地传授学习方法；同时，还应帮助学生经常自己去探索、试验、建立自己的学习方法。让学生既得到“鱼”，又学会“渔”。

4. 充分发挥学法指导系统的整体效应

学法指导是一个系统工程，在充分发挥各子系统作用的同时，还要注意发挥学法指导系统的整体效应。要使教师和学生融为一体，为主导和主体的双向和谐渗透充实内容、创造条件，为建立新的教与学的关系奠定基础；使知识与技能有机结合，为培养能力，提出切实措施，从而使知识和能力得到和谐发展；使智力因素与非智力因素同步提高，为寓教于学、教书育人的新教学观和方法提出实施措施；使学校和家长在教育学生的方法上找到共同语言，发挥不同方面的作用，为学生的转变开创外部条件。

（四）点面结合原则。学法指导受两个因素制约，即指导的对象和内容。一是指导对象。学法指导既要对全体学生普遍进行，又要结合每个学生不同的特点个别指导。二是指导内容。既有普遍的一般方法的指导，又有特殊的不同学科具体方法的指导。普遍指导可以面向全体学生，使全体学生掌握学法最一般的常识和常规性的学习方法。集体指导有利于大多数学生掌握最基本的学习方法，按照学习常规，形成良好的学习习惯。这既容易被学生、教师和家长认同，又便于教师和家长进行指导。而个别指导，有利于有的放矢，针对学生各自的特点和各自知识、经验水平，解决实际问题，寻找科学的学习方法，合理运筹学习时间，提高单位时间的利用效率，充分发挥方法的功效；因此，只有采取普遍的指导与特殊的指导结合起来，既有“面”上的指导，又有“点”上的指导，才能达到良好的效果。

（五）情感意志原则。情感意志原则是指在学法指导过程中，要调动教与学的积极情感，进行情感性教学，提高学法指导的效率。积极性情感对教、学双方都具有重要的作用。带着积极的情感教，可以使教者心情舒畅，充分发挥教育者的聪明才智，激发出智慧的火花。带着积极的情感学，可使学者精神振奋，激起学习热忱和探索欲望，使注意力集中，思维活动处于最佳状态，获得知识快，保持记忆久。积极的情感，往往成为教与学双方最好的原动力和催化剂。积极情感能促进情感知觉和理智知觉的和谐，对意志行为具有调节和强化作用。如果能用情感的火把去燃烧学习者的热忱，不仅能提高当前的学习质量，而且对长远发展也会产生深远影响。情感性教学能对师生产生互感效应，使双方情感交融，互相激励，教学相长，它是师生学法指导过程中的共同精神支柱。充分利用积极情感，既是学法指导活动本身的要求，也是提高指导效果的有力措施。

三、写作学习方法的指导策略

在写作学习方法的具体指导上，除了指导写作的基本知识和不同作文方式的写法外，为了帮助学生克服写作困难，在指导中应注意策略的运用，以期收到更好的成效，可以从以下几方面着手。

（一）指点写作入门的途径，让学生自己从“怕”中走出来

害怕写作的心理关键所在是不会动笔，不会写，故而要消除这种心理，必须实实在在地“帮”，常用的方法是①：

1. 帮助找“米”下锅。害怕写作的学生头号难题是“做饭无米”。总觉得无话可说，无物可记，无事可叙，心中茫然。其实，这样的学生并非真的无“米”，只是不知道哪些是“米”。教师引导他们重新认识，他们就会尝到获得写作材料的喜悦。可从两个方面启发。一是启发他们从记忆中去寻觅，抓住某些记忆中的人、事、景、物，开展联想与想象，使模糊的印象清晰起来，笼统的具体起来，单薄的丰富起来，零碎的串联起来，成为笔下可写之“物”。二是启发他们就地“捕捉”，学会看周围的事物。如写春天的校园，实地观察一番，把平时从眼皮底下溜走的东西捕捉住：冬青树春天落叶，黄金条先开花后长叶，五彩海棠的花蕾掩映在绿叶之中……启发学生打开认识的窗户，写作中的“米荒”就可逐步解决。

2. 帮助“搭架子”。主要解决两个问题。一是究竟要盖什么建筑物，心中要有数，也就是帮助他们明确文章的中心思想。二是指导他们梳理思想与材料，先说什么，后说什么，怎样开头，如何过渡，如何收尾，要通盘考虑。先列提纲，教师指导，自己修改，或师生一起改动，想清楚了再写，再动笔，克服乱麻一把、杂乱无章的毛病。

3. 帮助选“砖瓦”。词句是文章建筑物的砖瓦材料，选得恰当，建筑物牢固、

① 于漪：《中学作文教学导论》，山东教育出版社 2001 年版，第 9 页。

美观。可试写一段，就遣词造句进行分析比较，也可写好以后教师面批面改，有些词句让学生自己咀嚼、思考、比较。

（二）指导在写作中善于发现

写作发现的巧妙在于，别人常看到却未能从中有所发现，大家常想到却未能进一步深入理解，你发现了，理解了，并用自己的语言表达出“人人心中所有，人人笔下所无”的形象或见解，就能写出富有新意的文章。因此，必须建立良好的情感思维系统，培育鲜活的感受发现力，以使自己的写作发现能力得到提高。发现是写作活动最重要的环节之一，运用方法，依靠方法，可以发现以前未发现的事物，使写作主体与客体建立联系，更好地展开写作发现活动。常用的写作发现方法有①：

1. 发散法。从一个信息中产生众多的新信息，在形式上表现为“从一到多”。面对写作对象，围绕它进行多角度、多层次的广泛联想，产生许多新的形象性信息或新的观念性信息，以发现有用的写作信息。

2. 聚合法。写作前作者一般都积累了一定的感性材料和理性材料。当从某一角度考察这些材料时，就会发现其中有些材料有一定的联系，被抽象概括的这种联系就有可能是一种写作发现。能从别人未想到的角度中找出新的联系，归纳出共同的东西，就能很好地形成文章的主题。

3. 换元法。根据表达思想或感情的需要，舍去最初引起写作冲动的材料中的一个或数个要素，换上别的要素，并以换上的要素为中心，按照一定的逻辑（形式逻辑或情感逻辑）把它和引起写作冲动的材料中留取的要素融在一起，进行联想和想象，进行内容的设计，就能写出有自己的发现的文章。

4. 逆反法。这种方法不是一般地调换角度，而是完全改变人们习以为常的思维角度、思维观念，从反面思考写作对象的思维观念。进行逆向思维，常常可以揭示出新的文章主题。运用逆反法，不仅考虑问题的正面，更要考虑问题的反面。

5. 向背法。世界上无数相反的事物共处在一个统一体中。社会生活和自然现象中的矛盾运动也使一些人养成从两个相反的方面思考问题的习惯。在写作中作者从两个完全相反的方向思考写作对象，或是积极地构想出两个相反的事物，把它们组合成一个统一体，或是把同样起作用又彼此对立的事物统一起来。运用向

① 王锡渭、李华珍等主编：《新编大学写作教程》，北京大学出版社2008年版，第49～58页。

背法，既要考虑写作对象的正面，又要思索它的反面，同时还要探究它的两个方面在事物中所起的作用和可能转化的条件。

6. 迁移法。许多思维敏捷的作者了解了别的学科的科研成果后，把它用来思考自己学科的疑难问题，写出了观点新颖的文章。运用迁移法的人对两个学科或实践领域取得的成果都很了解。当运用本学科或实践领域的成果无法解决面临的写作难题时，他会想到所涉猎的相关学科的理论或别的实践领域的成功经验，从中寻找有用的东西，用以解决眼前的难题。这种方法探求的是两个学科或两个实践领域之间的相关性，以寻找它们的共同点。

（三）指导作文的基本模式

对初学者，按照模式进行作文很有必要。有人不同意按照“模式”作文，怕束缚学生的创造性思维。其实“文有定法”，循其规律，可以更快地找到写作门径；“文无定法”是指文章的写法可以是千姿百态，可以在掌握一般模式的基础上，编织富有创意的结构。但对初学者来说，首先掌握定法，“知其常然后通其变”，模式指导就是使之“知其常”，如此，则长进得更快。

在构思全文时也应该具备战略眼光，从全局上去布局谋篇，才能以不变应万变，使全文结构严密，行文流畅而富有变化。如果布局谋篇未从全局上去考虑，行文时信马由缰，势必产生结构松散、层次混乱的毛病。那么在作文构思时应如何从全局出发去布局谋篇呢？古人说：“千古章法，不出起承转合之外，虽千变万化，其宗不离。”“缩之，顿之，挫之；或重转重开，千端万绪，层波叠浪，而要其归于起承转合。”意思是说，一切文章的结构，都脱离不了起、承、转、合的章法，起、承、转、合的章法能使文章波澜起伏、曲折多姿。古人所说的起承转合，其实就是从全局出发，纵观文章布局，从中总结出来的一条结构规律。①起，指文章的开头，开头要新颖、简洁，能统摄全文；承，指文章的承接，要紧密承接上文，能深化和发展上文的内容；转，指文章的转折，文章内容上要有所变化，并且能进一步深化；合，指文章的结尾，结尾要画龙点睛，能收束全文。只要有全局的思想，掌握起承转合的技巧，掌握文章写作的基本模式，就能够真正做到以不变应万变，写出结构严密、行文富有变化的文章来。此外，可对常用文体的基本结构模式进行指导。

---

① 张若茵著：《中学作文致胜策略 36 招》，福建少年儿童出版社 1995 年版，第 86 页。

1. 记叙文的基本结构模式

主要有两种：纵式和横式。纵式结构就是以情节发展的过程组织材料，主要讲究情节的曲折、生动；横式就是根据人物的品质、性格特点，分别从不同的侧面选择材料，要求典型、感人。横式结构既方便套用，又不影响变化出新。

记叙文常以情节发展过程为结构依据，一般把事情分为开端、发展、高潮、结局四个过程。开端是交代事情的起因，发展与高潮是事情的来龙去脉，结局是事情的结果。学生平时接触的课文大部分是这种纵式结构的文章。例如杜鹏程的《夜走灵官峡》，作者按照“走→停→又走”这一发展变化，把“我”的所见所闻串联起来，反映了工人们的崇高品质，歌颂工人们不畏艰险、忘我劳动的献身精神。这种结构讲究事情的完整性、过程的清晰性。所谓完整，就是所写之事有头有尾，前后照应。如《夜走灵官峡》中的开端是“我”经过工地，由于天气恶劣，又是夜里，于是想找个避风的地方暂时蹲一夜；发展、高潮是“我”遇到在石洞里的小孩，和小孩的交谈中，自己感到不该这样畏惧困难；结局是“我”走出石洞，向目的地走去。高潮过程清晰，从“走”到“停”再到“走”，前后照应，故事完整。

纵式结构的记叙文，在安排情节发展过程时很讲究在“曲折”“生动”这两方面能吸引读者，得到读者的肯定。其实，不少文章都是因为情节的曲折、生动才使人读后不忘，那么多人读武侠小说，被其情节所吸引是一个重要的因素。如《驿路梨花》写的是一个时间跨度达 10 多年的一群好心人助人为乐的故事，作者截取了一个晚上和一个早上，对素材巧妙安排，使得情节出人意料，又在情理之中，悬念层叠，引人入胜，极富戏剧性。当深山月夜，梨树林边，竹篾泥墙，房门反扣，用炭字写着“请进”的小茅屋出现的时候，就笼罩着神秘的色彩。“这是什么人的房子呢?”疑团顿生，悬念出现。围绕“谁是主人”这个问题，先写瑶族老人，从而引出梨花姑娘；再从哈尼小姑娘的出现，引出解放军建造小屋的事。作者就是通过“设悬—释悬—带出新悬念”的方法，使文章回环曲折，波澜起伏，取得了极好的艺术效果。

即使是短篇小说，也可尺水兴波。如蒲松龄的《狼》，全文二百余字，有故事的产生——屠户遇狼，故事的发展——屠户避狼，故事的高潮和结局——屠户劈狼。在这情节的发展中，狼贪婪凶恶、狡诈阴毒、诡计多端的丑恶形象，跃然纸上，屠户机智勇敢、敢于斗争的形象，栩栩如生。

记叙文的另一种结构模式，即“横式结构”。这种结构常常是为了表现一个人的思想品德，或表现一种精神，分别从几个不同的方面选择材料，材料与材料之间，是一种并列关系，犹如糖葫芦，也常称为“糖葫芦式”结构。如魏巍的《谁是最可爱的人》一文，就是这种结构。作者为了要表现志愿军战士是最可爱的人这一主题，分别举了三个事例，从三个方面充分表现出中国人民志愿军光辉的形象——外在美，高尚的品德——心灵美。让读者真正感受到他们确实是“世界上第一流的人”，是“最可爱的人”。横式结构在材料选择上就是要注意典型性和代表性。

结构是作者思路的表现，是设计的艺术，排列组合的技巧，因此，不管是纵式结构，还是横式结构，总要讲究内容与形式的和谐统一。

2. 议论文的基本结构模式

即提出问题（引论），分析问题（本论），解决问题（结论）。提出问题要准确、鲜明，能区分话题与论点；分析问题是全文的重点，要全面、透彻；解决问题要给人启发，引人思考。有模式便有章法，有章法则行文井然。

议论文是根据一种现象、一件事情、一则材料，表明自己的看法、态度、观点，因此，议论文在提出问题这一环节，要讲究针对性、准确性、鲜明性，所谓“针对性”，就是问题的提出必须是以一种现象或一件事情或一则材料为根据。如何才能做到这点呢？首先，要整体把握材料的内容，把现象、事件或材料放到特定的环境里分析。其次，注意多角度地分析，多层次地把握条件或材料的内涵。最后，能从纵向和横向中比较分析。因此，要认真细致地读材料，深入思考材料的内涵，抓住关键信息，通过比较、筛选，然后提出文章的中心论点。这一环节还要区分话题与论点两个概念的不同点。话题是作者在文中提出的讨论问题，是为了引出论点，话题是文章的引子。而论点是文章中作者的观点，是全文议论的灵魂。所谓“准确性”，就是要符合客观现实和科学真理，能揭示事物的本质和规律，且具有鲜明的时代感和先进的思想，能给人以美的享受和奋发向上的启示。要做到“准确性”，必须熟悉所给材料，深入、细致地分析，用辩证的、发展的、全面的观点去认识。所谓“鲜明性”，就是在文中提出的观点不能让读者感到模棱两可。当然，鲜明性不是一定要在文中开头就提出论点，而是提出的观点让别人一看就明白。

分析问题这一环节一般分为两种论述结构，即纵式和横式。纵式是逐层深入地论述，一般是先提出论点，而后步步深入，逐层阐发。例如顾颉刚写的《怀疑与学问》一文，文章开头首先引用程颐和张载的名言，提出了全文的中心论点，然后先从消极方面论证，再进一步从积极方面论证，这样层层深入，十分深刻、透彻地证明了中心论点。再如胡绳的《想和做》一文，全文围绕想和做的关系展开议论，先论述为什么一定要把想和做联结起来，再论述怎样才能把想和做联结起来，然后联系学校实际，论述学生应当把想和做联结起来，最后作简要总结。文章思路清晰，分析深刻、全面。

横式是并列展开论述，一般是先提出中心论点，然后从几个方面阐述，最后总结归纳。例如陈群的《理想的阶梯》一文，就是采用了这种横式结构。作者先从话题中引出中心论点——“奋斗，是实现理想的阶梯”，然后从“理想的阶梯，属于刻苦勤奋的人”“理想的阶梯，属于珍惜时间的人”“理想的阶梯，属于迎难而上的人”等三个方面展开议论，论得充分，议得透彻，有力地证明了全文的中心论点。一般来说，分别从几个方面来证明的内容，都是并列关系，无前后之分，但在写作时，重要的放在前面写，起关键作用的放在前面写。如上文之所以将“刻苦勤奋”放在第一位，因为这是起关键作用的因素，有了刻苦勤奋，再加珍惜时间，迎难而上，那么就能实现理想。如果从几个方面来证明论点，先后次序的排列还要考虑另一个原因，就是前后呼应问题。例如吴晗的《谈骨气》一文，作者用三个小故事——文天祥宁死不屈、穷人宁可饿死、闻一多横眉怒对敌人手枪，来证明全文的中心论点“我们中国人是有骨气的”；三个故事就一一对应文章开头孟子的“富贵不能淫，贫贱不能移，威武不能屈”三句话。如果不注意这细节，文章就显得不严密。

横式结构要注意所分的几个方面应当是并列的，且应当从不同角度来论述，要防止重复的现象。

解决问题，其实也就是文章的结论，从内容上讲，是为了进一步强调中心论点；从结构上讲，是要起照应开头、总结全文的作用。一般有这样几种形式：发出号召式，提出希望式，归纳总结式，联系实际式，发人深省式等。当然，不管哪一种，都是为了一个目的，使中心论点得到进一步证明，使文章完整，使论述的问题更清晰。

3. 说明文的基本结构模式

即特征式结构和顺序式结构。实物说明文重点介绍“是什么”“怎么样”等问题，属特征式结构。事理说明文主要分析事物的因果关系，说明事物的发展，属顺序式结构。平时熟知模式，写作心中有底。

说明文是介绍、说明客观事物的文章，它以说明事物或剖析事理为主要内容。它对事物的性质、特征、构造、成因、方法、关系、效能、用途等做出科学的解释。因此，写作说明文的基本要求是：（1）能抓住事物的特征。所谓“特征”就是这一事物区别于其他事物的标志。抓住了特征，也就抓住了事物的本质。（2）按一定的顺序有条理地说明事物。说明文的顺序大致有三种：时间顺序、空间顺序、逻辑顺序。据此，说明文基本结构模式也有两种：特征式结构、顺序式结构。

特征式结构，常常采用总分方法，具体介绍实物时，重点介绍“是什么”“怎么样”等问题。例如茅以升写的《中国石拱桥》，先概括说明石拱桥的外形、结构和功用，点出中国石拱桥的特点——形式优美、结构坚固，然后具体举了赵州桥和卢沟桥两个例子，对中国石拱桥的特点进行具体的说明。在介绍赵州桥时，再分四点：全桥只有一个大拱，拱上有拱，大拱由28道拱圈拼成，全桥结构匀称且和四周景色十分和谐。这样就把赵州桥的有关情况介绍得非常清晰。

特征式结构，关键要说清“是什么”“怎么样”，而要做到这两点，就必须把事物的特征、构造、用途弄清楚，写作时一般可先从外形写起，然后再对它的构造、用途等加以说明。

顺序式结构，就是按照一定的顺序说明事物。常常采用空间顺序，这种顺序要求先总说再分说，先整体后局部，可由远及近，也可由近及远；可由外到里，也可由里到外；可从上至下，也可从下往上；可从东到西，也可从左到右。例如黄传惕写的《故宫博物院》，就是按空间顺序来介绍故宫博物院的。文章先总写了故宫的位置、历史及地位，然后按照参观的顺序一点点介绍。而在具体介绍太和殿时，先按照从外到里的顺序，在介绍太和殿结构布局时，又是以“雕龙宝座”为中心点，介绍围绕它四周的布置。但不管怎么变化，都是为了一个目的，有条理地把介绍的对象说清楚。

也时常采用时间顺序，这种顺序的说明文写作，要求按时间的变化顺序来说明，一般是发生在前的先写，发生在后的后写，依事物的变化过程来说明，显得步骤清楚，环节分明。例如沈括写的《活板》一文，虽然只有300字，但从制板到印刷具体介绍了印刷的工序；而在“制板”过程介绍中又按照刻字到排板的先后顺序进行了介绍，对“排板”的工序介绍，则为“先设一铁板”，“以松脂、蜡和纸灰之类冒之”，“欲印，则以一铁范置铁板上，乃密布字印”，“持就火炀之”，“药稍熔，则以一平板按其面”，整个过程十分清晰。

有时，在介绍事理说明文时，主要使用逻辑顺序，采用这种顺序的说明文主要是分析事物的因果关系，说明事物的发展规律。例如仇春霖写的《万紫千红的花》，这是一篇探寻花色形成的内部规律和内部联系的说明文。文章一开始由现象提出问题，探讨原因，然后分别从“色素、酸、碱的浓度和养料、水分、温度的不同情况，是花色深浅浓淡和变色的原因之一”“变色和温度、土壤、受精的关系”“花色和昆虫的关系”“花和人们的关系”等四个方面，说明了花的颜色及其变化规律，条分缕析，把花为什么会万紫千红的原因，说明得清清楚楚。还有一种是重在说明事物的发展规律。例如《死海不死》，文章先介绍了死海的特征，然后探求死海的成因，最后介绍死海的现状和未来，这样就比较全面地介绍了死海的过去、现在、将来。

在采用逻辑顺序说明事理时，要注意平时先学习、观察、调查、实验，弄清楚事理，然后选择适当的说明方法，有条理地把事理说清楚，使人看得明白而又信服。在写作这种顺序式结构的说明文时，既要符合事物本身的条理，也要符合人的认识规律。具体选用何种顺序，要根据所说明的对象而定。

（四）指导学习段的结构方式

一篇文章，是由许多片段组成的。“段”就是说话或文章中相对独立的一部分。一般地说，无论记叙、说明、议论，凡是能够独立表述一个完整意思的段，它的结构就应包括三部分。

起始部分：概括地提出本段内容或中心，确定全段涉及的范围或中心意思（一般以论题句或中心句出现），它的作用在于介绍全段要说的中心。

展开部分：围绕起始部分确定的中心提供实例、细节或理由，使中心意思充实可信，它的作用在于陈述或论证段的中心意思。

终结部分：从展开部分引出一个合乎逻辑的结果，重申中心意思而避免用语雷同。它的作用在于明确、深化中心意思。

如果把一篇文章比作一部完整的机器，那么片段就是机器中的零部件。有了零部件，才能组装起整部机器。会写片段，就为写好整篇文章提供了可靠的保证。

段是由句子组成的。一般的段都包含有许多句子。这些句子不是随意凑在一块的，根据句与句间的不同关系，组成了各种结构方式不同的段。常见的典型的段有10多种结构方式。掌握了这些常见的构段方式，我们在描述各种事物时就能加以灵活运用，就能把事物有条有理地描述出来，让人看得明白。这样，文章就达到了“言之有序”的要求了。

1. 并列式：围绕一个中心内容，从几个不同方面展开叙述。

2. 总分式：分为总述和分述两层意思来写。总述部分是概括地说出一个意思，分述部分是围绕总述部分的意思用并列的几段话来加以说明。总分式的段在表现形式上主要有三种：总—分；分—总；总—分—总。

3. 因果式：有的段先交代事情的起因，后交代事情的结果；或有些段先交代事情的结果，后说明事情的原因。

4. 承接式：按事情发展顺序或动作、行为变化的先后顺序叙述的段。

5. 补充式：先用一段话概述，后作具体说明。“总分式”在总述之后分点说明；“补充式”在概述之后，用具体事物补充说明。

6. 转折式：一段话中，前后两层意思有转折，这样的段中常用“可”“可是”“但”“但是”“却”“不过”等词表示意思的转折。

7. 问答式：在开头先提出一两个问题，然后作答。

8. 悬念式：在文章中，有时先叙述事情的结局，或是一种令人不解的现象，引起读者的思考，让读者产生出一种想进一步了解的急切心情，然后把事情的原委慢慢道来，让读者看后才恍然大悟。这种写法，叫“设置悬念”。

9. 方位式：按方位顺序写的段。方位，有东、西、南、北，上、下、前、后，远、近，内、外，头、尾，等等。

10. 对比式：在同一自然段中，叙写事物的正与反、前与后、今与昔、好与坏、是与非等两个方面的情况。

（五）指导学会描写，写得具体

学生在写作学习中常常感到无话可写，或写得枯燥、乏味，其中一个重要原因是只停留于对事物的一般叙述上，没有学会进行细致描写，因此应加强对描写的指导，掌握描写的方法，运用描写，把文章写得具体、生动。

描写是对人、事、景、物的状态进行具体、生动、形象的摹状和刻画。描写运用得好，能生动、形象地再现客观事物和塑造栩栩如生的人物形象，使读者如见其人，如闻其声，如临其境，获得鲜明的印象和深刻的感受。描写常与记叙构成记叙文的主要表达方式。描写与叙述的区别在于：叙述是概括地介绍、说明事物的概况，描写是细腻、生动地再现生活的画面；叙述提供的是抽象的认知，描写提供的是具体的形象。描写主要有：人物描写，包括人物的肖像、语言、行动和心理的描写；环境描写，包括自然环境、社会环境和场面描写；细节描写，就是对人物、环境、场面的基本组成单位的刻画。细节虽微不足道，却能以小见大。要使作文更具体、形象，更有话说，要靠描写。描写的操作方法主要有[①]：

1. 分解步骤。如“老师拿起白色粉笔在黑板上写了一个‘悟’字”，这是一般的叙述，很难给人留下深刻的印象。如果能将老师拿起粉笔、举粉笔、写粉笔字的步骤分别写出来，一段一段地推进，那就进入细致的描写了。如“老师拿起一支半截长的白色粉笔，在桌子上顿了顿，环视了一下全班同学，目光凝重，然后缓缓地转过身去，粉笔在空中画了一道白色的弧线，落到了黑板上。只见黑板上凸现了一个斗大的字：悟”。当然，分解并非简单的分段，而是分段之后再用细腻的笔触进行描写，使每段形象鲜明，每一处细节都展露无遗。分解的方法，也可以用在对肖像的细描上，依次对人物的五官或穿着进行逐一描绘；还可以用在景物描写上，对景物进行“分类描摹”或一部分一部分地进行刻画。

2. 放大特征。就是用“特写”镜头对人物、事件的某一局部进行刻画。例如对“一个工作狂在敲击键盘”这一行为进行放大，可以写成：“他敲击键盘的时候，指法娴熟、灵巧，不像是在进行程序化的操作，倒像是在钢琴上优雅地弹奏一首圆舞曲。他的手指与键盘配合默契，手指的弹动都好像是与键码轻轻触动后所受到的自然反弹，指、键之间互相触碰的瞬间感觉是柔和而美妙的，富有韵律感。在不知不觉间，他已经把键盘当作自己手指的延伸，当作自己身体的有机组成部分，以至于人们在看到他埋头打字时，总以为他在输入一封充满柔情蜜意的情书。”在这里，输入者的手指及其动作被放大了，机械化、程序化的打字行为就变成了艺术化、诗化的音乐演奏。

3. 转换角度。从多个视角来关照对象，有利于全方位展示形象的感性画面，形成立体感。如要描写一位受到老师表扬后不露声色但心里充满幸福感的同学，可以从老师的角度“发现她低下头去，但两边的唇角分明在微微向上扬起”，从同桌的角度“注意到她的右手在抽屉下将一支铅笔做三百六十度飞旋”，从“后桌”的角度写“弯腰捡东西时，意外地看到她跷起二郎腿，皮鞋挂在她翘起的脚尖上来回晃悠着”，这样可以从不同角度展现此人表面平静而内心喜悦的特点。

描写如同绘画一样，事先必须理清脉络，合理布局，按照描写对象的各个部分自然衔接的顺序，按照一定的逻辑关系，或从上到下，或从左到右，或从前到

---

① 尉天骄主编：《基础写作教程》，高等教育出版社2010年版，第222～223页。

后，或从外到里，或从整体到局部，一层层、一步步地写出来，才能将实际感受到的印象真实地传达给读者。

（六）指导开拓思路，善于联系

学生作文由于思路阻塞，常常感到无话可说，无从下笔。要引导学生由此及彼，由表及里，与所学知识，与所经历的事件，与所体验的人生进行联系，将话题拓展开去。于漪老师指出："写作的思路指导甚为重要。指导得法，脑中积累的写作材料就会如海水激荡，涌起波澜，蓄倾泻之势；如指导不得法，则会框住学生的脑子，犹如步入窄胡同，步履维艰。思路指导宜'放'不宜'收'，但又要在'放'中理出头绪，思而有序。"① 孙庆信老师在上作文辅导课时，就善于打通学生的思路。他谈到作文要调动生活积累，传达时代精神；一个题材可以表现不同的主题，一个主题可用不同的题材来表现；作文要善于联系人生。在回答学生提问时，他对联系作了示范指导。以下是师生问答。②

生①：刚才您讲万物可联系人生，您讲话的麦克风怎么联系呢？

孙：麦克风的作用是将声音放大。我现在的声音与你们平常听到的不同，平常我跟你们交谈，我自认声音还比较悦耳。可我听到自己的录音时吓了一跳，我讨厌它，因为它改变了我的声音。什么东西一放大，有了虚浮和夸大，就改变了原本的样子，其代价必然失去真。

生②：您前面那块玻璃可以联系人生吗？

孙：玻璃很坚硬，或者说很锋利，可以划破手，甚至把铁块画出痕迹。但同铁相碰，它又显得脆弱；摔在地上，一片粉碎，成了玻璃碴。我们可由此引出，一个人除坚硬或者说硬朗之外，还要有韧性。修品德、搞科研、做学问、炼身体等等，都要有韧的精神，不要过于脆弱。还有，玻璃可以挡住寒风，送进光明。人生就要有这种扬弃能力，挡住什么，送进什么，不可含糊。

生③：您穿的那件羊毛衫难道也能作文？

孙：当然能。羊毛衫能给人温暖，这是显而易见的。但不止这一条。现在穿羊毛衫正合时宜；如果夏天穿，太热，穿不住；冬天只穿一件，不足以御寒，会害感冒。总之，不能一年穿到头，要随季节的更换而决定脱或穿。人生、治学，都要不断调整情绪，变换方式方法。你们现在是高二、高三的学生了，但还有些

① 于漪：《给语文教学加点钙》，上海教育出版社 2001 年版，第 119 页。

② 陈迪中：《作文·联想·人生》，《中学语文教学》1994 年第 8 期。

同学在用初中甚至小学的方法来学习，怎么能学得轻松自如，成绩怎么能提高呢?

生④：能谈谈您戴的眼镜吗?

孙：可以。眼镜是一种障碍，隔断了我同你们之间的目光。但实际上，这种障碍调整了我的视力——这就可以引出一个观点：障碍的必需。有很多东西看来是障碍，如纪律，约束，大街的红灯、护栏，挡住你的自由，可实际上是保护了你，使你不出危险。

生⑤：我们穿的鞋子和袜子能写人生吗?

孙：这两样东西与人生的道理就更贴近了。中国古代有郑人买履的寓言，还有成语“削足适履”等，都可引出道理作文章。袜子呢?一个人可以穿一双比较旧的鞋子，但不宜穿破袜子。你想，穿着高档皮鞋，却配一双露出后跟的袜子，就觉得掉价。什么道理?为什么对袜子如此苛求?当两样事物一里一外的时候，人们更着重内在的东西。当然也有相反的情况，金玉其外，败絮其中，正好作文。这是讲鞋和袜。但若全身簇新，西装笔挺，却穿一双破旧鞋子，我们也可马上看出档次的高低。因为鞋，所以拘足也，而足是人之根，立身的根本，人们总是从根本上来看事物。

生⑥：请谈谈头发与人生的关系。

孙：对头发，中国有个另外的叫法：三千烦恼丝。为什么有人把头发剃光?据说是追求超脱。剃光后好像没有烦恼了，其实仍有。根本解决之法，不在头发，不是外在的因素，而在内功，在于理想、情趣、道德诸方面的追求。

生⑦：我们初中学过一篇《死海不死》。死海淹不死人，但名字很可怕，如果以这个内容作文行吗?

孙：当然行。这就是名与实的关系，可以引发议论。名曰死海，却能活人（使人活）；而许多铺满鲜花的道路，让你欢欢喜喜高高兴兴的，实际可能是通向堕落毁灭的险途。

生⑧：我们这个大厅里有两盏不亮的灯，能写人生吗?

孙：电灯这么多，世界这么大，总会有不亮的灯。挂在这里徒有虚表，看似电灯，却拒绝奉献，不愿拔一毛以利天下。

生⑨：尼斯湖水怪能联想到人生吗?

孙：这是一个谜。中国的天池也有水怪，也是一个谜。但人们对谜有不同的态度。我们的，有人考证调查，揭开了谜，说不是怪兽，而是木头或一条什么大鱼。真相大白于天下，于是人们不来看了。但人家对尼斯湖怪兽一事从不揭底。

随着科学发展，什么水怪、雪人、野人，哪会找不到呢？人家的聪明就在于不说破。从发展旅游事业说，这就是有市场眼光，经济头脑。何况人生的某些道理不必说破，开口便俗，尽在不言之中。(下略)

（七）指导巧妙构思

构思，就是写作的酝酿过程，是作者在动笔之前，对文章内容和形式全面设想的思维过程，包括材料的选择、主旨的确定、框架的构建等。所谓构思巧妙，是指在组织材料、表现主题时，能够选用自己最擅长的表达方式，不落窠臼，匠心独运地结构成文。这里的结构，就是文章的组织和构造，即对要写材料的安排。在写作中，可运用以下一些常见的技法、技巧。①

1. 一字立骨。以一字为立言之本，凝聚全文思想内容的精华，作为经纬全篇的骨架，这就是一字立骨法。这立骨的一字统摄全篇，是艺术结构的焦点，脉络的枢纽；是文章意境的灵魂，立论的核心，全文各部分精神的聚合点；是全文题旨的引起、凝铸与升华。

2. 巧设悬念。写作时，有意把情节安排得扣人心弦，让读者以紧张的心情期待它的发展，急于要知道后事如何。巧设悬念，关键要“巧”，要适度，要独特，要突出，要集中，要出人意料，最后还要能巧妙解决。

3. 波折迭起。“文似看山不喜平”，平直、浅露是文章之大忌。写文章就应曲折有致，波折迭起，一波一个新内容，一折一个新画面，每一波每一折都能扣人心弦。

4. 误会出奇。误会法，作为一种艺术手法，可以把文章写得曲折动人。误会，有极大的偶然性，但偶然性存在于必然性之中。在偶然的误会中，往往隐藏着必然的东西，通过它可以揭示出事物发展的内在规律。

5. 纵横对比。就是将对立的人物、事件、景物放在同一篇文章的一种构思方法。许多优秀的作品，常常动静相对，美丑相映，善恶对立，使作品形象交相辉映，互为衬托，使文章具有较强的感染力、说服力，使文章的色彩更鲜明。

6. 逆笔生姿。“逆笔”，是指违反一般情理的构思方法。它出乎意料，又在情理之中。随着故事情节的展开，读者的感触随着文章的思路伸展下去，到了一定地步，文章的思路突然一转，展现的是另一境界。

---

① 刘浩编著：《语文学法纵横》，中国矿业大学出版社 2005 年版，第 86 页。

7. 设置“虚境”。就是要求在构思时，能多考虑某种具体事物的比喻意义、引申意义、象征意义以及与之关联的形象事物或理性事物，做到虚实结合，相映成趣。

构思也可从以下几方面作指导①：

1. 时空推（转）移构思法。时空推（转）移，是指在选择材料后以时间的推移或空间的转移来组织行文的一种构思法。如《走一步，再走一步》记叙部分以时间顺序安排材料，记叙了“我”童年时一次“脱险”的经历，其中蕴涵着生活的哲理。

2. 一字（词）贯穿构思法。一字（词）贯穿，是指在构思文章时，选择一个和中心思想紧密相关的关键字或词连接文章的所有材料，从而形成文章的骨架。如《背影》一文，就是采用一词构思贯穿法，文章从始至终以“背影”一词贯穿全文，使读者深深体会到一颗慈父心，体会到父子之间的深情。运用此法，要注意文章要扣紧一个字或词来写，只有这样，才有条件以此为辐射点，进行多角度的思维，才有利于有层次地、深入地进行描述或抒情，使文章丰满而有韵味。

3. 片段组合构思法。片段组合，是指在题目规定的范围内，根据表达主题的需要，选择几个生动的、典型的人物、事件或景物的片段组合成文来表现一个主题的构思方法。用这种方法构思的记人、叙事、写景的文章，可以在较短的篇幅内，多角度、多侧面地表现人物、叙述事件、描写景物。例如：作文《发现美丽》一文，该文章主体部分的四段分别以“春”“夏”“秋”“冬”领起，片段组合，抒写作者对四季独特的审美感悟，文章结尾点出“人生的四季不也是一种需要不断发现的美丽吗?”。以此升华主题，可谓匠心独运。

文章的构思是一个复杂的思维过程，需要积极的思索、丰富的想象、不倦的追求和大胆的创造。只要下工夫，就能使文章有一个好构思。只要学会构思，就可以有效地防止作文跑题、偏题和离题，也可防止“头重脚轻”等现象。

（八）指导写作手法的综合运用

文章有“五诀”，“五诀”并用，叙中有情，情中有理，理中有形，形中有情，才能使文章富有变化，才能写出斑斓锦绣的文章。所谓“五诀”就是五个

① 周晓穗：《初中写作素养的有效培养策略探讨》，《语文学刊》，2009 年第 5 期。

字：形，事，情，理，典。任何文章的写作都离不开这五诀，学生写作文，也要用到这五诀。一篇好的文章一定是由这五个元素组成的。好文章是很少单用一诀一法，唱独角戏，奏独弦琴的。所以，练习写文章一定要从这五个方面入手。

“形”就是形状。这考验你描写的能力，能不能把你看到的美的形态、场景记录下来。

“事”就是事情。如“今天上午我在北大听课”这就是一件事情。有一种专门写事的文体，这就是新闻。

“情”就是情感。写文章一定要表达出作者的某种情感，要不文章的感染力就很弱了。要把人的感情、感觉都写出来，这样文章才好看。

“理”就是道理，也就是所谓的哲理。通过这样一件事情，明白了怎样一个道理，就要在文章中有所体现。文章有了理就有了升华，有了升华才容易被人记住。

“典”就是典故，就是过去已经有的事情，现在把它拿来用到文章中，这就是典。

一篇文章中如果把这五个元素都包括了，就一定很充实，很生动，很美，很有思想内涵，很发人深省，这样的文章就是美的文章。比如中学课本里有朱自清先生的《背影》。这篇文章里有没有形？写到了，他写父亲是个胖乎乎的老头，穿着长袍子，身体臃肿，行动笨拙。这篇文章写了怎样一件事呢？写父亲到车站送“我”坐火车，车快开的时候，父亲要给“我”买橘子。买了橘子以后，父亲兜着橘子爬铁道。铁道是一个沟，父亲很胖，爬不上去。于是先把橘子放上去，然后自己爬上去，再捡起橘子。写这个事情的经过。写形和事是为了什么呢？是为了引出下面的情。对父亲形态的描写——有点老、有点胖、身体臃肿、行动笨拙，加强了一个儿子对父亲已老的伤感，让人感觉到儿子的孝心。通过买橘子这件事情——在时间那么紧张的情况下老父亲还要给身体强壮的儿子买橘子，更加深了作者的内疚之情，所以父亲走了以后，“我偷偷地把眼泪抹掉”。朱自清这篇文章基本上就用了这三个元素，理不多，也没有用到典，但是已经营造出了一种意境的美，也是一篇很难得的好文章。[①]

① 杨春主编：《作文应该这样写》，国际文化出版公司2007年版，第132～133页。

第十章　写作学习方法的评价

写作学习评价是写作学习过程中的有机组成部分，它能为写作学习过程的各个环节提供反馈信息，从而帮助人们对写作学习过程进行合理、有效的调控，不断提高写作的质量和效率，更好地实现写作目标。写作学习方法的评价是写作学习评价的一部分，也是提高写作能力的一个必要环节，可以参照学生评价和学习评价的要求、方式、方法等来施行。

第一节　写作学习方法评价的类型与改革

教育评价的发展，无不与学生评价的发展联系在一起。无论是教育教学活动本身，还是对教育教学活动的管理，都要服从和服务于学生的成长发展这一根本目的。因此，如何合理、准确地评价学生，不仅是教育评价面对的首要问题，也是教育评价必须回答的问题。学习评价对学生的成长发展和教育教学管理具有非常重要的作用。写作学习方法的评价可以依据评价的基本要求，参照对学生的评价，以及对学生学力水平的评价予以实施。

一、学生评价的作用

第一，有助于把握学习起点，选择教学策略。

学生在学习新的课程时，要有相应的知识、技能和能力作为学习的基础，也要以一定的学习积极性和学习习惯作为学习的准备。此时教师可以用课堂提问、课堂作业、个别谈话甚至测验等多种方式，对学生学习这门课程时的相关知识、技能、能力、学习态度、学习习惯以及学习方法有一个大致的了解。通过对学生学习前期准备情况的了解，教师在教学过程中就可以采取有针对性的教学策略，选择适合学生特点的教学方法。对于某些学生的准备不足，或者全班性的问题，就可以分别采取不同的方法和策略进行补救，使学生都能够顺利地学好本门课程。

第二，有助于改进学习活动，改善学生的行为表现。

在学习活动中，通过不断地对学生评价，可以使直接参与学习活动中的教师与学生对自己的教与学的情况有一个清楚的了解，并根据不同的情况，采取相应的行动。对教师来说，当教学比较成功时，他们就可以总结经验，设法巩固自己的成绩；当学习活动与预期目标有较大差距时，他们就可以设法找出问题所在，及时改进教学行为。对学生来说，通过形成性评价提供的反馈信息，也会对过去自己的行为表现有一个认真的反思，在此基础上，及时调整学习策略，不断改善自己的学习行为。

第三，有助于了解学生发展中存在的困难，有针对性地解决问题。

学生在学校学习过程中，由于种种原因，肯定会产生这样或那样的学习困难。此时，如果仅靠学生自身的努力，或者一味地责怪学生，试图通过给学生施加更大的压力来解决问题，在大多数情况下都收效甚微，有时甚至会由于学生产生过重的心理压力，而产生更大的学习困难。通过学生评价则可以在学生的学习出现困难时，帮助他找出学习困难背后的原因，根据所存在的原因，采取有针对性的措施，取得较好的效果。

第四，有助于使教师和学校全面了解学生发展情况。

在一个学期或一个学年结束后，教师和学校都需要对学生发展的整体情况有一个全面的了解，这是对教育质量的最好检测。因为学生的质量高低，可以十分清晰地反映一个班级、一所学校的教育质量。通过学生评价就可以了解到学生发展的质量状况，进而了解到学校和班级教育质量方面存在的问题；通过对这些信息的分析和利用，就可以为教师和学校决策者作出教学和管理决策提供必要的信息，以便准确地做出有关的教育教学决策。

二、学力水平评价的类型

对学生学力水平的评价有如下三种类型：

（一）诊断性评价

诊断性评价是学生在开始一项新的学习任务时（如单元、学期、学年教学开始前），对学生学力的水平进行判断。通过诊断性评价可以鉴别学生现有知识技能的水平；确认学生学习的实际可能性，把握学生的现状，从而为教师制订新的教学计划提供依据。诊断性评价的主要作用是把学生分置在最有益的教学序列中。适当分置有助于使那些已经掌握具体教学目的的学生不会感到没兴趣，也能帮助那些缺乏基础条件的学生避免沮丧和灰心。

诊断性评价的方法很多，可以通过特别设计的测验、问卷和观察等进行。例如关于学生学习技能与学习习惯的诊断性评价可以采用问卷法，就如何安排学习时间和精力、如何自习、记笔记、使用参考书、听课、课前预习等问题，即如何学习的问题，设计许多栏目，让学生自评和诊断。也可以分成小组进行他评，然后教师根据评价信息找出学生在这些必要的、基础性的学习技能和学习习惯方面所存在的问题，采取相应措施去培养和提高学生的学习。

（二）形成性评价

形成性评价是在教学过程中进行的评价，它的评判依据是预先制定的评价指标。学科教学质量的形成性评价以教学目标为评判依据，客观反映学生达到每个教学目标的程度如何。形成性评价的目的就是通过测验或检查的形式及时地、不断地明确学生学习活动，控制教学过程，以使大多数学生能达到教学目的的要求。

形成性评价的基本性质是在教学过程中判断学生的学习状况，它依教学活动—评价—调整教学计划—教学活动的模式反复进行。它可以在一节课的中途进行，或者是在一节课、一个单元、一个学期、一个学年等不同时间或不同教学层次间进行评价。因为一节课的结束是本单元的中途，每一个单元的结束又是本学期的中途，一个学期的结束是一学年的中途，一学年的终结是一个教育阶段的中途。它要明确的是这次评价的内容是衔接新的教学活动的内容的。形成性评价要先设定目标，然后通过形成性测验来实现。

（三）终结性评价

终结性评价是某一阶段教学活动结束后（如课程或单元教学结束），对教学的整体效益或学生的综合学力水平进行评价。其作用是对学生作出鉴定或分等级。终结性评价既可以是一种绝对评价，也可以是一种相对评价。

通过终结测验，可考查学生的综合学力水平：学生的知识保持情况，对所学知识的理解能力，解决问题的能力和技能技巧等。测验的试题是根据学科教学大纲编制的。这种以鉴定作用为主的终结性测验就是绝对评价。如果测验试题是依据全体参加评价的学生的学力平均水平而编制的，通过评价，可反映出每个学生的学力状况在这部分同学的全体中所处的位置，并由这些来确定学生是优秀、良好、一般或是较差的等级，那么这种终结性评价即属于相对评价。终结性评价还可以鉴定每位教师的教学水平。

三、学生评价的改革

长期以来形成的传统学生评价制度，过分强调评价的总结性功能和选拔功能，把学生评价局限于为学校管理服务，成为学校控制教师、教师管理学生的主要手段。这种功能上的偏差，严重影响了学生评价积极作用的发挥，也引发了一系列相关的问题。主要表现在：

（一）把考试与测验作为学生评价的唯一形式，忽视了对学生的全面评价

考试与测验是学生学业成绩评价的重要内容，也是自古以来对学生进行评价的主要形式。一般认为，考试和测验结果可以比较清楚、直观地反映学生学习情况和教师教学情况，通过考试和测验结果，学校就可以对学生和教师采取相应的管理措施。因此，在传统学生评价制度中，考试与测验具有至高无上的地位，几乎成了对学生进行评价的唯一形式；对学生其他方面的评价，则成了可有可无的附属品。这样就很难对学生作出全面的评价。这种以偏概全的评价模式，必然会使学校的教育教学工作出现不应有的偏差。

（二）形成了对分数的过分追求

由于传统学生评价以考试和测验为主要手段，评价结果自然是以分数为表现形式，因此在运用分数的过程中，就不可避免地把分数的作用夸大，使评价的教育作用降低甚至丧失，消极影响反而不断增强。

由于过分强调分数，导致了以分数为对象的“偶像崇拜”。教师与学生为追求结果而不顾学习过程，对学生的学习过程产生极大冲击，这既不利于学生身心素质的全面发展，也不利于发展学生的学习兴趣，这种评价结果对教师的教学活动的改进和提高也影响甚微。同时，由于这种分数常常作为对学生分等鉴定的工具，使许多学生产生焦虑和沉重的心理负担，压抑了学生情感和个性的发展，并成为学生养成不良行为习惯的诱因。

（三）随意性难以保证评价的客观、准确

传统学生评价单纯强调评价结果的总结性和管理性功能。这种评价功能的单

一化倾向，使教师评价学生时随意性增大。这种现象不仅表现在对学生品德和体育水平的评价上，也表现在占主导地位的对学生学业成绩的评价上。因此，在评价过程中教师不考虑教育教学目标，只是从某些方面对学生进行评价，出偏题、怪题的现象屡见不鲜，品德评价走过场的现象更是学生评价中的通病。这些做法，很难保证学生评价的客观、准确。

（四）难以产生有效的教育效应

重结果轻过程，使评价应有的教育效应大大降低。对于学习较好的学生，虽然考试的高分能够在一定程度上产生激励作用，但由于缺乏进一步评价的信息，这种激励作用发挥的时间非常有限。尽管低分也可以激励部分学生从挫折中奋发，但对于更多的学生来说，低分特别是无更多信息的低分，常常会导致意志消沉、学习自信心下降。

随着教育理论界对人的发展问题、对主体性问题的关注，越来越多的人认识到，学生作为主体的发展，是一切教育教学活动的出发点和归宿。随着我国市场经济体制的逐步建立，素质教育的不断实施，培养学生创新精神和实践能力的呼声日渐提高，以学生发展为本的思想成为教育理论与实践界的共识。作为教育活动重要组成部分的教育评价，也必须服从和服务于促进学生的成长发展这一核心，更应体现出这一基本思想。概括地说，具有以下几个基本特征。

（一）学生评价的功能重点逐步从总结性功能向形成性功能转移

在传统学生评价思想实践中，学校和教师依据评价结果把学生分成三六九等，学生评价成了分等、鉴定、选拔的工具。从美国学者斯克利文对形成性评价与总结性评价作出明确区分以来，评价的目的逐步由原来的“证明”向“改进”转变。学生评价使教师和学生了解更多的信息，进而改进教育教学活动，提高教育教学质量，促进全体学生的发展。评价功能的这一转化，将使学生评价由原来为“选拔适合于教育的儿童”服务，转向为“创造适合于儿童发展的教育”服务。

（二）评价内容从对学生的认知评价扩展为对学生全面、综合的评价

传统的学生评价内容主要局限于认知领域，以考试和测验为主要手段。即使在认知领域，也是对知识获得的评价强调得更多，对学生能力发展的评价重视不足。随着对学生的认识不断深化，在学生观上由原来把学生作为灌输知识的“容器”到现在把学生作为一个完整的、具有主体性的人来认识，在教育观念上由知

识论向主体教育论的转化，这反映在对学生的评价上，就是评价内容有了很大的扩展和丰富。现代学生评价试图建立对学生多方面发展进行评价的体系，注重对学生学习能力、态度、情感、创新精神和实践能力等方面的综合评价；通过全方位的评价，在全面了解学生发展的基础上，对学生进行有效的指导，真正使全体学生得到全面的发展。

（三）学生在评价过程中由被动等待评价向主动参与评价发展

在传统学生评价实践中，学生作为被评价者没有任何权利，只有被动接受评价的义务。学生根据评价者发出的指令被动地行动，对评价结果也只能全盘接受，毫无自主权可言。现代学生评价则强调评价过程中的人文因素，注重人与人之间的对话，特别是评价者与被评价者之间的交流和合作，促使被评价者主动、愉快地参与到评价过程中来。

在现代学生评价中，学生主动参与评价有两种方式：一种是在他人评价中的主动参与，积极配合教师的评价，有意识地从评价中选择和吸收对自身发展有用的信息，以便有针对性地改进；另一种是自我评价中的自我控制、自我调整。通过自我评价，正确认识自己的学习活动和其他方面的发展状况，根据所了解的情况，及时进行自我调整，促进自身不断完善和提高。

（四）学生评价从关注结果向重视过程发展

长期以来，在片面追求升学率的影响下，对学生的评价仅重视凝固的、静止在某一点上的总结性的结果评价，而评价结果又表现在学生学业考试成绩的分数上。现代学生评价，不仅关注学生发展结果的评价，更重视学生发展过程的评价。在对过程的评价中，让学生真正参与到评价中来，使评价能够触动学生的内心深处，使评价产生教育意义，把学生评价过程变成教育和指导的过程，变成不断促进学生发展的重要手段。

（五）在评价方法上，从仅强调测验分数向评价方法的立体、综合、多层次、全方位发展

传统的学生评价，由于将考试和测验作为评价的主要手段，考试与测验分数则成为评价学生的唯一标准。现代学生评价，基于把学生作为学习和发展的主体来认识，在认识到分数重要性的同时，并不夸大分数的意义，也不刻意强调考试与测验的作用，而是主张采用多种方法相结合，努力寻找各种有效评价学生的方法，试图形成立体、综合、多层次的评价方法体系，对学生进行全方位的评价。

四、语文学习评价的改革

传统的语文学习评价主要侧重于定量评价，注重选拔和甄别功能；而《基础教育课程改革纲要（试行）》则明确指出，评价不仅要关注学生的成绩，而且要发现和发展学生多方面的潜能，了解学生发展中的需要，帮助学生认识自我，建立自信；发挥评价的教育功能，促进学生在原有水平上的发展。《义务教育语文课程标准（2011 年版）》指出："语文课程评价的根本目的是为了促进学生学习，改善教师教学。语文课程评价应准确反映学生的学习水平和学习状况，全面落实语文课程目标。应充分发挥语文课程评价的多重功能，恰当运用多种评价方式，注重评价主体的多元与互动，突出语文课程评价的整体性和综合性。要根据不同年龄学生的学习特点，按照不同学段的课程目标，抓住关键，突出重点，采用合适的方式，提高评价效率。"因此，有必要对语文学习评价进行重新认识，对旧的评价观念进行改进，确立新的语文学习评价观。

1. 评价功能人本化。课程标准坚持以学生发展为本的价值取向，必然要求学习评价指向每一位学生的全面发展和终身发展。以往的评价侧重于定量评价、知识评价和结果评价，而新课程则相信每一个学生都有发展的潜力，其目标是让每一个学生都能找到自己的亮点，充分发挥评价的激励功能，激励学生走向成功。新课程教学还承认学生发展的差异，注意促进每一个学生的进步，防止公布分数、排名次等方法的负效应，不能因评价而伤害学生的自尊心；在评价中要呵护每一个学生的自尊心，激发每一个学生的上进心。

2. 评价形式多样化。语文课程标准提倡评价形式多样化，应尽可能地将诊断性评价、形成性评价和总结性评价结合起来，将量化评价与定性评价结合起来。评价中应注意各种评价之间的优势互补，特别应加强形成性评价，采用成长记录的方式，搜集能够反映学生语文学习过程和结果的资料。例如，关于学生平时表现和兴趣潜能的记录，学生的自我反思和小结，学生写得最好的习作、周记，教师和同学的评价，来自家长的信息等。

3. 评价主体多元化。教学活动是教师与学生在特定环境中以教材为中介而进行的活动。教师与学生都是课程与教学的主体。因此，语文课程标准提出，在学习评价的主体上，要改变以前只有教师才是评价主体的做法，注意将教师的评价、学生的自我评价、学生之间的相互评价以及家长的评价结合起来，特别要理解和尊重学生的自我评价和相互评价，促进学生主动学习，自我反思。[①]

写作学习方法作为语文学习评价的一部分，应当实现评价观念的转变，积极进行评价改革。对学生作文的评价常常是以教师为主体的，批改、评讲、优劣的评定都由教师来完成，而且教师往往又以“裁判员”和“权威者”自居。以教师独尊的评价方式既不利于激发学生作文的兴趣，容易使学生养成依赖甚至懒惰的心理，也不利于培养学生作文的创造性。教师在学生作文后包揽一切，实际上切断了学生作文应具备的相对完整的过程，使学生作文的评论能力得不到提高。此外，教师面对的是一个个鲜活的个体，他的评价也很难保证公正和客观。可见这种单一评价方式具有局限性和封闭性。

第二节　写作学习方法评价的方式

作文的评价方式应予改进。对学生作文评价，要以激励为原则，把师生间的双边活动扩展到学生之间的水平交往，培养学生参与、思考的积极性和主动性，充分体现学生在作文中的主体地位。据此，采取教师评价、学生评价、学生自我评价三种相辅相成的评价方式，使教学成为合作的过程，这符合素质教育的发展方向。

一、学习评价的方式

1. 教师评价

教师的评价自然是作文教学中的一个重要环节。可以采取全面评、重点评、个别评的方式，无论哪一种评价方式都对学生作文指导具有重要意义。首先，这是一种更具有针对性的指导，可以有的放矢地指导学生提高作文能力。其次，有利于教师审视自己的教学，从学生作文中看出教学得失。最后，有利于给学生确立评价的标准，使学生掌握评价的方式和方法。教师评价要求教师客观、公正，不以主观好恶，不以兴趣爱好，不凭感觉印象，不以情感评价学生作文，而要依

① 程一凡、叶红主编：《新课程：怎样进行中学语文学习评价和测试》，四川大学出版社 2005 年版，第 3 页。

据作文的客观标准予以评价。同时，教师要有编辑的眼力，慈母的爱心，指出学生作文“好”在哪里，“新”在何处，“失”在哪里，“败”在何处。给学生以适当、得法的指导，鼓励优点又不纵容缺点，引导学生健康地作文。

2. 学生评价

学生评价可以是学生集体评价，也可以是学生互相评价。由于学生的年龄、阅历、修养、知识结构等的限制，其能力尚有欠缺，因此，学生评价需要教师确立评价标准，提出要求，在此基础上，学生通过互相评价，可以做到相互学习，取长补短，在比照中共同提高。学生的评价中出现的问题，教师一定要及时加以纠正，并要精心组织，不可放任自流；还须做到有所反馈，以实现师生心灵间的沟通，避免不恰当的评价挫伤学生作文的积极性。

3. 自我（独立）评价

学生按照要求，围绕写作目标自评自议，学会自我评价。通过参与作文的全过程来提高自己的认知水平和写作技巧，在参与中领悟作文的道理，进而发现自己智力劳动获得的成果，体验到作文的快乐，从而增强学生作文的自信心和乐趣。学生的自我（独立）评价，要求学生具备一定的素养和能力；要做到评价准确，必然要多阅读、多实践。学生除了要根据要求修改病句、错别字、常识性错误外，还要根据教师的评改归纳总结，将作文上升到理性高度来认识。

二、不同阶段的学习评价方式

学生学习评价方式是指评价学生学习进程与成绩时所采用的应试材料与应试方法的类型。这种方式的划分依据与标准因校而异。一般认为常用的考核办法有：1. 笔试，分闭卷、开卷、半开半闭卷；2. 口试；3. 实际操作。

按照评价发挥作用的不同，在评估的三个阶段——即诊断性评估、形成性评估和终结性评估中，可以相应采取以下方式进行学习学业考查：①

第一，学段的准备评估。

一般包括以下因素的确定：前一阶段教育中学生的知识储备、质量和认知能力等，学生注意力的加强以及注意的稳定性、广延度、语言发展水平，对学习的态度认识、身体状况等。这种诊断性评估可贯穿在以下环节中：新学年或学期伊

① 马永霞主编：《教育评价》，当代世界出版社 2001 年版，第 148 页。

始，班主任接任班级课程开端，即将学习新的知识内容时，等等。

通过诊断性的评估方式，来决定学生的适当位置，以便教师更好地因材施教，具体根据学生特点，调整相关教学内容。当然，这种评估并不能完全解决个别差异与因材施教问题，而只能作为一个前提。同时，通过诊断性评估，还可以识别学生的特殊才能以及造成学习困难的原因。简言之，诊断性评价工作的好坏与否，对能否正确确定学生位置、调整教学全过程关系重大。

第二，平时考查评估。

作为教学的“自我纠正”环节的平时考查，评估的目的在于改进学生完成学习任务所必备的主客观条件，可以分为以下三个层次：课文级形成性评估，单元级形成性评估以及学段级形成性评估。课文级形成性评估是指在教学中教师通过观察学生的倾向和面部表情做出判断，以调节教学进度和方向；单元级形成性评估是指单元结束前教师根据形成性测试，判断预期目标达到情况，通过反馈矫正，进行补充教学；学段级形成性评估是指通过学年或期末考试，教师判断学生在哪些知识领域有何困难，从而安排特殊补充教学，起到补救作用。

通过形成性评估，可达到改进学生学习，纠正、强化等目的，及时为教师提供反馈。评估方式主要有：

1. 课堂口头提供：提高与所授知识的相关程度，确定学生学习的程度、深度，提问应带有启发性；

2. 检查作业：教师应尽量使作业带有针对性，并及时批改，及时反馈给学生；

3. 书面测验：在时间安排上应具有一致性、合理性，难度要适中。

第三，总结性考查评估。

指在学期期末或整个课程结束时对教学成果所进行的全面的教学评估。总结性评估的主要用途有：学段终结时，对师生的教学进度进行总结评价，成为一种资格鉴定和认可，从而为学生下一阶段的学习成就提供比较，成为下一步学习的起点，并及时提供反馈。

它的考查方式包括以下两方面：教师自编测验，标准化考试评估。

1. 教师自编测验。

是指由教师根据教学需要自行设计和编制的测验。这种测验形式应严格按照目标参照测验的要求进行，编制要符合科学进度，覆盖面力求广阔，并具有一定的启发性和灵活性，切合实际。这种测验由于覆盖面较小，在编制和实施上应力求灵活、多样，编制过程由于不必耗费太多的力量，编制与实施较方便。在平时教师教学工作中，甚至地方上组织的学绩测验中，由于试题简单易行，适应性强，而被大量采用。随着教育评价理论的普及，这种自编测验的水平也在不断提高，教师应注意在平时积累题目，建立小型题库，对测验进行效度、信度分析，不断提高试卷的质量，使其更加富有针对性。

2. 标准化考试。

随着考试研究的深入以及评估学的完善与质量的提高，标准化考试以自身独特的优势受到普遍关注与采纳，它主要包括以下三层含义：

第一，具有规范的标准；

第二，对各个环节按照系统的科学程序加以组织；

第三，对误差作了严格控制，以保证考试的可靠性和有效性。

标准化考试是一个系统化、科学化、规范化的施测过程。具体包括，按标准确定考试目的与计划，试题编制的标准化，考务管理标准化，评分记分标准化，分数理解标准化。当然，这种标准化只是一个相对的概念，它也有水平、层次的高低之分，也需要在实践中不断摸索、改进，以提高其标准化的程度。

三、学习评价的方法

1. 书面测验法。书面测验法即我们常说的书面考试、笔试，是实践中常用的语文学习评价方法，根据测试范围它可分为课堂测试、单元测试、期中测试、期末测试等。

试卷的编制应避免出现以知识记忆为主以及脱离实际的情况，应注意试题类型的多样化，还应注意试题的编排顺序，充分考虑学生的个性、应试心理，尽可能消除其紧张、焦虑等不良情况。

对测试结果的解释主要包括：①从整体上分析所有学生对测试目标的达成情况；②分析不同类型学生之间的差异；③分析相同测试对象在不同测试中目标达成情况的差异；④说明测试目标达成情况，分析某一个体在所处集体中的位置；⑤分析某一个体或学生总体，在不同知识内容上目标达成情况的差异。

2. 观察法。观察法是评价者将学生在日常语文学习过程中的行为表现的观察记录与事先制订的评价标准相对照，以得出语文学习评价结论的方法。常用的观察法有自然观察、抽样观察、追踪观察等。与考试相比，观察法的运用比较方便易行，能直接获得第一手资料。在自然状态下进行的观察，保证了信息的真实性，尤其适宜于对学生的学习态度、兴趣方法、习惯、情感、价值观、创造性等方面的评价。但这种方法也容易受主观因素的影响，因而，在运用观察法对语文学习进行评价时，要注意如下几点要求：

第一，要确保观察在自然真实的状况下进行，尽量不要被观察对象察觉，防止评价对象有意迎合评价者的需要，使评价信息失真。第二，观察前要做好准备工作，如制订观察计划和提纲，确定观察内容，选择合适的观察方式和方法。第三，要确定观察目的和项目，既要确定观察目的，也要明确观察的时间和事件。第四，客观、真实、全面、具体地做好观察记录。

3. 谈话法。谈话法是评价者通过与学生面对面的交流来获得信息，以评价学生语文学习现实状况的方法。谈话法可以使评价者更为直接地接近学生，并且在谈话过程中评价者还可以根据评价的需要控制谈话场面，在较短时间内获取大量比较真实、详细的评价信息。

谈话法有两种类型：一是与学生的日常交流，一是有明确目的的谈话。前者是指通过课堂和日常交往中与学生的交流，获得对学生语文学习态度、兴趣、习惯等个性特征的评价。但这种评价要求教师有较高的评价能力，因为获取信息比较零散。后者要求评价者事先做好谈话准备，包括选定谈话对象，提前与谈话对象做好联系，制订访谈提纲，确定访谈目的、时间、地点、方式等。它容易使谈话对象产生不安的情绪，所以这就需要评价者有较高的谈话技巧，不仅要能建立融洽、和谐的谈话氛围，让谈话对象主动积极地说出自己的意见、看法、观点、思想、态度，而且能依据谈话对象的表情、神态等非言语行为巧妙地变换提问的方式，以准确地判断其回答的真实性、有效性和可靠性。

4. 问卷调查法。问卷调查法是由专家或语文教师依据调查目的设计调查问卷，通过调查对象对问卷的回答获取评价信息的一种评价方法。这种方法可以在同一时间内对多人进行调查，能够快速、方便地获取多个评价对象的信息。在编制问卷时，编制者对调查对象和调查目标必须有正确的估计和认识，问卷的题目要符合调查对象实际，调查目标应该明确，否则，问卷确定后就很难进行修改，所获信息会有较大的误差。

5. 作业法。这里所说的作业主要是指学生的日常作业，可分为两种类型。一类是每节课教师布置的随堂作业或家庭作业。比如，可以通过检查学生的语文笔记情况来推断学生的语文学习兴趣、学习态度、学习方法；也可以从作业完成情况、字体是否工整、是否抄袭或请人代做作业的情况等方面来推断学生的学习态度和学习兴趣，以便及早发现学生在学习中遇到的困难和问题，提出有针对性的解决问题的方法。另一类是专题作业，从学生完成的专题作业的质量状况，可以判断其语文基础知识和基本技能的掌握情况，以及学生对感知、理解、借鉴、欣赏、运用等的掌握情况。同时还可通过对学生收集整理资料、分析资料、运用资料的动手能力的考查来了解学生的学习情况。语文学习的目的在于培养语文综合素养，因此对学生的语文学习要全面评价，特别是情感态度价值观、学习方法、学习习惯以及综合性学习等方面应引起重视；又由于语文学习具有重视感悟和情感体验的特点，这就决定了评价不能完全采用量化的手段，所以要将定性评价与定量评价结合起来，重视在语文学习过程中对学生用激励性语言进行定性评价。

四、语文学习评价的方式

语文学习评价形式往往以其客观化、标准化、数量化且以目标为中心，广泛用于各种验收、测验、选拔当中，体现了选贤任能和优胜劣汰的思想。人们还把它作为终结性评价来充分显示其公正、公平。其体现形式是“一张试卷来测验，一个老师来评卷”的静态、终结性形式。

当前，语文学习的评价形式应为参与与互动并举，自评与他评结合。语文的学习是一个动态的过程，这就决定了语文学习的评价形式不应该是单一的、死板的，而应该是丰富多彩的、变化无穷的。在选择语文学习的评价形式时，下面几点要求应该引起足够的重视。①

1. 以定性评价为主，以定量评价为辅。《义务教育语文课程标准（2011 年版）》指出：“要坚持定性评价和定量评价相结合，全面反映学生语文学习的状态及水平。”量化和客观化评价不能成为语文课程评价的主要手段。定量评价，就是一切用分数来表示其成绩；定性评价，就是力图通过自然调查，对性质、状态、程度等用概括性的语言进行描述。过去采用的都是单纯定量的评价方式，学生生动活泼的个性被抽象成一个个僵硬的数字，教育的复杂性和学生状况的丰富性都被泯灭了。出于对这一现象的反思与矫正，定性评价越来越被大家所理解、所接受，人们普遍认为它能更真实地反映教育现象。当然，并不绝对排斥定量评价，而应以定性评价为主，在适当的情况下辅以定量评价。

① 程一凡、叶红主编：《新课程：怎样进行中学语文学习评价与测试》，四川大学出版社 2005 年版，第 22～24 页。

2. 拓宽评价渠道，促进学生发展。在课程评价主体上，要注意将教师的评价与学生的自我评价和相互评价以及家长的评价相结合，加强学生的自我评价和相互评价。这就改变了以往的评价只有教师参与的倾向，确立了学生也是课程评价主体的地位。这种评价的实质，从一个侧面反映了学生是学习主体的现代教学观，这将大大激发学生学习语文的兴趣。在学生评价的过程中，受评者固然受到一次较为严格的审核，优点得以肯定，错误也能及时地被发现、纠正；而评议他人的学生也同时得到一次训练，因为他们必须按教学要求认真听取受评者的发言或认真阅读受评者的书面作业，然后肯定其成绩，指出其错误，他们的工作强度远远大于受评者。学生在教师的指导和组织下，通过互评自评的锻炼，个体、集体评价意识和水平也将得到较快的发展，自我学习、自我教育和自我评价意识也将不断地增强。这种多渠道、以学生为主体的评价活动，也会使学生越来越关注同伴和集体对自己的评价，从而使学生更加自觉地注重自己的言行，学习也会更加主动。

3. 创设恰当情境，考核语文素养。日常检查和纸笔测验是目前常见的语文学习评价途径，但不可否认，从素质教育的要求来看，仅凭这两种评价途径还不足以科学、全面地判定学生语文学习的成效。尤其是一些当今时代必备的语文素质、能力，必须以其他形式来评定。情境活动的考查就是一种有效的评价形式。它先由教师创设活动情境，让学生参与其中，进而根据学生的表现来测定学生某些方面的语文素养。例如，开展朗诵比赛，评定学生的普通话水平；组织演讲、辩论活动，评定学生的表达能力以及思维的逻辑性和敏捷性；进行课本剧表演，让学生根据课文内容自编自演，从中考查学生对课文理解的深度和广度以及表现出来的想象能力和创新意识；还可以模拟组织接待来访、招聘面谈、新闻发布、法庭审判、商业谈判、社会用字调查或成语活动来对学生进行考核。通过这些活动，教师能从中获取学生语文素养方面的信息，据此评定学生语文学习的效果。情境活动考查可以了解学生在真实或近似真实的情境下的语文素养，这是其他评价途径难以做到的。

4. 改革考试形式，力求多元变通。对不同的教学目标可采用阶段性测试、成就测试、水平测试等形式；对不同的教学内容，可采用综合性测试和单项测试。既可以由教师来进行测试，也可由学生在教师指导下自测评估；测试的形式，既可用笔试，也可用口试；试题既可用“客观型”“标准化”，也可用传统的论文型；既可以采用开卷形式，也可以采用闭卷形式等。

5. 形成性评价与终结性评价相结合。形成性评价是在教学过程中某一特定的阶段进行的评价，目的是为了了解学生在这一阶段学习的状况、存在的问题。终结性评价是在一个学期、一个学年或一段更长时间的学习结束后进行的评价，目的是为了了解学生在经过一个完整阶段的学习后是否达到预期的教学目标。虽然需要终结性评价来全面评定学生语文学习的成果，但不可因此而忽视形成性评价在语文学习中的作用：它能够让教师发现学生的兴趣所在，进行相机诱导；发现学生的困难，及时帮助解决；发现学生的潜力，促进其正确发展。语文教师可采用成长记录的方式，收集能够反映学生语文学习过程和结果的资料，如学生平时的表现和兴趣潜能的记录、学生的自我反思和小结、教师和同学的评价、来自家长的信息等。期末则可进行朗读、背诵、口语交际等单项口语测试和综合内容的笔试。这样，既详细地记录了学生一学期的学习过程，又全方位地测出了学生的语文水平。

6. 课内评价与课外评价相结合。课内评价主要是诊断性评价，主要是指在课堂教学中，教师通过提问、解答、作业练习、作文讲评等形式，对主动发现问题、提出新见解的同学所做的诊断性评价。这种评价具有双向信息反馈作用，是能够激活创新思维的动态评价形式。

7. 分项评价和集中评价相结合。分项评价主要是在平时进行，集中评价主要是分阶段进行。分项评价检测目标明确，能够分散检测难点、减轻多方压力，灵活而机动；而集中评价则容量大、范围广、科学性强。只有将两者结合，才能够扬长避短，增加评价的信度。

8. 等第评价和评语评价相结合。等第评价与评语评价各有利弊，二者配合使用则可以优势互补。在对学生语文学习的评价中，可以采用由评价结果（等级形式）、学习进程（曲线图形式）、评语（归纳分析、激励建议）三部分组成的学生成绩报告册形式进行评析。在这些形式当中，评语切忌使用套话、空话，应充满关怀和平等心态，对学生进行归因分析，避免程式化的说明，要突出对学生的学习动机和态度、兴趣等非智力因素的评价。

9. 单独评价与当众评价相结合。并不是所有对学生的评价都要让全班学生知道，恰当地使用当众评价和单独评价，会使被评对象获得意想不到的效果。在语文学习当中，作文的评改就适合采用单独评价和当众评价相结合的形式。学生的作文往往抒写真人真事，蕴涵真挚感情。如果一味地将作文在全班诵读，进行表扬，有时会侵犯学生的隐私，适得其反。这个时候，课下单独交流，真挚地谈出自己的看法和表扬，就会让学生备受感动和鼓舞，促使其取得更大的进步。

10. 注重综合评价，实施差异评价。在语文学习评价中，应特别注重对学生整个语文素养的综合性评价；不仅关注学生的语文学业成绩，而且关注学生在语文实践方面的创新意识和实践能力的发展，以及良好的心理素质、浓厚的学习语文的兴趣、积极的情感体验、较强的审美能力等方面的发展。同时，在具体的评价过程当中，由于语文学科的特点，无论是课堂评价还是课后评价，都应在坚持底线的基础上，注重以鼓励评价为主，判断评价为辅。

在强调全面综合评价的同时，还应重视对学生语文学习方面的差异性评价。心理学和社会学的研究表明，学生的发展是存在个体差异的，每个学生都有不同于他人的先天素质和生活环境，都有自己的爱好、长处和不足。这使得每一个学生的发展目标以及发展速度和轨迹都呈现出一定的独特性。因此，在语文学习评价中，关注学生的个体差异，建立“因材施教”的评价体系非常重要。

第三节　写作学习方法评价的实施

写作学习方法评价主要是评价在不同条件下运用各种写作学习方法的能力，如采用的学习方法是否适合自己的情况，是否适合具体的学习内容，对实现写作目标的有效程度，运用学习方法的应变能力，是否妥当合理地安排写作学习，在学习中是否养成良好的写作习惯等。其实施要求我们掌握教学评价的一般原则。

一、学习评价的原则

1. 发展性原则。语文学习评价常常是以语文教材为本，以语文教材为标准，重知识、轻能力，重结果、轻过程，重少数、轻多数，重理性、轻情感。现代语文学习评价则关注语文知识是怎样获得的，语文能力是怎样培养的，语文素养是怎样形成的，学生在语文学习中的兴趣、参与程度怎样等问题。因此，语文学习评价必须以学生为本，围绕学生的发展进行，为学生的发展服务，以增强学生主动发展的内部动力，形成奋发向上的精神力量。

2. 全面性原则。语文课程是综合性很强的课程，它的任务是全面提高学生的语文素养。就语文知识素养而言，它包括字、词、句、篇、语、修、逻、文；就语文能力素养而言，它包括听、说、读、写等基本技能和认识能力、自学能力、创造能力；就语文情感素养而言，它包括兴趣、态度、意志和习惯等。而且，语文知识不仅是一般意义上的书本知识，还包括与实际生活广泛联系的应用知识。语文能力不仅指一般意义上的听说读写能力，还包括适应学习、生活、实践、创新的语文实用能力。因此，语文学习评价应遵循全面性原则，促使学生语文的智力和非智力结构不断完善，并促进语文整体素养的全面发展。

3. 过程性原则。语文学习评价作为促进学生发展的工具，应贯穿学生语文学习的全过程，并且在学生语文学习的过程中提供不同类型的评价服务，促进学生“知情意行”的全面发展。

4. 合作性原则。语文学习评价既包括自评又包括他评，既有教师的自评、学生的自评，又有教师的互评、学生的互评。此外，评价还包括学生对教师的评价，教师对学生的评价，家长对教师的评价，家长对学生的评价，以及社区对学生的评价。在学习评价中，学生既是开发自身潜能的主体，又是将外部教育影响内化为自我素质的主体。因此，在遵从评价合作性原则的前提下，不能忽视学生这个语文学习评价的主体。

5. 多样性原则。根据语文学习重感情体验、重语言感悟的特点，语文教学评价不能完全采用量化评价，而应该采用定量和定性相结合的办法，运用定位性评价、诊断性评价、形成性评价以及终结性评价等手段，全面科学地进行。

二、学习评价的过程

（一）明确目标

评价伊始，评价者首先要明确评价所要达到的目的，这是整个评价过程的起点和归宿，是完整评价的首要前提。

（二）确定内容

这里的评价内容主要指学生应试所应具备的知识量、能力、技能等。包括考查学生已有知识是否全面、完整，是否能够合理汲取知识，以及是否能够运用这些知识解决实际中的一些问题，在一些情况下，还包括是否能够具备运用知识创造新事物的能力。

（三）选择方式

选择方式指为了特定目标、特定的评价内容，选用与之相适应的应试材料与方法的方式。

（四）计分标准

考试内容本身是决定学生学习的主要因素，但评分标准的合理与否，也直接关系到能不能正确衡量出学生的实际水平。确定成绩标准主要有以下两种方法：

第一，规范化方法：即采用相对的比较方法，把学生的个人成绩同进行考试的所有其他人的成绩相比较并予以评定。运用这种方法时，要求选取适当的参照物，从而评价出学生在整体中的相对位置。

第二，标准化方法：指根据考试举行前制订的绝对标准来确定。实际工作中，通常在采用标准化方法的同时，也就变相地采取了规范化方法，两者往往是综合在一起应用的。

（五）结果反馈

评价学生的学习，最终目的还在于通过衡量学生的学习状况，来为其下一步的学习打下基础，起的应是动力作用。结果的及时反馈与调整工作在评价过程中显得尤为重要，特别是对一些后进生而言，他们在学习方面的积极与否，直接与教师的成绩反馈工作有关。好的反馈应该使学生在现有水平上获得进一步的发展，也是人们常说的维果斯基的最近发展区理论。

三、写作学习评价的实施

就是在写作过程中要实施多维评价、多项评价、多向评价、多层评价、立体评价等多种评价方案。

1. 全程评价

作文评价应该是其过程的评价。传统的评价只是看重结果，而忽略了过程的评价。应该树立全程的评价观念，及时评价，随时评价，时时激励，全程激励，评价学生认识生活的过程，评价学生体验生活的过程，评价学生描绘生活的过程，评价学生习作体验的过程，评价学生修改文章的过程，等等。只有把评价的激励纳入全程，才能真正调动学生习作的积极性，才是促进学生发展的评价。

2. 全员评价

作文是一种师生共同参与的学习活动。以往写作学习评价模式是“学生习作，老师批改”，很显然，违背了以学生为主体的规律。写作学习评价，应该有学生自主性评价、师生合作的评价，应该积极倡导全员合作的评价机制，让学生在评价作文的过程中具有发言权，让他们参与其中，畅所欲言，评价自己的进步和不足，评价别人的优点和缺点，评价习作的感受和体验。

3. 发展评价

写作学习的灵魂是发展学生运用语言文字的能力，所以要把作文评价变成促进学生发展的激发情趣的过程。在评价的过程中尽量尊重学生的原意，鼓励学生的点滴进步。作文评价要使每个学生都能看到自己的进步，明确努力方向。要使学生在评价的过程中发展自己，提高自己，辩证地认识自己，从而使自己获取更大的发展，更快的发展。

4. 多维评价

写作学习是一个动态的开放系统，作文评价是一个动态的多维层面。多维评价有两方面的含义：一是指评价内容的多维，即把三个维度（情感、态度、价值观的维度，知识、能力的维度，过程、方法、习惯的维度）的评价始终贯穿在写作学习的全程。二是指评价方式的多维。指的是批改作文可以采取多种形式，多种方法。如，教师可抓住学生作文中带有共性的问题，联系学过的有关知识，有针对性地进行讲评。也可以选择学生的好作文，让学生观摩、讨论。

5. 开放评价

作文要全面评价学生的认知、能力、态度和情感，同时要根据学生的个性差异，设计多元评价体系。评价项目多一点，就可能多出一批各有所长的好学生。要探索实践测评、成果展示、讨论答辩等多样的评价形式和手段。增加评价的尺子，就是发挥评价的导向功能，让学生全面发展，尽显他们蓬勃的个性之美。

这里的评价内容主要指学生应试所应具备的知识量、能力、技能等。包括考查学生已有知识是否全面、完整，是否能够合理汲取知识，以及是否能够运用这些知识解决实际中的一些问题，在一些情况下，还包括是否能够具备运用知识创造新事物的能力。

如“感受自然”的写作可采用以下评价方法：

1. 分组讨论。以四人小组为单位，依照评价标准进行小组评议，打分。最后可以由小组长小结。推荐一名最佳者向全班介绍，在介绍前小组成员充分发表意见，写综合点评意见。这样的方式有利于提高学生的分析、评论能力，调动学生的积极性，实际效果比教师评价好得多。

2. 对比评价。选择一两篇写得好的和写得差的习作，或由教师评价，或由学生讨论分析。

3. 经验介绍。可以让写得好的学生朗读自己的习作，全班同学听后发表意见；可以联系观察指导要领和绘景技法内容，看看运用得如何。教师再小结，然后由这位同学向大家介绍经验，可以结合组评意见来谈。最后教师补充和总结。这种方式易于调动学生积极性，增加写作经验积累的自觉性，贴近学生的实际，容易引起共鸣，构成作文的激励机制。

又如“我爱我家”的写作可采用以下评价方法：

1. 小组交流：四人小组内各人选取自己不同年龄段的照片或父母青年时代的照片，根据在家准备的素材提纲，进行口述。学生可对照照片看是否描述清楚，是否有完整的故事情节，是否有新意。如以“妈妈的唠叨”为主题的内容，则需要口述：这件事是由谁做的，发生在什么时候，什么地点，因何而起，怎么发展，最后的结局怎样。必须把这些内容交代清楚。评价时注意：①是否事无巨细，把事情发展的过程不分主次，一点不漏，照实记录。②如何避免“流水账”，怎样围绕中心，认真仔细筛选材料。最后参照评价标准给每人收集素材的情况打分。

2. 全班交流评价：请四人小组长介绍本组交流情况，或每组推荐一人重点介绍，口述素材。全班同学听后发表意见，根据是否抓住最熟悉、最动情的东西，是否说真话、诉真情，来进行评价。也可以结合评价标准充分发表意见，或者针对口述内容向讲述者提出问题，请他回答，形成互动的氛围。[①]

写作学习的评价功能能否得以充分发挥，取决于教学实践中对它如何运用。有的教师在以下几个方面进行尝试:[②]

第一，针对学生学习活动的具体情况，给予恰当、准确、富有启发性的评价。学生在写作教学过程中发表的见解，能反映出学生多方面的情况。即使程度相当的学生，也会在思维方法、学习习惯等方面表现出差异。因此，根据每个学生的特点，在给出恰当、准确的评语的同时，还应注意根据学生的优点和缺点，在口头评价和书面评价中给予适当提示，从最大程度上激励学生做出改进和努力。

第二，对不同个性特点的学生给予不同评价。如对优秀学生的评价尽可能客观，使他们向更高的目标努力，防止滋长他们的骄傲情绪。而对差生，多采用肯定性评价，表扬优点，使他们常常觉得自己在进步中，激发他们成功的情绪体验，增强自尊心和学习的自信心。

第三，力求把教学评价与对学生的学习成绩评定结合起来，使之发挥更大的

① 朱芒芒、王红主编:《初中语文教学评价》，东北师范大学出版社 2003 年版，第 100、109 页。
② 孙春成编著:《语文课堂教学艺术漫谈》，语文出版社 1998 年版，第 208 页。

激励作用。据美国心理学家佩奇关于教学评语的反馈效应的实验证明，教师对于学生的作业，除了给予分数或等级外，再加以适当的评语，对学生的学习颇有助益。因此，应努力使评价更好地促进学生的学习。

不管使用何种评价形式，都应该重视教师在整个评价活动中的指导作用，因为教师毕竟在整个教育活动当中起着不可忽视的作用。评价形式由单一走向多元，并不等于说抹杀教师的评价指导作用。

四、写作学习评价的方法

以往的学习评价，大多采用单一的方法，或是单纯定量的方法（如智能测验、测量和建立指标体系等，操作性强，在判断结论上运用定量分析的预定式评价），或是单纯定性的方法（如观察、交谈、调查、访问、面试等，较少依赖正规的信息交流方式，在判断结论上运用定性分析的应答式评价），影响了评价结果的客观性、科学性。应当采用定量与定性相合的办法，广泛收集信息，进行解析论证，从而做出判断，并将学习前的准备性评价、学习中的形成性评价和学习后的终结性评价相结合，以使评价更客观、更全面、更科学。

在评价方法上，由于学生是学习的主体，因此学生也应当成为评价的主体。随着学生年级的升高，能力的增强，要组织他们参与课程评价，使他们在学生互评、自评中，得到锻炼，受到激励。由于语文学习旨在提高学生的语文综合素养，因此对学生的学习要全面评价，特别是情感、态度、价值观，学习方法，学习习惯以及综合性学习等方面应引起重视；又由于语文学习具有重视感悟和情感体验的特点，这就决定了评价不能完全采用量化的手段，所以要将定性评价与定量评价结合起来，重视在语文学习过程中对学生用鼓励性语言进行定性评价。

全面的语文评价要有与之相适应的手段来配合。对语文学习的不同层次和不同侧面的评价，需要采用不同的评价手段。从国内外课程评价改革的经验来看，为了真实地了解课程实施的各个方面，都比较重视将多种评价手段相结合。所以，在具体的评价实施过程当中，教师应充分发挥自己的主观能动性，结合地域特点，结合学生特点，在“一切为了促进学生的发展”的大前提下，力所能及地实施各种评价方法。以下是一些常用的评价方法。①

① 程一凡、叶红主编：《新课程：怎样进行中学语文学习评价与测试》，四川大学出版社 2005 年版，第 26～27 页。

1. 档案袋评价法。档案袋评价法旨在通过收集、记录与展示学生的成长进步，激发学生的学习激情，能很好地发挥评价促进学生发展的功能。具体应用到学生的语文评价上，档案袋要汇集学生学习作品的样本，展示学生学习和进步的状况。语文学习档案袋所应汇聚的内容，可以分为以下三个方面：一是记录各种表现的资料，二是来自外界的评价，三是自我计划和反思。具体来说，档案袋的内容可分为以下一些细小的方面：

①语文学习计划。

②课外写作练笔资料（练笔次数、代表作）。

③课堂答问、提问的情况记录。

④文科研究性学习的选题及研究概况。

⑤对社会语文现象观察学习的笔记（通过电视、报刊、广告等看语文）。

⑥参与语文活动的记载（采访、参赛、办报刊、办广播等）。

⑦对语文学习的自我反思。

⑧教师对学生在语文学习方面的综合评价。

⑨来自同学的对自己在语文学习中的合作、探究、交流方面的评价。

⑩来自家长的关于孩子在家中对语文学习的自主探究，查阅资料，收集资料的信息。

⑪自己对本班语文教学所提的建设性意见。

⑫语文测验各次测试试卷及成绩。

语文学习档案袋的建立不仅可以为准确评价学生语文学习提供依据，还能促进学生不断审视自我学习状况，努力创造各种作品充实档案袋，扩大语文学习的成效，同时还可为教师教学服务，让教师从各个学生的档案袋中获得各种反馈信息。但在具体的操作过程当中，一定不要把档案袋当作是学生语文学习的“成绩袋”“获得的荣誉袋”。

2. 口试。传统的评价方式往往更多重视纸笔测验，而实际上语文作为一门语言文字学科，语文素养方面的诵读、理解、表达等能力尤为重要。所以，将“口试”纳入评价，非常有利于全面评价学生的语文素养。例如，可以采取“古诗词朗诵”“模拟场景口语交际”“课外作品点评”“时政新闻评论”“影视作品大家谈”等有趣的形式。

3. 纸笔测验。纸笔测验也是中学语文评价的一种有效的表现形式，但并不是最佳的和唯一的。新课程实施以来，就纸笔测验本身来讲，也应加以变通。除了标准测验以外，还可以进行教师自编的单项测验、学习小组互相编制的测验、单独的学生群体测验等。同时，还应在测验内容上多下工夫，注重人文性、趣味性，例如，可进行“广告语滥用成语纠错”“报刊错用成语改正”等测验。

4. 课堂观察与课堂评价。教师在教室内外，随时可以观察学生的学习、生活情况和行为表现。例如，学生做作业的态度、准备功课的情形、学习的方法、与同学交流的情况等等。利用观察法有利于教师了解学生学习的困难和造成困难的原因，进而帮助他克服困难。

在课堂教学过程当中，结合学生的问答，进行口头评价也是非常重要的。教师对学生回答和反应的评价应该重在激励其积极思考、认真探索，而不能用“对”或者“错”来简单概括。此外，平等地和学生进行交流，进行师生探讨，也是一种真正意义上的评价。

5. 调查与实验。结合语文学科的特点，开展多种语文活动，让学生在活动中快乐地学习语文。如开展“街道店招错别字调查”“模拟采访报道”语文主题活动策划等活动，将语文素养的评价渗透到语文活动当中，这样既促进了学生学习语文的兴趣，又提高了他们的语文能力。

6. 作业与作品检核。以往的作业与作品的检核往往更多地体现为“√”“×”，或者“优”“良”“中”“差”，或者具体的分数。这样的评价往往过于笼统与片面，不易切实地表达出评价的作用，不但没有达到促进学生发展的作用，反而抹杀了学生语文学习的个性，打击了他们学习语文的积极性。

如作文评价中同是80分的两篇作文，各自优在何处，不足在哪里，就无法从分数上看出。为了避免这种不能提高学生作文水平的做法，除了打分、评等级以外，教师还可以结合评语来一个“师生作文对话本”，将自己的看法与感受同学生进行文本交流。有位教师在进行作文评价中就在每一本作文本上设计了一个“你说我说大家说”的论坛式交流板块。这样实施三年下来，学生的作文水平提高很大，写的人“费尽心思”，评的人“小心谨慎”，所有人都“兴趣盎然”。同时，在作业与作品检核中，还可以通过展览、互评、挑战赛、每月作文风云榜等多种受学生欢迎的方法来开展。

写作是运用语言文字进行表达和交流的重要方式，是认识世界、认识自我、进行创造性表述的过程。因此，对于作文的评价应该建立促进学生全面发展的评价体系，评价不仅要关注学生作文语言的表达，更要发现和发展学生多方面的潜能，注重作文过程，注重作文的实用价值，了解学生在原有水平上的发展。为此，有的学校在原先的终结性评价中融入了过程性的评价；在原先的教师评价中融入了学生的自评与互评；在原先对学生的知识能力评价中融入了态度、情感评价，尝试着多元化的作文评价的改革。①

1. 分等评语式

分等评语式是指在评价一篇习作时，对每个评价项目的末级指标列出各等级标准，每个标准都以评语式的语言叙述。

根据学生不同学年段作文要求的不同，拟定了分年级作文评价的指标。一、二年级则侧重于口语能力的评价。

评价的标准是相对固定的，而我们面对的是活生生的学生。学生间本身就存在着差异，如果用统一、划一的定量标准来评定学生是欠恰当的。为了给学生、教师留有一定的空间，在三至五年级的作文评价表上设置了“特色”和“建议”两栏。这两栏由教师填写。“特色”一栏是教师对学生本篇作文的特点给予的肯定与鼓励。“建议”一栏是教师就进一步修改文章提出的建议。将定量评价和评语性评价相结合，这样对学生的评价就更具有针对性。

2. 过程记录式

过程记录式就是把作文过程中学生的学习态度记录下来，用来揭示其微乎其微的进步。将它作为一个学期作文综合评价的组成部分之一。用以鼓励、督促学生参与到作文活动中来。

基础教育课程改革的核心理念是“以学生的发展为本”。要从学生全面发展的需要出发，注重学生的学习状态和情感体验，注重教学过程中学生主体地位的体现和主体作用的发挥。为此，在写作学习过程中可以将作前准备、作中的口语表达、倾听、合作等纳入态度评价的内容之中，设计了态度评价表。

在每次作文活动时将评价表发到组内。先由个人自评，再由组员互评。学期结束时，把每一次的“态度评价表”汇总后，根据学生的自评与互评给予一个总的评价，结合年终检测与考试给学生一个终结性的评价。

3. 成果展示式

成果展示式就是学生经过一阶段的训练，通过口语交际、展览、情景表演等看得见、听得见的形式展示自己在作文方面的能力。利用成果激励，培养学生的

① 福建省连江实验小学：“小学个性化作文教学研究”实验课题结题报告。

成就感，激发学生的习作兴趣，也是作文实验教学班中常用的方法。

①开辟班级习作园地。在班级习作园地张贴学生的佳作，并尽可能让更多的学生习作上榜，尤其是中等生和后进生，这样使班级习作园地不再只是少数学生的领地。

②鼓励并帮助学生投稿。鼓励学生向学校广播投稿，向报刊投稿。我们给每位语文教师及每个班都印发一张可让学生投稿的报刊社通信地址，引导学生踊跃投稿。

③编辑班级文章。教师指导学生将平时写得较好的习作，打印几十份，到期末分类编辑了多本作文专集，还作了序，实验班每一位学生的习作都在里面刊登。

④编辑个人文集。组织学生开展编辑个人文章活动，方法是这样的：平时让学生将自己的优秀习作打印出来或用宽格纸抄写，画上精美的图案。作文收集到一定的篇数后，制作目录，请老师或家长作序，自己再设计封面，并给文集起个好名。可以说，这项活动的开展，很好地激发了学生习作的兴趣和热情，变“要我写”为“我要写”，学生的习作得到大幅度、大面积的提高。

4. 记录式

采用了成长记录袋的方式，收集能反映学生习作过程和结果的资料。如：

①每一学期期末，让学生将自己较为满意的习作整理成集。

②为活动而通过各种途径收集的信息资料及照片记录。

③荣誉记录（在一系列征文活动中获得的奖状）。

④集体评议（包括老师的评价、学生自我评价、学生间相互评价。）

⑤测验与考试。

⑥平时的作文及作文过程评价表。

这些项目与年终检测与考试综合起来，给学生一个终结性的评价。

将作文过程性评价引入课堂，是要让学生产生交流议论，推动学习的深入。学生在课堂上所想、所说、所议、所评，成为了课堂教学的焦点，它激起了学生强烈的好奇心和学习兴趣，激发了学生面对挑战的勇气和信心。

参考书目

1. 刘蔚华．方法学原理［M］．济南：山东人民出版社，1989.
2. 张华荣．科学思维方法论基础［M］．福州：海风出版社，2001.
3. 朱绍禹．朱绍禹文存［M］．长春：吉林人民出版社，2002.
4. 朱绍禹．语文教育科研导引［M］．长春：东北师范大学出版社，2001.
5. 王光龙．语文学习方法的理论与实践［M］．北京：中国文史出版社，2002.
6. 王光龙．语文学习概论［M］．北京：当代中国出版社，2003.
7. 叶瑞祥．学习学概论［M］．广州：广东高等教育出版社，1997.
8. 于云才，董业明．学习学导论［M］．济南：山东人民出版社，2004.
9. 郝贵生．大学学习学［M］．北京：人民出版社，2001.
10. 施良方．学习论［M］．北京：人民出版社，1994.
11. 沈怡文．学习方法［M］．武汉：湖北教育出版社，1999.
12. 张爱华，刘毅伟．学生的学习活动［M］．石家庄：河北教育出版社，2001.
13. 朱天利．新课程学习论［M］．广州：广东高等教育出版社，2005.
14. 苏富忠．思维科学［M］．哈尔滨：黑龙江人民出版社，2002.
15. 刘爱伦．思维心理学［M］．上海：上海教育出版社，2002.
16. 段建军，李伟．写作思维学导论［M］．北京：中国社会科学出版社，2004.
17. 陈果安，何纯，王定．写作学基础［M］．长沙：湖南师范大学出版社，2006.
18. 马正平．中学写作教学新思维［M］．北京：中国人民大学出版社，2003.
19. 张隆华．中国语文教育史纲［M］．长沙：湖南师范大学出版社，1991.
20. 张隆华，曾仲珊．中国古代语文教育史［M］．成都：四川教育出版社，1995.
21. 李杏保，顾黄初．中国现代语文教育史［M］．成都：四川教育出版社，2000.
22. 王必辉，曹雪清．仿写和精写［M］．上海：上海科学技术文献出版社，2003.
23. 杨成章．作文教学原理［M］．福州：福建人民出版社，1987.

24. 毓明笠．中学语文学习心理及学习方法研究［M］．长春：东北师范大学出版社，1999.
25. 韦志成．作文教学论［M］．南宁：广西教育出版社，1998.
26. 黄建成，袁立庠．中学作文教学法［M］．合肥：安徽大学出版社，1999.
27. 张文泰等．中学作文教学研究［M］．长春：东北师范大学出版社，1999.
28. 王鹏伟．中学语文作文教学研究［M］．长春：东北师范大学出版社，2000.
29. 周进芳．中学作文教学研究［M］．武汉：华中科技大学出版社，2002.
30. 钱威．考试作文法［M］．香港：香港文化教育出版社，1993.
31. 余忠培，黄征旺．作文速成200法［M］．南宁：广西民族出版社，1988.
32. 任文田，张玉明等．初中作文训练艺术［M］．北京：中国林业出版社，2000.
33. 高考作文命题研究组．材料作文应试绝招［M］．广州：广州出版社，2005.
34. 阎银夫．中考作文新方略［M］．北京、兰州：北京大学出版社，兰州大学出版社，2001.
35. 张俊，戈胜军．高考作文技法实战导练［M］．沈阳：沈阳出版社，2005.
36. 黄小娟．作文新突破——作文示范与训练．福州：福建人民出版社，2004.
37. 李保初，周靖．作文教学法［M］．北京：测绘出版社，1982.
38. 李怿．初中作文教与学［M］．北京：北京师范大学出版社，1997.
39. 钟显林．作文成功之路［M］．北京：语文出版社，2000.
40. 周明星．读书创新与写作创新［M］．北京：中国人事出版社，1999.
41. 翟启明等．中学作文教学大全［M］．成都：四川大学出版社，2002.
42. 周明星．高效写作［M］．北京：中国社会出版社，2000.
43. 钟祖荣．学习指导概论［M］．北京：华文出版社、教育科学出版社，2001.
44. 蒋宗尧．学法指导艺术［M］．北京：中国林业出版社，2000.
45. 沈振佳．中小学教育评价［M］．广州：广东高等教育出版社，2000.
46. 沈玉顺．现代教育评价［M］．上海：华东师范大学出版社，2002.
47. 程一凡，叶红．新课程：怎样进行中学语文学习评价与测试［M］．成都：四川大学出版社，2005.

后　　记

“21世纪语文新课程学习指导丛书”是几年前由全国语文学习科学专业委员会会长王光龙教授组织、主持的，由十几所高校教师通力协作完成的一项大型课题。书稿完成后，因故几经延宕，未能如期出版。光龙及同人想方设法，多方联系，终于峰回路转，得以面世，这实在令人欣慰。参加这个项目时我还在岗，利用业余时间，马不停蹄地赶写，以便在约定的时间里完稿。而收到本书的清样时，我已经退休近两年了。然而，写书的过程却如在眼前。

2006年6月的一天，光龙兄打电话来，说是想组织编写一套语文学习丛书，从学习的角度探讨语文，问我意下如何。我与光龙是相识多年的老友，深感这套丛书的创意和分量，当然毫不犹豫地接受下来。之后，我便接到编写邀请函，制订了本书的编写计划。当年10月“当代语文学习理论指导”丛书编写研讨会在杭州召开，我参加了会议。会上，光龙就丛书的价值和特色、编写的指导思想以及丛书编写的基本要求等提出了意见，使大家明确了研究和写作的方向。2007年7月我又赴江苏南通参加丛书的编写工作会议，与会同人探讨了编写中存在的问题，交流了看法，光龙主编提出了交稿要求。2008年6月左右，根据编委会的意见，我对本书作了修改补充。其后又做了两次修订，最后定稿。几年时间里，除和同行一起合作攻关，我还根据编委会的要求审阅了三部书稿，提出粗浅的建议。在完成这一项目时，五年的时光已一晃而过。回想起来，这期间虽说洒下了汗水，但也留下了自己蹒跚学步的身影，体验了学习的充实和工作的激情。

在本书成书的过程中，王光龙教授提供了基本框架，并提出了中肯的指导意见；许建中教授针对本书存在的问题，提出了详尽的修改意见。谨此表示深切的感谢。对写作学习方法，许多语文教师、语文教育和写作研究者都进行了富有成效的实践和创新，他们的经验弥足珍贵。对此，书中作了一定的吸收和引用，恕未一一列出，在此也一并致谢。全国语文学习科学专业委员会原会长朱绍禹教授十分关心我的研究，了解本书的写作进展。全国语文教育研究会原理事长顾黄初教授对我的学习与成长也给予了许多指导和支持。可惜他们都于近年相继辞世。未能将本书作为一束小花献给师长，难免遗憾，但师友的关心、指点和帮助，却永远温暖着我的心，激励着我以此为起点去开始新的探索。

颜禾

2011 年 6 月